21世纪全国高等院校旅游专业现代应用型系列教材

总主编 叶骁军

旅游心理学

（第二版）

主　编　李雪冬
副主编　李　晓
编　者　宋国琴　孟　伟　陈传亚　吴　捷
审　读　于德珍

南开大学出版社
天　津

图书在版编目(CIP)数据

旅游心理学/李雪冬主编.—2版.—天津：南开大学出版社,2013.10
ISBN 978-7-310-04312-5

Ⅰ.①旅… Ⅱ.①李… Ⅲ.①旅游心理学 Ⅳ.①F590

中国版本图书馆 CIP 数据核字(2013)第 225725 号

版权所有 侵权必究

南开大学出版社出版发行
出版人：孙克强
地址：天津市南开区卫津路 94 号　　邮政编码：300071
营销部电话：(022)23508339　23500755
营销部传真：(022)23508542　邮购部电话：(022)23502200
*
唐山天意印刷有限责任公司印刷
全国各地新华书店经销
*
2013 年 10 月第 2 版　2013 年 10 月第 4 次印刷
230×170 毫米　16 开本　14.625 印张　262 千字
定价：25.00 元

如遇图书印装质量问题，请与本社营销部联系调换，电话：(022)23507125

21世纪全国高等院校
旅游专业现代应用型系列教材
编撰指导委员会
（按姓氏笔画排列）

卜复鸣	王安国	王 冰	王仲君	王建平	王雅红
叶骁军	邓 辉	任 平	任昕竺	何若全	华国梁
朱 耀	朱俊彪	沈文娟	沈鸿秋	刘庆友	李亚非
李京霖	陆 峰	沙 润	杨新海	周武忠	肖 飞
俞晓红	喻学才	顾 钢	黄震方	蒋亚奇	鲁 斌
臧其林	魏向东				

21世纪全国高等院校
旅游专业现代应用型系列教材
编写组

叶骁军	王建平	陈来生	马洪元	于德珍	邢夫敏
柯 英	李 晓	黎宏宝	谢 佳	李雪东	陈建军
吴 捷	吴新宇	曹灿明	邵 兰	王雅红	许云华
蔡军伟					

总 前 言

旅游,最时尚的活动。

旅游,最让人钟情的积极休闲方式。

当旅游成为一种产业,而且是世界最大的产业的时候,关于她的研究,关于她的人才培养——专业教育,便纷至沓来……

中国的旅游业离不开世界的土壤,中国的旅游教育是世界旅游教育的有机组成部分。中国最初的旅游教材主要是在借鉴国外教材的基础上编撰的。最初的教材,她们,是中国旅游教材的弹词开篇;她们,是中国旅游教育的奠基石;她们,是国产旅游教材的阶梯……

其后,旅游教材如雨后春笋,茁壮成长。

旅游科学是理论与实际密切结合的科学。中国高等教育已进入大众化时代,它要求每一个大学毕业生必须既具有高度的理论基础,也必须具备实际的工作能力。旅游教材应跟上现代社会的发展,告别一支粉笔一本书的时代,告别仅给教师一本书让教师自己制作PPT的时代,告别学生纸上写作业的时代,进入电脑网络教学的时代,进入通过现代教学手段实现理论与实践教学密切结合的时代。

我们这套教材是为适应高等教育大众化时代,要求本科教育培养现代化应用型新型人才的大趋势而产生的。她是由国内多所高等院校旅游类专业的资深教师联合编撰的最新旅游类专业新概念系列教材。

本教材适合旅游类专业(包括旅游管理、饭店管理、导游、餐饮与烹饪等专业)本科生使用,同时也适合于广大的旅游爱好者及相关培训使用。

教材具有以下特点：

1. 系统性。全套教材每本约 30 万字，包括旅游理论、旅游资源、旅行社管理、酒店管理、财会管理等模块。

2. 时效性。它采用了 21 世纪最新的体系、理论、观点、数据、资料和案例。

3. 统一性。全套教材体例统一，教学要素完整，章节层次脉络清楚。各章节有内容提要和练习。其他教学要素如教学大纲、重要概念、图片、表格、阅读材料、资料卡片等刻制在光盘中。

4. 实践性。重视实践活动，有书面及电子实训和练习。可用电脑和网络进行作业和实训。

5. 方便性。为了方便教师课堂教学和学生课后学习的需要，本书配有与教材相配套的网页式辅教光盘。光盘采用 Frontpage 软件制作，版面活泼，色彩丰富，使用方便。内容包括课程教学大纲、全书各级目录、主要内容、重要概念、图片和表格、练习和思考，以及超级链接、扩展知识面的阅读材料、资料卡片等，生动、形象、直观，可与纸质教材相互配合使用。大幅度减轻教师负担，特别是基本免除教师板书之劳。

编者

2008.4

总前言(第二版)

旅游,最时尚的活动。

旅游,最让人钟情的积极休闲方式。

当旅游成为一种产业,而且是世界最大的产业的时候,关于她的研究,关于她的人才培养——专业教育,便纷至沓来……

中国的旅游业离不开世界的土壤,中国的旅游教育是世界旅游教育的有机组成部分。中国最初的旅游教材主要是在借鉴国外教材的基础上编撰的。最初的教材,她们,是中国旅游教材的弹词开篇;她们,是中国旅游教育的奠基石;她们,是国产旅游教材的阶梯……其后,旅游教材如雨后春笋,如林中蘑菇,茁壮成长。

旅游科学是理论与实践密切结合的科学。中国高等教育已进入大众化时代,她要求每一个大学毕业生必须既具有高度的理论基础,也必须具备实际的工作能力。旅游教材应跟上现代社会的发展,告别一支粉笔一本书的时代,告别仅给教师一本书让教师自己制作PPT的时代,告别学生纸上写作业的时代,引入电脑网络教学的时代,引入通过现代教学手段实现理论与实践教学密切结合的时代。

我们这套教材是为适应高等教育大众化时代,要求本科教育培养现代化应用型新型人才的大趋势而产生的。她是由国内多所高等院校旅游类专业的资深教师联合编撰的最新旅游类专业新概念系列教材。

本教材适合旅游类专业(包括旅游管理、饭店管理、导游、餐饮与烹饪等专业)本科使用。同时也适合于广大的旅游爱好者及相关培训使用。

教材具有以下特点：

1. 系统性。全套教材每本约25万字，包括旅游理论、旅游资源、旅行社管理、酒店管理、财会管理等模块。

2. 时效性。它采用了21世纪最新的体系、理论、观点、数据、资料和案例。

3. 统一性。全套教材体例统一，教学要素完整，章节层次脉络清楚。各章节有内容提要和练习。其他教学要素如教学大纲、重要概念、图片、表格、阅读材料、资料卡片等编制在虚拟光盘中。

4. 实践性。重视实践活动，有书面及电子实训和练习，可用电脑和网络进行作业和实训。

5. 方便性。为了方便教师课堂教学和学生课后学习的需要，随书附有与教材相配套的网页式虚拟辅教光盘。虚拟光盘采用Frontpage软件制作（部分教材采用PPT课件），版面活泼，色彩丰富，使用方便。内容包括课程教学大纲、全书各级目录、主要内容、重要概念、图片和表格、练习和思考、超级链接、扩展知识面的阅读材料、资料卡片等，生动、形象、直观，可与纸质教材相互配合使用。辅教光盘大幅度减轻教师负担，特别是基本免除教师板书之劳。

"21世纪全国高等院校旅游类专业现代应用型系列教材"一套十余本自2008年6月出版以来，受到较好的评价，这也是对我们的一种鼓励和鞭策。为了更好地适应新的形势，在南开大学出版社的提议和支持下，我们开始陆续对第一版教材进行修改。这次修改，总的框架和体例保持不变，主要是根据旅游界最新的研究成果和变化了的现实更新数据和材料，抽换部分章节，更加强调了教材的现代教学手段，一些教材增加了电子作业。部分教材虚拟光盘中增加了PPT课件，以更方便教师应用。这些修改，目的是使教材能与时俱进。

由于我们水平和学识所限，本套教材一定存在不少缺陷和疏漏。我们衷心希望，使用本教材的院校和师生提出宝贵建议和意见。

总主编邮箱：yxjsz2004@yahoo.com.cn

编　者

2012年5月

内容简介

旅游心理学是以研究旅游活动过程中人的行为规律为主的科学,它是心理学的原则和理论在旅游业的推广和应用。旅游心理学对科学合理地建立旅游设施和开发旅游资源,提高旅游服务质量及旅游企业经营管理水平,以及正确调整旅游活动中的人际关系等方面有着积极的作用。

本书集合了多位旅游心理学教师多年的教学经验和知识积累,在内容上注重理论知识的加强,针对旅游心理学涉及的相关心理学基础知识较庞杂的特点,将与心理学有关的延伸知识、相关知识阅读作了简要介绍;同时一些章节还提供了权威的、实际应用较为广泛的心理测试,用以增强旅游心理学的生动性和实用性。书中每章皆有相关案例引入,在课后练习中,除了传统的思考问答题以外,还适当地采集设计了一些互动的心理游戏、案例分析等。

本书共分十一章,主要论述了旅游者在旅游活动中的心理和行为,分别从知觉、需要、态度、个性的角度进行了详细的分析和研究;本书还对旅游企业,主要是饭店、旅行社及旅游交通企业提供旅游服务时相关人员的心理和行为进行了研究,分析了上述企业应该如何针对旅游者的特性提供科学合理的、令客人满意的服务;此外,本书还探讨了在旅游企业管理活动中相关人员的心理和行为,包括如何管理和激励具有个体差异的员工,作为群体的员工具有什么样的特性,群体对个体行为的影响等内容。书中标注星花(*)的章节为本科教学的必修内容,在专科教学中可以略去或作为扩展读物使用。

目　录

总前言 …………………………………………………………………… (1)
总前言(第二版) ………………………………………………………… (1)
内容简介 ………………………………………………………………… (1)
第一章　绪　论 ………………………………………………………… (1)
　　第一节　旅游心理学概述 …………………………………………… (1)
　　第二节　旅游心理学的研究方法 …………………………………… (7)
　　第三节　旅游心理学的理论体系* ………………………………… (16)
第二章　知觉与旅游行为 ……………………………………………… (18)
　　第一节　知觉及其特性 ……………………………………………… (18)
　　第二节　知觉的心理定势 …………………………………………… (25)
　　第三节　旅游者对旅游条件的知觉 ………………………………… (29)
第三章　需要与旅游行为 ……………………………………………… (38)
　　第一节　需要及其分类 ……………………………………………… (38)
　　第二节　旅游动机 …………………………………………………… (45)
　　第三节　旅游动机的激发 …………………………………………… (50)
第四章　态度与旅游行为 ……………………………………………… (54)
　　第一节　态度及其特性 ……………………………………………… (54)
　　第二节　态度与旅游行为 …………………………………………… (58)
　　第三节　态度的形成与改变 ………………………………………… (60)

第五章　个性与旅游行为 ……………………………………… (70)
  第一节　个性及其形成 …………………………………… (70)
  第二节　个性类型与旅游行为 …………………………… (73)
  第三节　个性结构与旅游行为 * ………………………… (77)

第六章　社会因素与旅游行为 * ……………………………… (85)
  第一节　社会限定因素与旅游行为 ……………………… (85)
  第二节　社会决定因素与旅游行为 ……………………… (92)

第七章　旅游服务心理概述 …………………………………… (102)
  第一节　服务中的客我交往 ……………………………… (103)
  第二节　客人的需求心理 ………………………………… (108)

第八章　饭店服务心理 ………………………………………… (112)
  第一节　前厅服务心理 …………………………………… (113)
  第二节　客房服务心理 …………………………………… (118)
  第三节　餐厅服务心理 …………………………………… (121)

第九章　其他旅游服务心理 …………………………………… (129)
  第一节　旅行社服务心理 ………………………………… (129)
  第二节　旅游交通服务心理 ……………………………… (138)
  第三节　旅游商品服务心理 ……………………………… (144)

第十章　旅游企业售后服务心理 ……………………………… (149)
  第一节　挫折与投诉心理 ………………………………… (149)
  第二节　售后服务心理 …………………………………… (156)

第十一章　旅游企业管理中的心理 …………………………… (160)
  第一节　旅游企业活动中人力资源优势的发挥 ………… (160)
  第二节　旅游企业员工群体行为与管理 ………………… (176)
  第三节　旅游企业活动中领导心理 ……………………… (186)

思考与练习 ……………………………………………………… (200)
主要参考文献 …………………………………………………… (218)
后记 ……………………………………………………………… (221)

（＊　标星花章节为本科专用）

第一章 绪 论

本章提要

随着旅游经济的蓬勃发展,旅游业在第三产业中所占比重日益增大。旅游心理学是旅游学的一个分支。开展旅游心理学的研究和教学是旅游事业发展的需要。从事旅游业的人,首先要开展旅游心理学的研究,了解旅游者的旅游动机,促成旅游行为。根据不同游客的需求,使其在旅游中得到最大的满足。同时了解旅游从业人员的心理特征,制定和开展相应的旅游行业规范和管理方式,全面提高旅游企业的服务质量和旅游从业人员的素质。因此,就一定要对心理学的基本概念有一定的了解,本章将探讨旅游心理学的基本概念、研究对象和任务,研究旅游心理学的意义和方法,以及旅游心理学的理论体系。

第一节 旅游心理学概述

一、旅游心理学的概念

旅游是人们离开常住地到异地他乡旅行和暂时停留所引起的各种现象和关系的总和。构成旅游活动的基本要素有:旅游的主体——旅游者,旅游的客体——旅游资源,旅游的介体——旅游业,这三者相互作用,紧密结合。这三者相互作用过程中产生的心理现象构成了旅游心理学的研究对象。

旅游活动发生的互动关系有人与人的关系、人与自然的关系和人与社会的关系。旅游心理学运用心理学的理论和方法研究这些互动关系,将心理学思想植入旅游科学研究中,从心理学角度探讨旅游活动发生、发展的规律。

旅游心理学一方面研究旅游者的心理活动及其客观规律,解释旅游行为产生的原因,找出影响旅游决策的因素,探讨旅游者如何做出决策;另一方面,研究提供服务的旅游从业人员的心理,揭示旅游企业中个体、群体、领导、组织的心理活动规律,探讨如何通过提高领导水平和领导艺术,增强组织凝聚力等手段,提高旅游业的服务水平和旅游企业管理水平,以最大限度地满足旅游者的要求。

综上所述,旅游心理学就是运用心理学原理和方法,研究旅游活动中旅游者和旅游从业人员心理活动与行为规律的科学。

二、旅游心理学的研究对象

(一)旅游消费者的心理

旅游者是旅游活动的主体,而旅游消费行为受其消费心理的支配。因此,必须了解旅游者消费心理的发生、发展及变化规律。探讨旅游者的旅游消费心理活动,就是要探讨旅游行为产生的规律,探讨旅游者的旅游知觉、旅游动机、旅游态度、旅游者的个性,以及学习和社会因素对旅游决策和旅游行为的影响等。

1. 旅游者的知觉

旅游是人通过食、住、行、游、购、娱等活动获得心理满足的行为。这种满足的获得,是从旅游者的感觉和知觉开始的。旅游消费者的认知,是旅游消费者主动寻找、接收信息,并在一定的结构中进行信息加工的过程。它是旅游消费者购买行为形成的前提,也是旅游消费心理活动的基础。那些对旅游者产生刺激的各种旅游刺激物,如果没有自己独特的形象、一定的强度和突出的属性,就不会引起旅游者的反应。旅游者的认知包括自然认知和社会认知。不同的旅游者在认知上存在着明显的个性差异,这些差异造成了其旅游消费的不同行为表现。

2. 旅游者的需要与动机

个体通过需要和满足需要的活动,使机体内环境与外环境保持平衡,以维持自身的生存和发展。动机是在旅游需要和旅游目标相遇时形成的一种力量,这种力量使人的行为指向旅游并使得这一行为能够持续下去。所有旅游活动都是由旅游者一定的需要和动机引发的,对旅游者需要和动机的研究有助于我们回答人们为什么要外出旅游、为什么要选择不同旅游点、怎样的旅游产品才能使旅游者产生良好的心理效果等。研究旅游活动的起因和指向问题,了解旅游者的需要和动机,可以为制定相关策略、激发旅游动机、推动旅游业发展提供依据。

3.旅游者的态度

"态度"是人们针对某一特定的对象所表现出来的认识、情感和行为倾向的组合,是社会心理学中最重要、使用频率最高的一个词。是什么使一些旅游者偏好自然风光,而另一些喜爱人文景观呢?为什么有人愿意参加旅游团,而有的人却乐于自助旅游呢?这类问题都涉及旅游者的态度。旅游者的态度是人们对旅游对象和旅游条件做出行为反应的指示性或动力性的心理倾向。研究旅游态度是研究旅游消费行为的一个重要心理因素,它位于旅游知觉和行为之间,在很大程度上决定着旅游消费行为的活动方向,包含和预示着人们做出的旅游行为反应的潜在可能性。旅游者的态度一经形成,随即就会对旅游有一种偏爱。这种源于对旅游对象的偏爱,促使旅游者行为的实现。

4.旅游者的个性

由于每个人在生理上遗传特性的差异和所处的时代、环境和受教育的不同,每个人所形成的心理过程和个性特征也不一样。气质、性格不同,对旅游的倾向也不同。旅游服务应该是个性化的服务,即在标准服务的基础上,根据客人不同的个性特征,为满足客人的特殊需求而做的服务。

5.旅游者的学习

人的旅游行为是在生活水平达到一定程度的情况下为满足较高层次的需要而产生的。比起人类的其他活动,旅游更具有后天习得性的特点。因此,对有关学习的研究,有助于深入认识旅游者的心理和行为规律,并为搞好旅游服务工作带来有益的启示。旅游可以通过学习获得旅游信息,激发旅游动机,产生旅游态度,积累与旅游相关的经验。

6.社会因素对旅游行为的影响

从心理学长期探究人的心理所得出的结论看,在人的心理发生、发展过程中,社会环境的影响起着决定性作用。当然,对旅游者也不例外。因此,本书第六章将侧重研究影响旅游者心理和行为的社会环境因素,包括社会制度环境、社会阶层和文化环境。

(二)旅游服务心理

现代旅游业是实施旅游活动的介体。它以旅游者为对象,以旅游资源为凭借,以旅游设施为条件,为旅游活动创造便利条件,并提供其需要的各种商品和服务的综合性产业。随着国民经济和社会的不断发展,为满足旅游者需求,旅游业(单位)与相关产业(单位)日益结合成一种为旅游者提供各种服务的综合性、特殊性产业。

现代旅游业具有服务性的特点,它必须满足旅游者的物质和精神享受。旅游业在当今世界存在和发展的一个重要理由在于旅游业有"接待"这一特点,换句话说旅游业要通过人与人之间的交往来完成其生产过程。从心理学角度可以把旅游产品解释为:旅游者花费一定的时间、金钱和精力所获得的个人经历。如果从这个角度看旅游服务,那么旅游服务实质上是旅游服务人员通过与旅游者打交道,帮助旅游者构造其美好经历的过程。要想使客人有好的经历、好的体验、好的感受并不是一件简单的事,它需要迎合旅游者心理,满足旅游者的需要。如果不了解旅游者的心理而进行旅游服务则是不理性的,是无法得到好的结果的。

旅游服务是旅游从业人员通过一定的活动满足旅游者消费需要的一种服务形式,是旅游业最重要的产品。它是有形的物和无形的服务行为的综合体。良好的旅游服务能够使旅游者心情舒畅,产生积极的心理体验,从而在旅游活动中乐于交流,乐于消费。

(三)旅游企业管理心理

旅游心理学根据旅游管理心理的特殊要求,把管理心理学、工程心理学以及其他与心理学学科有关的内容有选择地运用于旅游企业管理,为旅游服务管理工作中的心理问题提供理论指导。

旅游企业经营的成败取决于它的管理和服务。由于旅游业的特殊性,旅游产品包括两大类:有形产品和无形产品。无形产品要靠员工通过与客人交往和沟通来完成其生产过程。这类产品质量有很大的不确定性,对其生产过程进行监控非常困难,它的高质量的生产只能依赖高素质的员工自觉完成。在旅游服务业,人们常说"顾客是上帝",其含义无非是服务人员要尊重客人,永远把客人放在第一位,而要想使员工做到这一点并不是一件简单的事。针对这种情况,有人提出了"员工第一位"的管理思想。作为管理者,为了达到使顾客变成"上帝"这一目的,他首先要把员工放在第一位,尊重员工,善待员工,充分调动员工的积极性,科学地使用员工,使员工愉快地、主动地、创造性地做好服务工作,从而实现组织目标,而这一切都必须以了解员工的心理为前提。所以,了解旅游企业员工的心理,在实施管理行为时做到知己知彼、有的放矢就成为管理成败的关键。

旅游管理心理就是强调管理者如何有效地调动职工的积极性和创造性,不断提高旅游企业的工作效率和经济效益;特别强调旅游企业管理者如何针对旅游企业员工的各种需求,采取有效措施和方法,达到科学有效管理的目的。旅游企业管理者只要熟练掌握和运用旅游管理心理,必将有助于加快旅游企业管理科学化、系统化的进程。

除了上述几方面,旅游心理学还要在旅游资源开发以及旅游产品的形象设计等方面进行研究,即在旅游过程中的食、住、行、游、购、娱几个方面总结出迎合旅游消费者心理的服务规划,帮助旅游从业人员更有效地开展工作,争取最佳的服务效果。

三、旅游心理学的任务

旅游心理学的任务是借助心理学的基础理论,结合旅游工作中的实践经验,指导旅游业务的管理和服务接待工作,促进旅游业健康发展。

(一)阐明旅游者心理活动的特点和规律

这是旅游心理学的主要任务。旅游者是旅游的主体。旅游心理学既要研究旅游者的一般心理现象,又要研究各种不同旅游者在需要、动机、兴趣、爱好、习惯、气质、性格等方面的心理特点,还要区分不同的国籍和民族,不同的性别、年龄,不同的宗教信仰,不同的职业和文化背景等使旅游者产生的心理活动的差异,并且要研究相同的旅游活动对象和旅游服务对不同旅游者可能产生的各种心理影响。此外,旅游心理学也要研究旅游活动全程中旅游者的心理活动,剖析他们在各阶段的心理变化规律:旅游者如何选择旅游宾馆、旅行社,选择何种交通工具,都是其心理活动的反映。了解旅游者心理活动规律,掌握研究旅游者心理的方法,将有助于旅游工作者有效预见旅游发展新趋势,更好地为旅游者服务。

(二)分析激发和影响旅游消费行为的各种心理因素

旅游消费行为实际上是一种特殊的消费行为,它是个体在旅游过程中搜寻、购买、消费、评估的行为表现,是旅游主体在有时间和资金保证的情况下,从自身享受和发展需要出发,凭借环境和旅游媒体服务创造的条件,在旅游过程中对以物质形态和非物质形态存在的行、住、吃、游、购、娱等旅游客体的购买、享用和体验过程的支出(收入)的总和。它不仅包含一系列个体心理活动过程,而且与众多的社会心理因素有关。旅游心理学在研究中,应把旅游者看做旅游消费行为决策者,分析其为什么会做出旅游决策。这对激发人们的旅游行为具有积极意义,同时也对旅游服务和旅游者后续的旅游行为的研究有重要作用。

(三)探索提高旅游从业人员素质及工作质量的途径

旅游者购买的旅游产品从更大程度上来讲是一种心理体验。它不仅包括旅游资源、设备、设施等因素,还包括良好的服务这个决定因素。现在旅游企业之间的竞争,就是服务质量的竞争。旅游服务是旅游产品的内涵。旅游产品的质量越高,市场竞争力就越强。旅游从业人员服务质量的高低关系着企业的形象和经营的成败。

现代旅游业需要旅游从业人员具有现代化素质。因此,旅游心理学要从我国国情出发,通过研究旅游者消费心理与旅游营销心理,探索出如何有针对性地解决旅游从业人员中存在的普遍问题,如何提高他们的素质及工作质量的途径。

(四)解决旅游企业管理与经营活动中的心理问题

现代旅游业的发展依赖于科学的预测和决策。现代旅游业面临着日益激烈的竞争,不仅有技术环境的竞争,更重要的是经营方针和策略的竞争。因此,旅游心理学的任务,还在于帮助旅游企业管理者解决管理与经营活动中的心理问题,帮助他们分析旅游者的心理活动,了解其需要和变化,不断调整经营方针和策略。同时,还要分析旅游管理心理,研究什么是组织内成员在心理和行为方面的特点;如何在旅游管理工作中遵循人的心理活动规律,采取有效措施,调动员工积极性,激励员工创造性工作;针对企业员工的不同心理特点,开发人力资源;在个性行为、团体行为、领导行为方面应该怎样调节和控制,提高旅游工作者的管理水平和心理品质,以发挥管理的最佳效能。

四、旅游心理学的意义

(一)提高旅游管理人员及服务人员的心理素质和职业素质

旅游从业人员的心理素质和职业素质直接影响旅游服务的质量。因此,提高旅游企业从业人员的心理素质与职业素质是旅游企业成功经营的关键。作为一门专业学科,旅游心理学研究的是有关旅游专业心理方面的基本理论知识。学习这些知识,可以使员工正确认识工作的对象,把握工作对象的心理特点和差异,真正做到个性化服务和优质服务。

(二)为旅游企业科学合理地经营管理提供心理依据

人类社会是在不断地变迁中发展进步的,旅游企业也是在环境变化和激烈的竞争中向前发展的。旅游心理学的研究可以帮助我们运用心理学原理去分析旅游者的心理趋势,针对其心理特点开展有效的广告宣传,制定受欢迎的经营措施,从而提高旅游企业的经济效益。

旅游企业要开发旅游资源、旅游产品以及旅游设施,就必须适应旅游者的生理、心理特点,以能否满足旅游者的需要为制定方案的依据。科学技术的进步为现代旅游业提供了物质条件,但并不能说明旅游业的一切都是科学的、合理的。人的心理状态是一定条件下的反映,具有能动性和可变性。因此,在旅游资源的开发中,应充分考虑到不同时间、地点、条件下旅游者是否感到最适宜。

一个企业要在市场经济的竞争中取胜,要在广大旅游者的心目中树立良好形象,组织内部的管理状况如何是一个很重要的因素。管理最重要的职能是调动全体工作人员的积极性,创造性地实现组织的目标。旅游心理学要把自觉地推进组织的管理模式的发展列为自己的任务,积极地为提高组织内部的管理水平做努力。

(三)对旅游业的发展具有科学指导性

旅游业以旅游者的存在为主要前提,如何赢得旅游者的青睐是一个科学的问题,也是一个衡量旅游企业是否兴旺发达的重要标志。赢得旅游者的最根本的条件不是靠现代化的硬件设施,而是能否最充分地满足旅游者的需要。旅游心理学可指导旅游企业了解旅游者的旅游需要、动机、态度、人格等方面的心理特点,了解不同性别、年龄、国籍、民族的旅游者的心理特点及其差异,做好有的放矢的针对性服务。这样才能赢得旅游者,提升旅游企业品质,促进旅游业健康发展。

学习旅游心理学的根本任务是用旅游心理学的原理指导实践活动,提高旅游服务质量,发展旅游事业。旅游工作者心理品质的提高、旅游工作者对旅游者心理的认识,最终都要通过旅游服务活动的实践接受检验。因此,提高自身的素质,认识旅游者的心理和运用心理规律来开展旅游服务活动,预测未来,推动旅游事业的更快发展,这是一个整体。旅游心理学在这一整体活动中发挥着特殊的作用。

第二节 旅游心理学的研究方法

旅游心理学是心理学的一个新兴的分支应用学科,其研究方法主要来自心理学中已经非常成熟的研究方法。心理学的发展为旅游心理学研究的发展提供了知识和方法上的基础,这使得旅游心理学研究的发展变得迅速而有效。此外,社会学的知识和研究方法也成为旅游心理学知识和方法的重要来源。了解心理学、社会学的方法,结合旅游心理学课题的性质选定某些方法进行创造性运用或进行方法革新,就能使旅游心理学研究通过有效方法到达预定彼岸。

一、旅游心理学研究的基本原则

旅游心理学属于心理学范畴,心理学研究的原则如客观性原则、系统性原则、发展性原则等都要遵守。在旅游心理学研究中值得特别重视的原则有:

(一)客观性原则

所谓客观性原则,就是对任何心理现象都必须按照它的本来面貌加以考察,必须在人的生活和活动中进行研究。这是因为,心理现象是人脑对外部事物的反映,研究者不要在毫无根据或缺乏足够依据的情况下就轻率地做出结论,要力求主观认识与客观事实一致。

根据客观性原则,在设计旅游心理学的研究方法时,应该注意以下几个问题。

1. 要确定一定的外部活动。在这种活动中,可以表现所要研究的心理现象。例如,研究旅游者的旅游偏好,就要根据研究的需要选定课题(如在金钱和时间允许的情况下你选择去哪些地方旅游),作为确定旅游偏好的某种指标,通过旅游者完成这些课题的活动过程来考察和研究旅游者的旅游偏好。

2. 要控制外部条件。心理现象是受外部条件制约的。心理学研究的很大一部分是要确定心理现象与外部条件的关系,旅游心理学也不例外:一定的心理现象依存于一定的外部条件,一定的外部条件的变化会引起一定的心理现象的变化。控制和改变一定的外部条件,可以确定外部条件与所要研究的心理现象的关系。

3. 要确定观察心理现象的生理指标。对心理现象的生理指标方面的研究,标志着从对心理现象的描述到本质的说明。在许多心理现象的研究中,都要确定心理现象与生理变化的关系。要说明在发生一定的心理现象时,会有什么样的生理变化,或者在一定的心理变化产生时,会引起什么样的生理现象的出现。所以,在研究某种旅游心理现象时,有时要记录、观察生理的变化,使旅游心理现象的研究建立在客观、科学的基础上。当然,这相对于难以控制的旅游者而言困难较大。

对于旅游心理学研究所获得的材料或数据必须进行全面的分析,特别要注意分析那些矛盾的材料,力图对矛盾的材料做出解释或者再进行补充研究。

(二)交往原则

旅游过程在很大程度上是人与人交往的过程,其中包含复杂的信息和情感沟通以及行为调节等过程。旅游者总是与其他人联系在一起,组成一个相互交往的群体,通过活动跟自然环境、社会环境发生关系。因此,在研究旅游心理现象时,必须重视交往原则,在人际交往过程中进行动态的研究。

二、旅游心理学研究的主要方法

心理学是一门边缘学科,其研究方法往往兼有自然科学和社会科学两方面的特点,作为心理学分支学科的旅游心理学的研究方法也具有这种特点。旅游心理学的基本研究方法可以分为观察法、实验法、问卷法、谈话法、测验法、统计分析法等。

（一）观察法

观察法是指在自然状况下，有计划、有目的地观察被试的外部表现，从而分析其心理活动。观察时，可以利用摄影、摄像、录音等各种仪器进行记录，但必须保证不干预被试活动的正常进程，使被试处于安全自然状态之下，以取得真实可信的观察材料。

观察法有不同的形式。从观察对象来说，有对个体的观察，有对群体的观察，例如通过一天的游览，导致游客愉快或沮丧的原因是什么；从观察时间来看，有长期观察（跟踪观察）、短期观察（定期观察）；从观察目的来看，有针对性观察和随机观察。根据观察内容，又可以分为全面观察与重点观察：如果可以像导游那样陪同旅游者从入境至出境观察他们在此期间的全部行为表现，就是所谓全面观察；而如果可以像客房服务员那样根据不同旅游者在宾馆客房范围内需求的不同以及不同年龄客人喜好的不同等心理现象进行观察，就是所谓重点观察。

【相关链接】

人的身体也会说话

"此刻，我竟听到一阵咯咯喳喳的响声，像是骨节折裂。我不由自主地向对面望了一眼，立刻见到——真的，我吓呆了！—— 两只我从未见过的手。一只右手，一只左手，像两匹暴戾猛兽相互扭缠，在疯狂的对搏中你揪我压，使得指节间发出轧碎核桃一般的脆声……尤其使我惊骇不已的是手上所表现的激情，是那种狂热的感情，那样抽搐痉挛的相互扭结，彼此纠缠。我一见就意识到，这儿有一个情感充沛的人，正把自己的全部激情一齐驱上手指，免得留存体内涨裂了心胸。"这是奥地利著名作家茨威格在《一个女人一生中的24小时》中，一段对手势的描写。人的身体也是会"说话"的。只要善于观察，人的举动是可以反映人的性格、心态的。

此法的优点是保持被观察者的心理表现的自然性和客观性，缺点是研究者处于被动地位，只能消极等待心理现象的发生，对所得材料不易做数量分析，也难以精确确定某种心理现象发生的原因。

观察法是进行心理研究的最基本、最普遍的方法，尤其适用于对旅游者基本心理特征的研究和认识，例如对感觉、知觉、记忆、情绪、态度等的研究，都要用到观察法。

（二）实验法

实验法是在严格控制和创设的条件下，人为地引起一定心理现象发生，从而进行分析和研究的方法。例如，在旅游饭店管理过程中，我们通过对两个楼层的客房服务采取不同方式（如当面为主或背面为主），同时观察和记录一段时间后进行比较分析,做出心理实验报告。又如,在导游服务中,对职业相同的两个团队使用不同的导游方法,观察旅游者的情绪反应,从中研究他们的心理需求。实验法有两种形式:实验室实验法和自然实验法。

1. 实验室实验法

实验室实验法是在专门实验室内,借助一定的仪器,对各种条件进行控制来研究被试心理现象。例如,美国某社会科学工作者想知道心情对观众有多大的影响。他要求被实验者画出正在挖沼泽的年轻人之情景,同时使用催眠术,让被实验者感到幸福或心情不安。在这两种心情的影响下,他们画出不同的图:感到幸福的心情——幸福的画面,令人联想到夏天,那就是人生,在户外工作,真实的生活——种树;感到不安的心情——他们会不会受伤,应该有个知道如何应付灾难场合的老人和他们在一起才对,水究竟有多深呢?

2. 自然实验法

自然实验法是在日常生活的自然条件下,研究者有意创造或改变一些条件,以引起被试的某些心理现象的出现。例如,社会工作者想知道熟悉和未知之间,何者能让人感兴趣。因此,让买新车的人和常年开同车型的人大略翻一下杂志,看谁会仔细看和自己的车同型的汽车广告。结果显示:买新车的人中,看自己新买汽车的广告比看其他厂牌的汽车广告多28%;本来就是有车的人,看现有汽车广告比看其他厂牌的汽车广告只多4%。

实验法的优越性在于,研究者处于完全主动的地位,可以自己创设条件引起所需要的心理现象,而不是消极等待它的出现,此法也有利于对所得结果进行处理分析。自然实验法兼有观察法的自然、经济、可靠等优点,也兼有实验法的主动、集中、精确等优点,较适合于对旅游者的心理研究。

(三)问卷法

问卷法是通过被试者书面回答一定的问题,从中研究其心理现象的方法。问卷法要求被试者回答问题内容准确,态度严肃认真,实事求是。因此对问题及答案的设置有一定的要求,如照顾被试者隐私等。问卷法有两种形式:封闭式和开放式。

封闭式问卷给出问题和可供选择的答案。

您这次旅行的目的是:
□私人事务　　□商务　　□度假　　□会议

开放式问卷给出问题,但不限定答案的范围,被试者可以根据自己的理解酌情回答。

您这次旅行的目的是（　　）。

　　这两种方法各有利弊。封闭式问卷虽易于量化处理，便于统计分析，但受答案固化限制，不能充分反映被试者对问题的思维深度；而开放式问卷虽更多地反映被试者思想深度和答案外多种看法，但也提供一些无关信息，尤其是对资料的量化和统计分析有一定困难。

　　问卷法的优点是可以得到范围广泛的材料；缺点是不能将卷面答案与被试者的活动进行对比研究。

　　问卷法也是心理学研究的基本方法之一，多运用于对旅游者认知、情感、个性、需要、动机、态度、职业、文化等各方面情况的了解和研究。

【相关链接】

　　以下为2010年"第一调查网"关于广东省工业旅游景点企业的相关调查问卷

广东省工业旅游景点企业调查问卷

调查说明

尊敬的工业旅游景点企业：

　　为了解我省工业旅游的发展现状以及企业开展工业旅游的项目的情况，我们设置了这份问卷。请您根据您所在的企业的实际情况，填写这份问卷。此次问卷调查的统计数据将会与参与调查的企业共享。

　　非常感谢您的配合！

问题1：贵企业的企业性质？（单选题）
　　　　国有企业　　民营企业　　外资企业　　合资企业　　其他
问题2：贵企业的发展时间？（单选题）
　　　　3年以下　　3～5年　　6～10年　　11～30年
　　　　30年以上
问题3：贵企业的员工人数？（单选题）
　　　　100人以下　　300人以下　　301～500人
　　　　500人以上　　不便透露
问题4：贵企业的产业属性？（单选题）
　　　　第一产业（农业）　　第二产业（工业制造业）
　　　　第三产业（服务业）
问题5：贵公司的工业旅游线路平均日接待人数是？（单选题）
　　　　100人以下　　100～300人　　301～500人

501~1000人　　　1000人以上

问题6：贵公司目前每天最多能接待的人数是多少？（单选题）
100人以下　　　100~300人　　　301~500人
501人~1000人　　　1000人~2000人　　　2000人以上

问题7：贵公司的工业旅游的门票价格是多少？（单选题）
免费　　20元以下　　　20元~50元　　　51元~100元
100元以上

问题8：贵公司工业旅游项目开放参观的时间有？（多选题）
周一至周五　　　周六　　周日　　黄金周
中秋、端午等节假日　　　春节假期

问题9：贵公司设置了几条工业旅游参观线路？（单选题）
只有1条参观线路　　　有2条参观线路
有3条以上的参观线路

问题10：参观贵公司工业旅游线路需要多少时间？（单选题）
40分钟左右　　　1小时左右　　　1~2小时　　　2小时以上

问题11：贵公司讲解员的人数有？（单选题）
无专门讲解员　　　1~3名　　　4~6名　　　6名以上

问题12：贵企业的工业旅游的硬件设施有？（多选题）
专门的参观通道　　　多媒体放映厅　　　产品、展品陈列室或展馆
游客自助语音讲解系统　　　接待餐厅　　　招待所　　　接送大巴、电瓶车　　　娱乐、休闲设施　　　LED屏、液晶电视等展示模块

问题13：贵企业的参观游客的来源有哪些？（多选题）
政府单位考察　　　商务考察　　　旅行社组团　　　学校等社会团体组织　　　社会散客自发前来　　　其他

问题14：贵企业推广工业旅游的方式有哪些？（多选题）
网站推广　　　电视广告　　　报纸、杂志广告　　　旅行社合作
政府公关　　　与商业协会、企业合作　　　校园推广　　　与其他社会团体（如广东省现代工业旅游促进中心）合作　　　其他

问题15：贵企业推广工业旅游的最重要的方式是？（单选题）
网站推广　　　电视广告　　　报纸、杂志广告　　　旅行社合作
政府公关　　　与商业协会、企业合作　　　校园推广　　　与其他社会团体（如广东省现代工业旅游促进中心）合作　　　其他

(四)谈话法

谈话法是通过与被试者交谈了解其心理特点的方法。一般要求研究者首先明确谈话目的,拟定谈话的主要问题,注意谈话时环境气氛的选择和控制。这种方法的缺点在于,被试者口头回答问题,易受各种主客观因素影响,缺乏真实可靠性。谈话法可作为辅助方法与其他方法结合使用。在实践中,导游员常用此方法来研究旅游者的心理活动。

【相关链接】

一代名人肖伯纳有句名言:"倘若你有一个苹果,我也有一个苹果,而我们彼此交换这个苹果,那么,你和我自然各有一个苹果。但是倘若你有一种思想,我也有一种思想,而我们彼此交流这些思想,那么,我们每个人将各有两种思想。"

聊天是交流思想感情和进行沟通的一种好的形式,它可能增进友谊,促进团结,活跃团队气氛,同时,聊天具有很大的随机性和不确定性,机场候机楼、车站码头、茶余饭后、宾馆服务时的对话,旅游服务人员和客人都可能把自己的想法、要求、感受等毫无保留地"聊"出来,从而使旅游服务人员获取信息,对症下药,做好各方面的工作。

有这么一件事,一名导游员通过和游客聊天得知,有一青年因为教育孩子的方式方法而与妻子闹翻,不辞而别,独自一人外出旅游。导游员不但没有指责那位年轻人做法不妥,反而充分利用茶余饭后和旅途时间,与游客聊上了"怎样做个好父亲"的话题。这时,许多游客内心都明白导游员的良苦用心,于是你一言我一语地聊开了。大家推心置腹,相互启发,畅所欲言。最后,年轻人感动得流下了眼泪。当火车返回目的地时,望着前来迎接他的妻子和孩子,青年人什么都明白了,双手紧紧握住这位导游员的手,久久说不出话来。

要使谈话获得成功,应注意以下几点:第一,所提问题对方是否乐意回答;第二,双方是否建立起一种相互信任的关系;第三,谈话态度是否诚恳;第四,谈话气氛是否自然、和谐;第五,谈话时力求做到循循善诱,察言观色,随机应变。

(五)测验法

测验法是用量表测量人在某一方面的心理特征的方法。它要求测验所用量表标准化,即量表的编制、实施的过程、算分标准和对测验分数的解释都有明确一致的要求。此法多用于测量人的智商、情商、性格、态度等。在旅游心理学中,测验法多用于测量旅游者的态度,研究旅游者心理特征与其旅游行为的关系,也可以用于对旅游从业人员进行心理测试,用以研究员工的心理特征与服务行为的关系。通过研究旅游从业人员的心理特征,为旅游企业的人力资源管理提供依据。

（六）统计分析法

统计分析法是指根据有关部门的统计结果，分析和认识研究对象的心理特征的一种方法，因其便利性和准确性而被广泛运用。统计分析法常用于了解旅游者的国籍、年龄、职业、收入等背景因素。

表1-1所展示的是2010年来华旅游入境人数。

表1-1 2010年1~12月来华旅游入境人数（按入境方式分）

	同比增长(%)	入境方式				
		船舶	飞机	火车	汽车	徒步
合　计	5.76	503.90	2001.39	131.30	3118.63	7621.01
香港同胞	2.57	137.87	173.73	67.70	2598.64	4954.25
澳门同胞	2.00	8.95	6.83	0.24	115.80	2185.48
台湾同胞	14.64	83.44	277.06	2.60	62.28	88.67
外国人	19.10	273.64	1543.78	60.76	341.91	392.61
外国人按地区及国别分：BY NATIONALITY						
亚洲小计	17.49	170.76	974.63	26.64	155.38	291.45
日本	12.47	15.03	290.87	4.63	24.64	37.95
韩国	27.49	55.22	316.92	2.32	10.57	22.61
朝鲜	12.04	4.51	3.00	1.68	1.98	0.47
蒙古	37.75	0.07	8.74	5.66	61.76	3.20
菲律宾	10.59	47.43	19.17	0.70	3.44	12.09
泰国	17.29	2.32	44.34	0.43	3.52	12.94
新加坡	12.83	3.75	66.33	1.27	8.24	20.77
印度尼西亚	22.25	8.37	26.46	1.31	7.76	13.44
马来西亚	17.58	4.11	85.06	1.29	8.20	25.86
巴基斯坦	7.15	0.33	5.59	0.07	0.50	2.23
印度	22.36	11.57	25.48	1.80	5.89	10.20
尼泊尔	32.33	0.07	1.61	0.04	0.13	1.23
斯里兰卡	30.87	0.82	1.98	0.04	0.07	0.18
哈萨克	35.89	0.03	7.56	2.87	8.26	19.31
吉尔吉斯	8.10	0.01	1.77	0.02	0.92	0.83
其他	4.27	17.12	69.75	2.51	9.51	108.14
美洲小计	20.24	13.96	202.83	8.48	33.84	40.44
美国	17.53	9.00	141.62	4.60	21.74	24.00
加拿大	24.53	3.20	42.58	2.15	8.55	12.04
墨西哥	52.80	0.26	3.63	0.26	0.35	0.43
其他	26.37	1.49	14.99	1.46	3.20	3.97

续表

	同比增长(%)	入境方式				
		船舶	飞机	火车	汽车	徒步
欧洲小计	23.89	82.98	284.86	20.19	141.07	39.69
英国	8.73	4.52	36.03	2.28	5.73	8.94
德国	17.37	3.51	49.47	1.19	3.11	3.58
法国	20.71	2.11	39.56	1.53	3.66	4.41
意大利	19.79	1.75	16.75	0.75	1.77	1.90
俄罗斯	35.99	54.90	41.48	10.76	120.11	9.78
瑞士	18.72	0.36	5.70	0.25	0.47	0.65
瑞典	22.85	0.51	12.90	0.38	0.68	0.97
荷兰	13.33	0.81	14.22	0.74	1.28	1.87
挪威	12.27	0.19	4.46	0.15	0.19	0.35
奥地利	19.68	0.27	5.63	0.13	0.31	0.40
比利时	25.47	0.29	6.19	0.19	0.44	0.52
西班牙	20.76	0.43	11.18	0.48	0.75	0.99
葡萄牙	9.27	0.16	1.85	0.08	0.17	2.49
其他	16.63	13.17	39.44	1.28	2.39	2.82
大洋洲小计	17.38	4.35	47.64	2.90	8.49	15.56
澳大利亚	17.77	3.47	40.39	2.38	6.85	13.05
新西兰	15.55	0.53	6.85	0.49	1.48	2.25
其他	14.21	0.35	0.39	0.03	0.16	0.27
非洲小计	15.55	1.59	33.77	2.54	3.09	5.37
其他国家	-2.90	0.01	0.06	0.00	0.04	0.10

资料来源：国家旅游局.旅游统计.http://www.cnta.gov.cn/html/2011-3/2011-3-25-10-13-68533.html.

此外，在旅游心理学中比较常用的方法还有案例法、模拟法等。

无论使用哪种方法，都是为了了解旅游者在旅游过程中的真实心态，以便使旅游服务工作更贴近游客。因此，研究对象应尽量广泛、全面，调查后的资料及研究报告应加以归类、分析和综合，以便供决策时参考。

通过对不同旅游者的不同目的和方式的调查，可以较客观地分析不同客源地的旅游者的基本概况，分析客源市场，制定有针对性的旅游营销策略，开发相应的旅游产品，从而有效地提高旅游企业的收益并促进旅游业的发展。

第三节　旅游心理学的理论体系*

旅游心理学是心理学学科领域的一个新的分支,是20世纪80年代以后才出现的一门新兴学科。它属于应用心理学的一部分,是心理学基本原理在旅游领域的应用。旅游心理学的研究和发展是建立在以往心理学已形成的理论基础之上的。而作为旅游心理学最重要的理论基础,是早已产生并发展成相对成熟的普通心理学和社会心理学。

一、旅游心理学与普通心理学

旅游心理学是心理学的应用性分支,因此,它和心理学的关系是部分与整体、应用研究与基础研究的关系。

旅游心理学与普通心理学在研究对象和研究方法上有以下区别:其一,普通心理学主要研究动物和人心理活动的基本形式、过程及规律,而旅游心理学研究特殊人群(旅游者和旅游从业人员)的心理现象和行为。其二,普通心理学在研究中更多地运用观察法和实验室实验法,而旅游心理学较多采用现场咨询、问卷调查、档案研究等方法。

二、旅游心理学与社会心理学

社会心理学是研究社会情景中的个体或群体的社会心理、社会行为与社会互动的一门心理学科。社会心理学着重探讨社会与个体或群体的相互作用,同时强调研讨情境,重视个体或群体与社会环境之间的关系,也就是研究社会生活中人与人之间的相互作用。

旅游心理学与社会心理学研究的都是社会现象。旅游心理学从现代社会人群外出旅游这一社会现象中寻找课题,既分析人们在旅游活动中的微观心理活动,又分析旅游活动产生的宏观社会环境和条件。旅游作为现代人的一种生活方式和态度,越来越多地被社会学家特别是社会心理学家所关注。

二者的区别在于:其一,社会心理学研究的是社会生活中全部的客观事实,而旅游心理学研究的是社会生活中的一部分客观事实——离开惯常生活环境与其他人群交往或亲近自然、认知文化的行为。其二,社会心理学侧重对群体活动趋势的了解和解剖,重视社会调查;而旅游心理学侧重研究旅游群体的心理特征、个体心理和行为在旅游环境下发生变化的心理过程。

三、旅游心理学与其他学科的关系

旅游心理学和许多学科都有关联,如管理心理学、经济学、伦理学、美学等对旅游心理学学科建设和发展都有贡献。

(一)旅游心理学与管理心理学

管理心理学是从现代管理科学和行为科学发展过程中派生出来的一门综合性的学科,主要是研究人的行为激励问题,探索人的心理活动,通过激励人的心理和行为的各种途径与技巧,达到最大限度提高效率的目的。管理心理学的研究对象是组织中人以及人与人之间的关系,是组织内部的社会心理系统,通过研究来寻找组织中的个体、群体及其领导的心理和行为活动的规律性。管理心理学的研究突出"以人为中心"的管理问题。比如,它强调人力资源的重要性;强调人是组织的主体,要靠员工个人、群体、领导来实现组织目标;强调以人为中心的管理体制,调动人的积极性、主动性和创造性。

旅游心理学在研究和指导旅游企业管理工作中,充分运用管理心理学的理论和方法,开展对旅游从业人员、群体、领导以及组织过程中的心理研究,更有效地促进旅游企业的内部管理,提高工作效率。

(二)旅游心理学与经济学

研究旅游有很多角度,有人从社会学与经济学角度来研究,把旅游看作一种社会经济现象。特别是现代大规模旅游的出现,必然要有许多人来为它服务,必然要出现为它服务的各种机构,需要交通工具、旅游设施、旅游饭店等。这样就出现了市场营销,也就带来了经济效益。因此,经济学和市场学的研究成果对旅游心理学都有重要的借鉴作用。

(三)旅游心理学与伦理学

伦理学主要是研究人与人之间的道德关系。在旅游业,人与人交往中的很多问题都涉及道德问题。旅游心理学要吸收伦理学的研究成果,来分析和评价旅游服务中的道德行为。

(四)旅游心理学与美学

美学是研究美以及人对美的感受和创造的一般规律的学科。旅游,实质上是一种高层次、全方位的审美活动。因此,旅游心理学应依据美学原理,合理开发和利用旅游资源及旅游设施,积极培养和提高旅游者以及旅游从业人员的审美修养。

第二章 知觉与旅游行为

本章提要

知觉是旅游行为产生的基础。人们的旅游行为是由外界的刺激通过知觉作用而产生的。要想了解人们的旅游行为规律,首先必须了解知觉及其特性、知觉的心理定势作用以及人们对旅游条件是如何认识的。

第一节 知觉及其特性

人类的一切心理活动都是以认知过程为基础的,而感觉和知觉是认知过程的开始,是人脑对直接作用于感觉器官的客观事物的反映。换句话说,人脑对客观现实的反映是从感觉和知觉开始的。

一、感觉与知觉

说起知觉,大家可能会感到有些陌生。让我们先从理解感觉入手。

什么是感觉呢?感觉是指人脑对直接作用于感觉器官的客观事物的个别属性的反映。感觉包括视觉、听觉、嗅觉、味觉、肤觉、平衡觉、运动觉和肌体觉。视觉、听觉、嗅觉、味觉、肤觉是对外部刺激的反映,这些感受器官位于我们的眼、耳、鼻、舌、身(皮肤)。视觉和听觉是主要的感觉,它们反映丰富的外界信息。嗅觉和味觉都是对化学刺激的反应,这两种感觉经常联合作用于饮食活动。味觉感受器官主要产生甜、咸、酸、苦、辣等感觉。味觉和嗅觉与身体的生理状态和需要存在着一定的联系。肤觉则是人类最大的感觉系统,对直接作用于体肤的刺激做出反映。我们的体肤能够感受冷、热、触、压和痛。肤觉最重要的机能是对可能出现的有害刺激发出信号。

那么,什么是知觉呢？知觉是人脑对直接作用于感觉器官的客观事物的整体属性的反映,是各种感觉输入信息的整合。感觉是知觉产生的基础。比如,当春天来临时,你走向户外,会听到小鸟在枝头唱歌;走在松软的草坪上你会闻到阵阵泥土的芬芳;放眼望去你会看到嫩绿的枝芽已经悄悄探出头来,这些信息传递到大脑,于是你意识到春天来了。也就是说,知觉通过对各种感觉输入信息的整合,对周围的环境做出解释。心理学研究表明,对于正常人来说,感觉和知觉几乎融合在一起。正因为感觉和知觉通常是同时发生的,所以往往将其合称为"感知觉"。

心理学家一般认为:感觉反映了特定感觉器官对刺激的接受及传递至特定脑部位的特性,知觉反映了人脑对各感觉输入信息的联结和经验加工的特性。著名心理学家艾森克指出:"感觉是呈现于感觉器官的、未经整合的信息;而知觉是有组织的,包括对感觉的整合和赋予意义。"

二、知觉的特性

(一)选择性

知觉在一定的时间内并不感受所有的刺激,而仅仅指向能够引起注意的少数刺激,这就是知觉的选择性。在下面的图形中(图 2-1),你如果看四周的阴影部分,就会看到那是两个侧面人头像;如果看中间的白色部分,就会认为那是一个花瓶。为什么看的是同一幅图画,却要么只能看到人头要么只能看到花瓶呢？这就是知觉的选择性。知觉的选择性使我们在认识事物时将注意力集中到少数对人有重要意义的信息上,排除次要信息的影响和干扰,从而有效地识别事物,认识环境。

图 2-1

那么,什么事物才可以引起我们的

知觉选择呢？一般地说，与个体的需要、愿望、兴趣、爱好、情绪状态相关的事物容易先被知觉到。人们总是依据自己的需要，主动地、有意识地选择少数事物作为知觉的对象，正所谓"仁者乐山，智者乐水"。例如，我们平时看电视时，并不是对所有节目都目不转睛地去看，而只是选择那些自己比较感兴趣的内容，其他的信息就会被过滤掉。现在，有人提出"注意力经济"，就是说要想办法"抓住人们的眼球"。因此在进行旅游宣传时，要注意信息内容是否有吸引力，能否引起受众的关注。尤其是对于那些在旅游资源方面具有明显相似性的城市而言，就要想办法突出自己的特色并进行准确的形象定位。比如苏州和无锡两座城市，在地理位置上比较接近，在旅游资源上也有很多相似之处，都是环太湖的城市。虽然太湖的大部分水域在苏州，但是无锡就很好地抓住了太湖旅游资源，大打"太湖牌"，提出了"唱运河歌、扬吴文化"的宣传口号，游客数量大幅度攀升。对于旅游企业的经营者来说，要充分利用知觉的这种选择性，在饭店装修、布置方面多做文章，突出自己的特色，以吸引游客的注意力。

（二）理解性

人们根据客观事物的局部特征并在已有知识和经验的帮助下对客观事物加以理解，这就是知觉的理解性。个人在知觉过程中必须借助过去的知识经验，才能获得对客观事物的整体反映。在知觉的理解过程中，言语的指导和补充作用很大，这一点在导游工作中体现得更加突出。正所谓"看景不如听景"、"景色美不美，全凭导游一张嘴"。在旅游过程中，导游员生动、形象地讲解能够帮助游客更好地了解所观赏景物的特点和价值，从而增强游览的兴趣，提高旅游的质量，使游客获得精神上的愉悦和满足。对于文化背景差异比较大的游客来说，如果导游员能够善于做类比，就有利于游客的理解。比如，外国游客对中国古代的纪年方式大多不是十分了解，如果导游员能够把它们换算成公历的纪年方式，那么就比较容易理解了。

著名的美国外交家基辛格博士每次来华访问期间虽都十分繁忙，但他仍于百忙之中先后11次参观天坛公园，他称："美国就其财力来讲，可以建造很多个天坛，但无论如何也不会具有北京天坛的文化内涵，这就是为什么美国已建成一个仿造的天坛，但美国人还是千里迢迢来北京参观天坛的原因。因为只有到北京的天坛，通过北京导游员的讲解，人们才会了解中国人的'敬天'思想，中国人的哲学观念。"

（三）整体性

知觉的对象是由许多部分组成的，各部分具有不同的特征，但是人们并不把对象感知为许多个别的、相互孤立的部分，而总是把它知觉为一个有意义的整体，这就是知觉的完形倾向，心理学中通常称此倾向为整体性。比如说，当旅游者参加旅行社组织的旅游活动时,往往倾向于把旅游过程看作一个整体,要对整个旅游过程中的食、住、行、游、购、娱等各个环节进行一个综合的评价。一旦哪个环节出现了问题,如旅途过程中车辆坏了,或是有强迫购物行为的发生,或是导游员不负责任等,都可能会招致游客的不满,甚至遭到投诉。

1. 接近律

两个或两个以上的刺激物如果在空间上彼此接近,就有被视为一个整体的倾向,这就是接近律。如图 2-2 所示,人们通常会认为这是三组线段,而很少有人会认为是六条独立的线段。同样,在空间距离上比较接近的城市就很容易被感知为一个整体,如我国已经形成了"环渤海旅游经济圈"、"长三角旅游经济圈"以及"辽宁旅游经济圈",它们的形成就是基于旅游经济圈内各城市之间空间地理位置比较接近。

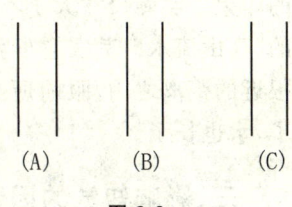

图 2-2

2. 相似律

如果被感知对象在性质和特点方面有相似之处,就容易被感知为一个整体。如图 2-3 所示,人们会自觉地把这些图形分为三组。同样,人们通常把肯德基与麦当劳联系在一起,就是因为它们有很多相似之处。比如产品性质、种类、服务方式等方面都很相似。对于旅游目的地而言,大连、青岛、北戴河、厦门等城市之间虽然距离比较遥远,但是在旅游者心目中,它们都是海滨城市。

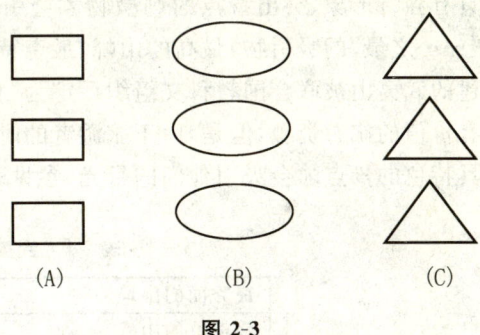

图 2-3

3. 闭合律

如果几个客观事物共同包围一个空间,那么这些事物容易被感知为一个整体。心理学的研究表明,当知觉对象的物理结构不完整时,人们会根据已有的经验对感觉信息进行补充、删略、替代或改组等,使知觉对象变得完整,由此才能获得对客观事物的完整知觉。在旅游过程中,旅游者会对旅游的各个环节进行自觉地组合,只有在食、住、行、游、购、娱等方面都感到满足时,才会对整个旅游过程感到满意。如果中间某个环节出现了问题,就会影响客人的满意程度。

(四)恒常性

虽然世界万物时刻都在发生着变化,但是人的知觉却没有时刻随着知觉条件的变化而变化,而是根据已有的知觉经验,仍然保持着相对稳定的对物体的知觉,这就是知觉的恒常性。知觉恒常性能够弥补和纠正知觉条件的变动,使人们按照事物的本来面貌去感知事物。知觉的恒常性主要表现在视知觉方面,包括大小恒常性、形状恒常性、亮度恒常性和颜色恒常性。因为人们具有知觉恒常性,通过构造距离感,就会调动其知觉的恒常性而产生对客观事物的错觉。例如,建筑师在设计罗马的斯巴达克宫时,为了衬托巨大的武士像,在拱廊的深度构造上下了功夫。在特殊造型的衬托下拱廊变得悠长,拱廊尽头的武士像给人的印象比实际尺寸大了不少。又如,在我国的园林艺术中经常会看到形象逼真的"高山流水",其实它们就是通过缩短视觉距离的办法,将旅游者的视线限制在很近的距离之内,眼前所见只有假山、流水,而没有其他的参照物。这样,山高了,水也长了。

三、影响知觉的因素

(一)客观因素

1. 知觉对象的刺激强度

人们在旅游活动中并不能将所有的刺激物纳入自己的感知世界,只有那些具有独特形象、突出特点的刺激物才会引起人们的注意,如在一个旅游地堪称"……之最"的吸引物:最高的山峰、最奇特的石头、最具特色的纪念品,等等。福建的武夷山被联合国教科文组织评定为"世界自然和文化"双遗产,它拥有很多有价值的旅游资源,但是,由于旅游者的时间有限,不可能一一观赏,只有那些最具特色的景点才会吸引他们的目光(参见表2-1)。

表2-1 武夷山之最

最秀丽的山峰	玉女峰
最奇特的山峰	鹰嘴岩
最雄伟的山峰	大王峰
最高的山峰	三仰峰
最大的岩石	晒布岩
最佳的胜地	天游峰
最凉爽的避暑地	嘘云洞
最大的寺庙	天心永禅寺
最古老的书院	紫阳书院
最古老的宫观	武夷宫

表中所列都是武夷山的著名景点,大凡来此旅游的人都要慕名前往,去饱览这些胜景。这时导游员也应该尽量满足游客的需要,除了详细讲解外,还要给大

家留出一定的时间拍照、欣赏。

2. 对象与背景的差别变化

在旅游过程中,旅游者所观察到的对象与背景是不断变化的,导游员举鲜艳的旗子,登山运动员穿鲜艳的衣服,就是为了在一定背景下,容易引起别人的注意。在导游过程中,如果善于运用由表及里、深入浅出的导游技巧,定能收到良好的效果。

宋代苏东坡在《题西林壁》中写道:"横看成岭侧成峰,远近高低各不同。不识庐山真面目,只缘身在此山中。"这位诗词大家像一位导游专家,告诉我们从"横"向看,从"侧"面看,从远、近、高、低四个方位看,会得到"各不同"的景观,从不同角度来欣赏美。另外,还有一点非常重要,也是老到的导游员们常常提醒客人的,就是"回头看",这就是要从外面看,因为在内部,是看不清"庐山真面目"的。往往离开一个景点,"回头一观"又会欣赏到更美的景色。有时,还要鼓励客人再爬到高处看一看,因为"欲穷千里目,更上一层楼"。

(二) 主观因素

1. 需要和动机

人们外出旅游的动机不同,因而对同一景点的知觉也不同。观光型的游客对自然风光情有独钟,而进行宗教旅游的客人可能对寺庙、古迹等更感兴趣。例如,同样是到被联合国教科文组织确定为世界自然、文化双遗产的武夷山来旅游,有的游客喜欢把更多的时间花在游览玉女峰、天游峰和大王峰这些以自然风景见长的景点上面,而有的人则会到武夷山的紫阳书院、武夷宫这些人文气息浓的景点去看个究竟。

2. 旅游的经验

经常参加旅游活动的游客和较少参加旅游活动的游客,其知觉表现也会有所差异。经常外出旅行的人会对一些景物"熟视无睹",而较少外出的人可能会对周围的景物表现得很好奇。

3. 情绪

人在精神状态好、心情愉快时会对周围的人和事物抱有积极的态度,此时会产生正面的、积极的情绪体验;否则,就会有消极的情绪体验。正所谓"欢乐良宵短,愁苦暗夜长"、"人逢喜事精神爽",说的都是这个道理。因此,导游员要注意调节游客的情绪,使其始终处于最佳的状态。

4. 兴趣

人们的兴趣不同,知觉的选择性就不同。例如,同样是来泰山旅游,对历史感兴趣的人可能会更加关注那些珍贵的石刻,而对于喜欢摄影的人来说,那山间秀丽的景色可能会更具有吸引力。

5. 个性

外向型的人愿意参加惊险刺激的活动项目,而内向型的人则不同。例如,同样是漂流,外向型的人喜欢参加在急流险滩处进行的急漂,体验自我挑战的乐趣;而内向型的人喜欢在相对平缓的地方进行缓漂,他们喜欢一边欣赏周围的景色,一边拍照,体验悠然自得的乐趣。

6. 职业

人们所从事的职业不同,在知觉方面也会有所差异。曾经有一个外国建筑家访华团,他们仅参观故宫一地就用了五天。五天之后,他们希望下次来华再进行参观、探索。他们甚至说:"在故宫时间愈长,学的就愈多,作为建筑师,应当每年都来参观一个星期,会获得教益,获得信息,获得创作的灵感。"这与他们所从事的职业不无关系。

【相关链接】

晕车揭秘

晕车、晕船或晕机是我们在日常生活中经常遇到的现象,你想过这其中的缘由吗?这还要从我们的感觉谈起。感觉是人脑对直接作用于感觉器官的外界事物个别属性的反映,它包括视觉、听觉、嗅觉、味觉、肤觉以及机体觉六大部分,而机体觉又可细分为动觉和平衡觉两大类。动觉是因身体活动而产生的感觉,它帮助我们感知身体各部分相对位置的变化,如果没有动觉,那么对诸如举手、抬腿之类的活动,我们也无从感知。

平衡觉则是对身体方向的感觉,其感受器官是位于内耳的半规管和前庭,分别负责头部与身体的平衡。两者内部充满液体,液体内漂浮着大量丛生的毛细胞,当人体处于不平衡的状态时,神经冲动就会由毛细胞发动,传入小脑,因而小脑是维持身体平衡的神经中枢。

以前心理学家认为,常见的晕车、晕船是由于前庭和半规管受到过度刺激所引起的,频繁的波动、摇晃和旋转,会不断使毛细胞产生冲动传入脑内,然后信息再被传到眼部肌肉、内脏等,从而产生眩晕、恶心甚至呕吐。

但是,现在人们又提出一种矛盾假说,认为晕车的产生是因为个人在生理上与心理上得到的信息彼此干扰所致。身体上的运动信息来自动觉与平衡觉,而心理上的则是个人期望的结果。当你坐在颠簸的车上,你的身体随车的运动而运动,但你从车内静止刺激所得到的信息却是静止的,使你产生静止不动的期望,这样身心两方面信息的冲突就产生了眩晕现象。这时如果你把目光转向车外,看见迅速后移的外部景物,从而在心理上接受车身运动的事实,那么眩晕就会自然消失或得到缓解。

错觉,是在特定的条件下由某种原因引起的对客观事物不正确的知觉。它具有特殊的价值,能够达到特殊的审美效果。常见的错觉种类有形状错觉、大小错觉、方向错觉、运动错觉等。像海市蜃楼就是一种特殊形式的错觉。

(资料来源:孔克勤主编.心理学走进生活.上海:上海辞书出版社,1998)

旅游决策中的心理知觉

要理解旅游者的心理,首先要懂得知觉,心理学研究者们把知觉过程看成理解旅游者各种行为的关键变量。旅游者通常不是孤立的对待一种刺激,而是倾向于将多种来源的信息组成一个有意义的整体以便更好地理解它和处理它。

在旅游决策的过程中,面对纷杂繁多的各种信息,人们通常采取知觉组织的形式来整合自己需要的信息,并对刺激信息选择性注意和保持。通常旅游者的知觉整合在旅游决策中往往发挥巨大的作用。例如,新加坡的"三天也玩不够"的旅游宣传口号,就是希望极有特点的口号来打动旅游者,或者以其他产品作为背景,突出所宣传的产品,使其成为知觉对象,也是知觉整合原理在发挥作用。此外,认知心理学的知觉负载理论认为,当前任务知觉负载的高低决定了选择性注意过程中的资源分配。如果当前的知觉负载较低,无法得到知觉加工,就不会产生干扰效应;如果当前人物的知觉负载较高,与任务无关的干扰刺激无法得到知觉加工,就不会产生干扰效应。因此,影响旅游者旅游态度和行为的客观刺激物的刺激强度越高,刺激物的对比度越强烈,刺激的时间也越长久,这样有助于旅游者排除无关刺激。旅游者还可以通过纸、笔、照相机、摄像机等手段来储蓄刺激信息,用以解决他们所面对的超负荷刺激,以延长注意过程。

(资料来源:吴琳,杨慧慧.心理知觉与旅游决策研究初探.中国城市规划年会论文集,2008)

第二节 知觉的心理定势

心理定势就是指心理上的"定向趋势"。它是人们对于某一对象的共同心理与行为倾向。心理定势是导致知觉歪曲的影响因素,它可能会造成信息的失真,掩盖知觉对象的本来面目。正确认识知觉的心理定势,对于做好旅游服务和管理工作是很有帮助的。实践证明,以下几种心理定势会对旅游行为产生重要的影响,我们分别来介绍一下。

一、刻板印象

刻板印象是指社会上部分人对某类事物或人物所持有的共同的、固定的、笼统的看法和印象。这种印象不是一种个体现象,而是一种群体的共识。比如,在人们的印象当中,北方人性格豪爽,南方人温柔细腻。

刻板印象在英文中被称为 stereotypes。这个词有着十分有趣的来历:早期的印刷排版工人是按照字母的顺序查找字模来排版的,在这个过程中,为了方便起见,他们把经常联合使用的词的字模捆绑起来,每次遇到这几个字母连用就直接使用捆绑的字模而不必分别查找几次,由此加快了排版速度。这些被捆绑起来的字模就叫做 stereotypes。后来,刻板印象的词义得到引申,在社会科学研究中一般指"以选择及建构未经发展的、概括化的符号,将社会族群或某群体中的个别成员予以类别化的做法"。

一般来说,"物以类聚,人以群分",生活在同一地域或同一社会文化背景中的人,在心理和行为方面总会有一些相似性;同一职业或同一年龄段的人,他们的观念、社会态度和行为也可能比较接近。人们在认识社会时,会自然地概括这些特征,并把这些特征固定化,这样便产生了社会刻板印象。因此,刻板印象本身包含了一定的社会真实,所以,它通常成为人们简化认识过程、迅速适应环境的手段。但是,"人心不同,各如其面",刻板印象毕竟只是一种概括而笼统的看法,并不能代替活生生的个体,因而"以偏概全"的错误总是在所难免的,而且很难随着现实的变化而发生变化,它往往阻碍人们看到新的现实,接受新的观点,其结果会导致人们对某类群体的成见。

刻板印象是通过与某些人或群体频繁接触而达成的认识,或根据他人的介绍、媒介传播等间接资料而来的。刻板印象是客观存在的,我们要努力消除它的负面影响。在中国优秀旅游城市中,有些城市由于历史原因,已经在广大公众中形成了刻板印象,而其中有些刻板印象非常不利于旅游形象的宣传,因此,必须加大宣传力度以改变人们的认识,树立新的旅游形象。

以中国优秀旅游城市辽宁省鞍山市为例,它虽然拥有国家级风景名胜区千山和世界第一玉佛以及温泉等重要旅游资源,但由于人们对它的印象还停留在 20 世纪五六十年代鞍山钢铁公司的刻板印象中,一时间还很难转变,因此,对这样的旅游城市而言,要想吸引外地游客前来旅游,除了加强自身建设外,还要采取有效的手段,努力改变因刻板印象所带来的负面影响。

二、首因效应

首因效应也叫第一印象效应。它是指当人们第一次接触某个人或事物时,留下的印象比较深刻,成为一种心理定势而难以改变。

心理学家陆钦斯在1957年设计了一个著名的实验来说明第一印象的重要性。他将两段杜撰的文字材料念给被试者听,材料的内容是一个名叫吉姆的学生的生活片段,上一段把吉姆描写成一个热情而外向的人,下一段则把吉姆描写成一个冷淡而内向的人。被试者分为四个等组,分别听这两段材料的不同组合。实验结果如表2-2所示。

表 2-2 陆钦斯的实验结果

组 合	评 定
先听上段,后听下段	78%的人认为吉姆友好热情
先听下段,后听上段	大部分人认为吉姆是孤独的,18%的人认为吉姆友好而外向
仅听上段	95%的人认为吉姆友好而外向
仅听下段	3%的人认为吉姆友好

从上述实验中可以看出,人们一旦在最先获得的少量信息的基础上对他人形成了第一印象,这种印象就会强烈影响着他们对该人心理和行为的理解。因此,在进行旅游宣传时,为了给游客留下一个良好的第一印象,要注意机场、码头、车站以及高速公路旁的户外广告的设计。醒目的字体、独特的造型以及鲜艳的颜色都会引起人们的注意,当然内容还是最主要的。

同时,在服务过程中也应该注意给客人留下良好的第一印象,比如说饭店的前台是客人抵达饭店后最先接触的部门。在与客人接触时,就要用热情的语言、甜美的微笑、快速的服务赢得顾客的好感。在导游服务过程中,导游员如果接站迟到了,就会给游客一个不好的第一印象,不利于今后与客人的交往。

三、近因效应

近因效应是指最后接触的人和事物留下的印象更加深刻。比如在演出进行的过程中,导演总会把名演员的演出或精彩的节目安排在最后,就是人们所说的"压轴戏",使演出在高潮中结束,给人留下难忘的印象。在与客人打交道的过程中,也应该把握住这个规律,把最后的服务环节认真做好,以便给客人留下一份美好的回忆。特别是当服务过程不是很顺利时,可抓住"最后机会"争取给客人留下一个良好的最后印象,这样会对前面的某些失当之处起到一定的弥补作用。

如导游员在导游服务的最后环节要送别客人,此时,一句良好的祝愿、一个恰到好处的手势都会让人感到亲切和难忘,从而增强服务的效果。

我国一位从事近40年导游工作的英文导游员,在向游客告别时,为体现"期盼重逢",他总会说:"中国有句古语,叫做'两山不能相遇,两人总能相逢',我期盼着不久的将来,我们还会在中国,也可能在贵国相会,我期盼着,再见,各位。"也许这位老导游的话和他的热诚太感人了,时至今日,每年圣诞节、新年,贺年卡从世界各地向他飞来。甚至有不少贺年卡是他一二十年前接待的客人寄来的。其中有这样一张贺年卡,上面工工整整地用英文写着:Greetings From Another Mountain(来自另一座山的问候)。

首因效应和近因效应说明,在人际交往时要注意开始和最后的表现,努力达到"虎头豹尾"式的效果。另外,当服务时间的间隔长时,首因效应小,近因效应大;当一个人的认知程度低时,近因效应影响大。

四、晕轮效应

晕轮效应也叫光环效应。它是指从对象的某种特征推及对象的整体特征,从而产生美化或丑化对象的效应。就像刮风天前月亮周边的月晕一样,被看成是月亮光扩大的泛化。"情人眼里出西施"说的就是这个道理。情人在自己的心中是最美丽的,于是其他与之不一致的信息就会被忽视或否定了。

1972年,美国心理学家戴恩等做过一个实验,他们选取一批不同人的照片,把照片分成漂亮的、难看的和中等的三组,然后请一些人从社会地位、生活幸福等方面对照片上的人进行评估,结果发现,在几乎所有方面,漂亮的人都得到了积极肯定的评价,而难看的人都得到了消极否定的评价。

在对客服务过程中,晕轮效应发挥着巨大的作用。客人会从接触到的员工的情况进而推及饭店全体员工的素质,也会从一个部门的服务质量来判断整个饭店的情况。

【相关链接】

导游中的第一印象和最后印象

可以说,中外游人都很重视"第一印象",对于导游员来说,致欢迎辞是给客人留下好的"第一印象"的极佳机会,我们应当努力展示自己的艺术风采,使"良好开端"成为"成功的一半"。规范化的"欢迎辞"应包括五大要素:表示欢迎,即代表接待社、组团社向客人表达欢迎之意;介绍人员,即介绍自己,介绍参加接待的领导、司机和其他工作人员;预告节目,即介绍一下城市的概况和在当地将游览的节目;表示态度,即愿意为大家热情服务、努力工作,确保大家满意;预祝成功,即希望得到游客支持与合作,努力使游览获得成功,祝大家愉快。

欢迎辞切忌死板、沉闷,如能风趣、自然,会缩短与游客之间的距离,使大家很快成为朋友,熟悉起来。

另外,欢迎辞注意汲取一些谚语、名言,充满文采,会收到很好的效果。下面一些言语可参考使用,如"有朋自远方来,不亦乐乎"、"千年修得同船渡"、"千里有缘来相会"、"世界像部书,如果您没出外旅行,您可能只读了书中之一页,现在您在我们这里旅行,让我们共同读好中国的这一页"。

如果说"欢迎辞"给游客留下美好的第一印象是重要的,那么,在送别时致好"欢送辞",给游客留下的最后印象也将是深刻的、持久的、终生难忘的。符合规范的"欢送辞",也应有五个要素,共20个字,这就是:表示惜别,感谢合作,小结旅游,征求意见,期盼重逢。

所谓"表示惜别",是指欢送辞中应含有对分别表示惋惜之情、留恋之意的话语,讲此内容时,面部表情应深沉,不可嬉皮笑脸,要给客人留下"人走茶更热"之感。

"感谢合作",是指感谢在旅游中游客给予的支持、合作、帮助、谅解,没有这一切,就难保证旅游的成功。

"小结旅游",是指与游客一起回忆一下这段时间所游览的项目、参加的活动,给游客一种归纳、总结之感,将许多感官的认识上升到理性的认识,帮助游客提高游览的效果。

"征求意见",是告诉游客,我们自知有不足,经大家帮助下一次接待会更好。

"期盼重逢",是指表达对游客的情谊和自己的热情,希望游客成为回头客。

"欢送辞"除有文采之外,更要讲得"情深"、"意切",让游客终生难忘。

(资料来源:http://www.ctszj.com,2005年7月20日)

第三节 旅游者对旅游条件的知觉

一、对旅游时间的知觉

时间知觉是人的心理时间的反映,与物理时间并不完全一致。人对持续时间的估计会受到活动内容和主观态度、情绪等因素的影响。当人们在旅游时,如果游览活动很有趣或游客心情愉快时,游客往往会觉得时间过得很快,有一种流连忘返的感觉。相反,如果活动枯燥乏味或心情烦躁时,游客就会觉得时间过得很慢,对持续时间的估计就偏长。人在回忆时与经历时的情形相反。与有趣、愉快的经历联系着的时间,回忆起来就会觉得长些,与单调枯燥的经历联系在一起的时间,回忆起来就会短些。

因此,在旅游时间的安排上应该尽量缩短在"行"上面花费的时间,把更多的时间留出来用在"游"上面。如果在交通工具上花费的时间过多,会让游客产生烦躁的心理,进而会产生失望的情绪。在旅游交通方面,我国铁路五次大提速,已经大大地缩短了人们在旅程上花费的时间,这对旅游者来说意味着可以有更多的时间来玩,旅行生活将会更加丰富多彩。

另外,很多饭店为了减少客人办理入住登记手续的时间,开始寻求运用现代科技手段来解决这个问题。如有的饭店利用先进的通信技术在接客人的途中就为其办好入住登记手续,这样就为客人节省了时间,不用到前台等待,可以尽快入住房间休息。试想,当客人经过旅途的奔波来到饭店时,最需要的就是能马上进入房间休息,谁也不愿意把更多的时间花在无聊的等待上面。

在近两年的"黄金周"期间,很多人就是因为担心人多拥挤,不愿意把时间浪费在毫无意义的等待当中,所以选择了在家里看书或其他的休闲方式。那么,如何缓解人们在等待时焦虑的心理呢?首先让我们来了解一下有关时间等待的原理。

戴维·梅斯特(David Maister)的有关"等待时间的七项原则"为我们阐述了这些感受:

焦虑使等待看起来时间更长;

等待时无事可干比有事可干感觉时间更长;

不确定的等待比已知的有限的等待时间更长;

没有说明理由的等待比说明了理由的等待时间更长;

不公平的等待比平等的等待时间更长;

服务的价值越高人们愿意等待的时间越长;

单个人等待比许多人一起等待感觉时间更长。

【案例分析】

快乐的候车时光

平时大家在火车站候车的时候,往往会感觉非常无聊,特别是当候车室的环境不好时,更加剧了乘客等待时的烦躁心理。大连火车站以树立人性化服务形象为目标,从乘客的角度出发,一方面改善候车室的硬件环境,另一方面完善服务项目,让旅客在候车室能够度过一段愉快的时光。

候车时间长的旅客,可以通过广播免费点播歌曲,送客远行的亲朋可以从广播中听到车站广播说出他们想不到、记不全的祝福和嘱托。即将上车的旅客还可以从广播中听到所要到达城市的天气情况,以及对着装的建议,车站的这种"亲情叮咛"使出门在外的每一位旅客心里都充满了暖意。

在本案例中,大连火车站的这种人性化服务,正在使多年不变的铁路管理模式变成服务模式。在市场经济大潮中,面孔冷峻的"铁老大"正在微笑着向普通百姓走来。人性化服务也给大连火车站带来了社会效益和经济效益的双丰收。

二、对旅游距离的知觉

(一)阻止作用

旅游者在进行旅游决策时,不仅要考虑目的地有没有吸引力,而且还要考虑距离的远近。因为随着距离的增加,意味着要花费更多的金钱、时间和感情。旅游者要进行周密的考虑与比较,当他们在时间上很有限或是经济上无法承受时,就不得不放弃远距离的旅游。当然,还有些人是因为害怕语言上的障碍以及安全上的考虑。因为距离远意味着要付出更高的感情上的成本。从这个意义上说,距离会对人们的旅游产生阻止作用。

(二)激励作用

距离产生美。越是遥远的旅游目的地,往往越能激发起人们的旅游兴趣,因为谁也抗拒不了好奇心和一份情感上的需要与渴望。如云南的丽江,对于没有去过的人来说也许永远是心底的一个痛;对于去过的人来说,那里就像是一个美丽的梦。丽江的古朴与秀美,悠远与宁静宛如一位睡美人等待人们的观赏。因此,人们不惜花费时间和金钱,千里迢迢来欣赏丽江的美。

正是由于这种激励作用,近年来,我国的出境游市场也十分火爆。目前,向我国公民开放的旅游目的地国家和地区已经达到了80多个。自从2005年9月份欧洲旅游市场开放以来,已经有越来越多的中国人走出国门、走出亚洲,到他们向往已久的欧洲去旅游。

【案例分析】

旅游中的距离美

我国古代有一女子终年生活在家乡优美的景色中,朝夕与共却并未感到它的美。一次乘船离家,在江上远眺家乡时,才发现家乡非常美丽。于是即兴作了一首诗:"侬家住在两湖东,十二珠帘夕照红。今日忽从江上望,始知家在图画中。"在现代生活中亦是如此。现代都市生活的喧嚣使得人们往往忽略了身边的美景,对其熟视无睹。还有的人觉得反正有太多的时间和机会去玩,何必那么着急呢。于是就出现了旅游城市中本地居民对当地的旅游景点知之甚少的情况。

针对这种情况,杭州市旅游部门在"非典"过后提出了"杭州人游杭州"的口号,制定专门的旅游线路,邀请市民参加,取得了良好的效果。"杭州人游杭州"倡导绿色、生态、健康的旅游消费,既是启动旅游市场的第一步,也让杭州人更进一步认识家门口的山水,享受家门口的风景。旅行社此次推出的"杭州人游杭州"线路都将比以往要来得便宜,一般一日游价格在70~80元之间。据悉,首发团的价格将会是历史最低价。

"杭州人游杭州"活动不仅有着优惠的价格,还为"绿色、生态、健康"的主题打造了很多生态旅游的新产品:去余杭塘栖的农家采枇杷,去富春江边的杨村桥采摘草莓,或是去千岛湖中的岛屿上垂钓,划皮筏艇游双溪,一切旅游活动都围绕着"健康"做文章。此外,有别于以往团队旅游,不少旅行社还开发了徒步旅游、自行车单骑游和自驾车潇洒游等旅游方式。天堂旅行社推出的自驾车游,除了为旅游车队配备领队车、压后车外,还为旅游团队配备了修理工和医生。这些新的旅游产品极大地提高了人们的旅游兴趣。

在本案例中,杭州市旅游部门推出的"杭州人游杭州"活动,激发了人们欣赏家乡美的兴趣,别具特色的旅游线路和个性化的服务吸引了人们的目光,这说明只要认真进行策划和宣传,即便是近距离的旅游也同样能够博得人们的青睐。

三、对旅游交通的知觉

(一)对飞机的知觉

随着人们生活水平的提高,已经有越来越多的旅游者选择乘飞机外出旅游。人们选择它的最主要原因就是快速。人们希望航空公司的服务热情、友好,飞机上的饮食能够尽量丰富,座位舒适,活动空间大。当发生飞机起飞延误的情况时,如果是航空公司方面的原因,航空公司就应该采取适当的补救措施,使旅客能够得到合理的赔偿和妥善的安置。另外,目前旅客普遍感到航空公司机票的价格偏高。

(二)对汽车的知觉

这些年来,随着我国公路建设突飞猛进的发展,公路交通发展的速度也非常快。由于汽车旅游方便又快捷,而且公路能够延伸到距离景区比较近的地方,因此,很多人喜欢乘汽车旅游。特别是近几年来,私家车的数量猛增,带动了自驾车旅游的发展,在经济比较发达的地区,人们会利用闲暇时间开着自家的汽车外出旅游。

（三）对火车的知觉

长期以来火车一直是我国居民外出旅行选择的主要交通工具。它具有车票价格低、安全性高的特点，特别是近几年来，我国铁路相继进行了几次大规模的提速，很多列车实现了"朝发夕至"，并且还增加了"点对点"的直达旅客列车，高铁时代的来临更是大大缩短了人们花在旅途上的时间，为游客出门旅游提供了便利。尽管中国的高速铁路网建设远未完全成型，但它对中国旅游市场的巨大冲击已经初步显现，引发了社会各界的广泛关注。

四、对旅游方式的知觉

（一）对自助游的知觉

自助游的最大特点就是自由、随意，受约束较小，不必像团队游那样"赶场子"，游客可以依据个人的爱好、兴趣选择目的地和出游的时间，在交通工具的选择上也比较自由，如果时间充裕又想省钱，就可以选择火车等比较经济的交通工具，否则的话，如果距离远，可以选择飞机。参观游览的时间也可以自己把握，对感兴趣的景点可以多停留一段时间，仔细观赏，不必担心掉队。有时还可能会有意外的惊喜和收获。自助游的缺点就是总体旅游价格可能会高于团队游，因为在住宿、景点门票价格方面得不到优惠或优惠较少。另外，由于对景点的了解不够全面，又缺少专业导游员的带领，有时会走"冤枉路"。

（二）对团队游的知觉

团队游价格较低，住宿、餐饮等设施已经安排好，为游客解除了后顾之忧，并有专业导游员的讲解，能帮助游客更加全面、准确地了解游览目的地的特点，有利于增长见识，同时有助于培养游客的团队合作精神。在旅行过程中，还有机会结识志同道合的朋友，其乐融融，遇到危机时可以互相帮助，有效排遣了孤独感。团队游的缺点是参观游览的时间要受到约束和限制，不能凭个人的兴趣有选择地游览，有时会有"走马观花"的感觉。

以上两种方式各有利弊，游客可以根据自己的需求进行选择。如果是首次前往某个旅游地，以选择组团游为宜；对旅游目的地情况较为了解，对旅游质量要求相对更高的旅游者，"自由行"则更为合适。

（三）对团队自由行的知觉

"团队自由行"是一种新的旅游方式，它是一种非传统形式的组团出游，与完全的自由行也不相同。游客可以根据自己的喜好自由挑选酒店，自由往返旅游目的地，在自由活动时间里独自游玩。同时，在整个行程中又有若干时间团队集合在一起活动。可以说，"团队自由行"有效地综合了"团队游"的价格优势与"自由行"的自由度和休闲度，并有效地解决了个体出游的风险和不便，是一种很有前途的旅游产品。

【相关链接】

高铁,旅游系统空间的一次大"突变"

2009年12月26日武广高铁开通,在随后的2010年春节,武汉旅游市场便呈现井喷式增长局面,春节期间全市接待旅游团队增长160%,其中广东高铁团就有200多个。每天在武汉户部巷、首义园等风味小吃市场出现了万人品尝小吃的盛况,其中70%是外地游客。随后的"五一"期间,武汉接待游客人数同比增长37%,高铁游客依然是主力军,甚至出现了"订不上酒店"、"吃不到饭"的火爆场面。与此同时,高铁沿线的广东、湖南、湖北等地多处景区和目的地都出现了游客数量的爆发式增长。

2010年6月20日,京沪高铁沿线的北京、上海、天津、济南、南京、沧州、蚌埠7市在济南召开大会,成立了京沪高铁旅游联盟,旨在加强京沪高铁沿线城市旅游合作,并且签署了《京沪高铁城市旅游联盟旅游合作泉城宣言》。作为旅游活动开展的基础要素,交通条件的变化必然对旅游业产生直接影响。根据中国《中长期铁路网规划(2008年调整)》,到2020年我国时速在250公里以上的高速铁路里程将达到1.6万公里,将连接所有省会和人口50万以上的大城市,覆盖全国90%以上人口,形成"四纵四横"的骨干网络格局。仅用12年完成的这一工程,在规模上超越世界其他国家高铁数量的总和,在技术上一步达到高铁世界领先水平。高铁将带来一种时空关系的重大变化。引用印度报业托拉斯的一篇文章的表述,它将"使中国南北旅行时间减少65%,东西减少75%,中国国土面积'缩小'至原来的9%"。对旅游业来说,高铁将带来旅游系统空间的一次大规模"突变"。

(资料来源:王欣.中国旅游报,2011年11月14日第7版)

五、旅游者对旅游设施的知觉

旅游者在旅游活动过程中要接触到很多旅游设施,如住宿设施、餐饮设施、交通设施、娱乐设施,等等。它们是为了满足旅游者的需要而存在的,因此其外观、结构、色彩等要符合旅游者的心理特点,使旅游者产生良好的知觉。旅游设施作用于人,首先被人感知。具体来讲,旅游者对旅游设施的知觉是通过视觉、听觉、味觉、平衡觉、运动觉等产生的。

(一)视觉方面

建筑物及其内部装饰的色彩会直接影响到人们的知觉。一般认为,绿色、青色和蓝色能使人联想到蓝天和大海,从而产生清凉的感觉,这些颜色被称为冷色;而红色、橙色和黄色等颜色能使人联想到阳光和火焰而产生温暖的感觉,这些颜色被称为暖色。如麦当劳餐厅以黄色、红色作为标准色。据说在任何天气下,黄色都是最引人注意的,而红色能够刺激人们的食欲。在客房的色彩方面,很多酒店为了营造舒适、温馨、宁静的氛围往往会运用黄色、粉色等暖色调来粉刷墙面,给客人以回家的感觉。咖啡厅的灯光色彩有些昏暗,目的是营造一种高雅、浪漫的氛围。

(二)听觉方面

在高档餐厅里播放舒缓、浪漫的轻音乐有利于调节人们紧张的情绪,放松心情,为客人营造良好的用餐环境。而像麦当劳、肯德基等快餐店里喜欢播放轻快的现代流行歌曲,因为它们能赢得年轻人的好感,同时也能加快其用餐的速度。在客房的建筑、装修方面,要考虑到隔音的问题,如果噪声过大,就会影响旅游者的休息。

(三)嗅觉方面

旅游者对设施的卫生要求是最基本的。在客房内特别是卫生间,要注意不要有异味,同时要有良好的通风设备,保证房间内空气清新。必要时,可适当喷洒一些空气清新剂。餐厅内食品的香味会刺激客人的食欲,有一些餐厅尝试着现场为客人烹制食品,这样既满足了视觉需要,同时也满足了嗅觉的需要。客人可以一边品尝食物,一边欣赏厨师精湛的手艺。

(四)温度知觉方面

房间内温度是否适宜也会影响到客人的情绪,冬天不宜过冷,夏天不能太热,要注意空调温度的调节,使室内始终保持在合理的温度范围内。一般来讲,26℃对人体是比较适宜的温度。同时在建筑设计时,要处理好门、窗的设置,以使房间保持充足的日照。

这里需要强调的是,目前国内许多饭店的硬件设施已经达到了先进水平,但设施设备的环保节能方面的问题还没有得到应有的重视。随着人们环保意识的不断增强,旅游者将不仅仅关注旅游设施是否豪华、舒适,环保节能的设施将会受到越来越多旅游者的青睐。

【相关链接】

给世博"降温"

2010上海世博会期间,面对高温和高客流的"双高"挑战,组织者采取了多项措施积极应对:

1. 加装遮阳设施。截至2010年8月初,世博园区安装遮阳棚25000多平方米。另外,还及时对早期安装的遮阳棚进行了改造加高,改善排队区域的空气流通状况。

2. 实施多项降温措施。在遮阳棚内安装了近2000台电风扇、排风扇和大批喷雾降温设施,配备了60多台可移动的大功率喷雾鼓风机、蒸发式冷风机;还在沙特、日本、德国等场馆排队区放置100多箱冰块,辅助降温,经测试,热门场馆排队区域大棚内温度比大棚外温度普遍低5℃~10℃。

3. 增加并调整凳椅布局。在最初4万多个座位的基础上,逐步增加到11万个,并及时调整布局,在有荫凉的地方多放凳椅。

4. 免费发放扇子和增加冷饮供应。组织落实了2500万把世博扇子,高温天在入口免费发放,还增加了饮料、冷饮的售卖点和流动售货车,及时满足游客的消暑需求。

5. 增加医疗急救力量,在各医疗点及片区配备充足的防暑降温药品,防止出现大规模中暑。

6. 加强设施维护。重点加强了对场馆空调等防暑降温设施的检查维护,加强应急抢修力量,一般设施问题要求当日维修完毕,确保空调等设施正常运转。

通过以上的措施,达到了给高温酷暑的世博园区降温的效果,也给在酷暑中排长龙等待参观世博场馆的游客们带来了丝丝凉意。

(资料来源:陈惟.文汇报,2010年8月,有删改)

麦当劳的有形展示

麦当劳非常重视服务的有形展示。它在餐厅的选址、建筑、装饰、气氛的营造等方面处处显示了自己与众不同的特色。可以说,麦当劳建立了一个欢乐气氛和都市化的"服务场"。让你一进入这个"服务场",无论是建筑、装饰、色、光、味、设备、设施、环境、心情等都是和谐而连续的。

麦当劳特别重视餐厅地址的选择。俗话说得好,"一步差三市"。麦当劳在选址过程中特别重视四周的环境和客流情况,它的标志也很醒目,让人一眼便能识别出这是麦当劳的标志,拱形的大门给人以家的感觉。据研究发现,黄色和红色在任何天气情况下都最容易识别,所以麦当劳餐厅的装饰以红色和黄色为主色调。灯光的运用也是恰到好处。不管麦当劳与谁为邻,都不会被掩盖,能够显示出自己的本性。通过透明的大玻璃窗,向路人展示着房子里面的幸福生活。孩子爽朗的笑声、年轻父母亲切的交谈和服务员礼貌周到的服务,交织成一幅美好和谐的图画,也是对麦当劳服务品牌的最好诠释。

麦当劳餐厅的建筑和内部装饰也很有特色。进出门及两侧的窗户采用钢化玻璃,以保证安全,北方地区采用双层中空玻璃。餐厅和厨房全部采用美国进口防滑砖,这种砖的吸水性特别好,且容易清洁。空调是采用每小时6~8次定量送风设计,以确保室内空气新鲜,室内温度要求保持在24℃。厨房与洗手间采用单独的排风系统。灯光、温度、湿度都是在充分研究了人的心理和生理规律后总结出来的。一进入餐厅的大门,一股香味就会扑鼻而来,即便是没有食欲的人也会愿意走进来尝试一下。一排排的餐桌和餐椅摆放得整整齐齐,而且十分干净。

麦当劳餐厅空间的利用也是颇具匠心的,在过道旁、走廊的尽头、楼梯的拐角等通常不被人注意的地方都设置了桌椅,这样一方面极大地提高了空间的利用率,同时也最大限度地满足了人们在高峰时用餐的需要。在周围的墙壁上有各种色彩鲜艳的图画,让人赏心悦目。在过道的中央是各种盆景和花卉,让人们在就餐的同时能感受到大自然的气息。卫生间是最能体现麦当劳经营理念的地方。虽然空间不是很大,但设施和用品齐全,统一规格的优质大卷筒纸和专门的洗手液以及烘手机都是麦当劳重视卫生的最好说明,而这些正是快餐厅体现自己品质的重要方面。

麦当劳餐厅的各种宣传画和促销广告非常引人注目,不仅色彩鲜艳富有时代气息,并且在不同的日子里有不同的主题。例如在圣诞节,主角是圣诞老人;在新年有中国娃娃。服务人员的服装是统一的,干净又整洁,长裤衬衫,工牌工帽,简洁明快,看上去很有精神,充满活力,与快餐店的风格相统一。服务员很有礼貌,他们总是笑脸相迎,友好亲切,动作敏捷,反应迅速。

麦当劳餐厅的气氛是非常和谐的。在这里有孩子们的欢笑和青年人的窃窃私语以及一家人其乐融融的场景,在这里人们充分感受着现代生活的乐趣,可以得到身心的放松,难怪会吸引那么多的顾客呢。有时还能看见学生在店里看报纸、写作业等,可见,人们已经不把麦当劳看作是一个仅能就餐的场所,它已经成了一个休闲的好去处。

声音在渲染气氛中也起着至关重要的作用,坐在麦当劳餐厅里,可以听到悦耳的音乐和亲切的问候,这是一种很好的交流方式,顾客能够感受到餐厅的浓浓的人文关怀。人们把麦当劳当成了自己的"家外之家"。从心理学的角度来讲,人们在选择餐厅的时候,往往把就餐的环境作为一项重要的因素加以考虑。而这种良好气氛的本身就是最好的宣传,它比任何的广告都要奏效,会吸引很多潜在的顾客。

第三章 需要与旅游行为

本章提要

人们为什么会外出旅游？旅游动机是旅游心理学的重要内容。本章将探讨需要与旅游行为的关系，并着重分析了旅游动机以及如何激发人们的旅游动机。

第一节 需要及其分类

在烈日炎炎的夏天，一群旅游者在海边尽情游泳、嬉戏，虽然他们的皮肤晒黑了，但仍然乐此不疲；在一望无垠的沙漠，没有水、没有美味的食物，旅游者仍然继续跋涉着；美国的一位富豪花了2000万美元做了一次太空旅行。人们可能不禁要问，为什么这些人愿意花费时间、金钱、感情去参加旅游活动呢？在这些行为的背后有什么东西在支撑着他们呢？

马斯洛对人们的需求划分了等级，我们可以根据这种等级划分去认识人们为了满足不同需求而采取的旅行方式。如果从旅游的角度来研究这些需求等级，就不难看出游客们为了满足其个人心理需求和动机需求，会选择这样或那样的旅行方式，寻求不同的经历。

一、需要的含义

需要是有机体内部的一种不平衡状态,它表现为有机体内部环境或外部生活条件的一种稳定的要求,并成为有机体活动的源泉。

二、需要的特征

(一)对象性

任何需要都是指向一定对象的。当人饥饿时有对食物的渴望,口渴时有对水的需要,这里的食物和水就是需要的对象,它们是属于物质性的需要。此外,人们还有精神上的需要,比如结交朋友和获得爱情。

(二)层次性

人的需要是分层次的,通常是由低层次向高层次逐渐延伸和发展的。像满足人体生存所必需的食物、空气、水等都属于低层次的需要。而社交的需要、自我实现的需要则是处于较高层次的。

(三)共同性

人们生活在社会上,有一些基本的生理需要和精神需要是共同的,比如衣、食、住、行,获得尊重、娱乐与消遣等,每个人都会有类似的需要,只是选择的满足需要的具体方式有所不同而已。

(四)差异性

由于每个人的内部生理状态和外部环境条件的不同,个体的需要呈现出明显的差异性和优势现象。比如说有的人把自己的事业看得很重,每天忙于工作;而有的人更需要家庭的归属感,工作之余,尽量多抽时间来陪家人。

(五)发展性

随着社会的发展和不断进步,人们的需要也在发生着变化。当经济水平低下时,人们关注的是温饱问题;当生活水平提高时,人们产生了更高层次的需要,比如休闲、外出旅游的需要。

三、需要的种类

(一)按照需要的起源可以分为自然需要和社会文化需要

自然需要也称生物学需要,主要包括水、食物、休息、性等。人和其他动物都有自然的需要,但需要的具体内容不同,满足需要的手段也不同,如人需要新鲜的空气,这种需要可以通过使用空调设备和空气净化器等现代技术手段来满足。另外,人的自然需要还要受到社会文化需要的调节,如在大庭广众下,即使是饥肠辘辘的人也不会狼吞虎咽地进食。社会文化的需要是人类特有的需要,如成就的需要、社会赞许的需要、求知的需要,等等。这些需要反映了人类社会对成员的要求,对维系人类社会生活、推动社会进步具有重要的作用。

(二)按照需要指向的对象可分为物质需要与精神需要

物质需要指向社会的物质产品,人以占有这些产品而获得满足,如对住房的需求、汽车的需求、药品的需求,等等。精神需要指向社会的各种精神产品,如听音乐会、看美术展览、上网聊天、看电视,等等。

物质需要与精神需要有着密切的关系。人们在追求美好的物质产品时,同样表现了某种精神的需要。比如,客人对客房的要求不仅要安全、整洁,还希望有家的温馨感觉;人们去咖啡馆不仅是为了品尝咖啡,更喜欢那里优雅、浪漫的氛围。同样,精神需要的满足又离不开一定的物质产品,如人们外出旅游需要住宿设施、娱乐设施等。

四、需要的结构

关于需要的结构,在心理学界有不同的观点,比较著名的有默里的"需要理论"和马斯洛的"需要层次理论"等,其中马斯洛的"需要层次理论"影响最大。

人本主义心理学家马斯洛综合了有关的研究,将需要系统化,提出了需要层次理论。他的需要层次理论体现了人本主义的观点,即认为人具有不同于动物的积极向上的潜能,如果得到正常的发展,这一潜能将成为自我实现的内在动力。他最初提出五层需要:生理需要、安全需要、归属和爱的需要、尊重需要、自我实现需要。后来马斯洛又补充了认知和理解的需要、审美需要。

马斯洛认为,人的需要是由以下几个等级构成的。

(一)生理的需要

生理的需要是对维持生存的物质的需要,包括对食物、水、性、空气、睡眠等的需要,它是最基本的需要。在现代生活中,每个人的生存压力大增,为生活奔波的脚步日益匆忙,摆脱日常生活的束缚,寻求解脱和放松是许多人的共同需要。在这种情况下,旅游就成为了首选。到郊外呼吸一下新鲜的空气,感受一下鸟语花香的惬意,像绿色旅游、休闲旅游就能较好地满足人们的这种需要。

(二)安全的需要

安全的需要是追求安全和稳定,希望避免身体和心理的威胁,它表现为人们要求稳定、安全、受到保护、有秩序、能免除灾难等。人们对稳定职业的要求、买各种保险、乘坐交通工具系安全带等,都属于这种需要。人们外出旅游需要购买各种意外人身保险,各景区需要经常对缆车、索道和其他设施进行检查以消除各种安全隐患,保证游客的生命安全。在饭店的客房里为客人准备的密码箱是为了满足客人对财产安全的需要。

(三)归属和爱的需要

归属和爱的需要也叫社交的需要,包括寻求友谊、情感和归属感,主要是从家庭和伙伴处得到接受和爱、与其他人建立感情联系,如结交朋友、追求爱情、参加社团组织等。在同一个旅游团中,大家在几天的时间里,由不相识到相识,再到最后成为朋友,无不体现了人们对这种社交需要的满足。在这个临时大家庭里,每个人的年龄、身份、性格之间存在很大的差异,但是共同的爱好和缘分让大家走到一起来,因此每个人会倍加珍惜这种情谊,当成员中有人需要帮助时,其他人会来帮忙,大家会因旅游而成为朋友,有时还会迸发出爱情的火花。另外,每年的清明节期间都会有许多海内外游客来祖国大陆祭祖,这也是一种追寻归属和爱的表示。

(四)尊重的需要

尊重的需要是指得到自身价值承认和认可的需要,这是一种高层次的需要,包括自尊和尊重别人。旅游是具有象征意义的活动,它是一项高层次的精神享受活动,参加旅游活动的主体,能够从中获得较大的精神满足。特别是去那些久负盛名的目的地,很多人把它看成是身份、地位的象征,会招来同事、家人和朋友的羡慕,产生一种被尊重的感觉。

(五)自我实现的需要

自我实现的需要包括发现并实现自己潜能的需要,这种需要位于需要的最高层次。在现实生活中,当人的低层次需要得到满足时就会产生更高层次的需要,获得个人价值的实现就是其中之一。旅游能够帮助人们实现这一愿望。在电影中,我们常会看到当人们在现实生活中碰壁、失意时,有人就会去大自然中重寻自我,寻找信心和勇气,如登山,进行冒险旅游是他们的首选。

【相关链接】

自我实现者的特征

他们对现实有着清晰的知觉。

他们以本来的真实面貌接受自己、别人和世界。

他们的行为和思想是自发产生的。

他们是以问题为中心的,而不是以自我为中心的。他们是自主的、独立的。

他们同情其他人的生存条件,并且寻求促进共同的康乐。

他们具有民主的世界观。

他们是创造性的。

他们与少数人建立了深层的有意义的关系,而不是与一群人建立表层的联结。

他们具有高峰体验,这种体验是极度兴奋、快乐和顿悟的标志。

(资料来源:Maslow, A. Toward a Psychology of Being. Princeton, N. J. Van Nostrand,1968)

(六)认知和理解的需要

认知和理解的需要即人们对于各种事物的好奇,学习、探究事物的哲理,对事物进行实验和尝试的欲望。学习和探究事物的奥秘也是自我实现的一种方式。旅游能够使人们开拓视野、增长见识,帮助人们了解外面的世界,满足人们认知和理解的需要。

【相关链接】

海外休闲游的提升思路

海外休闲游既不是单纯的旅游,也不是纯粹的学习,而是介于游与学之间。从游学旅游目的地来说,目前以英国、美国、加拿大、澳大利亚等英语国家为主,目标对象主要以在校学生、尤其是12～17岁的青少年为主。从实践模式看,主要是利用寒暑假到以上旅游目的地进行短期的学习、培训,游览当地名胜,寄宿在当地居民家中,融入他们的日常生活,与所在国的人民直接交流。这种短期休闲游能够让学生开阔眼界,增长见识。通过海外游学,了解西方先进的教育体系,提高自理能力、语言能力。简而言之,一次好的修学游活动,能让孩子在短时间内集中接受一次人身历练,受益匪浅。从行业发展角度来看,海外修学游活动,可以改变旅行行业单纯观光旅游的格局,拓展产业链,促进旅游业的多样化发展。从社会角度看,修学活动有效促进了中外文化交流,使旅游业和文化教育产业得到有机结合。

(资料来源:陈晓华. 中国旅游报,2011年7月4日第11版)

(七)审美需要

人们对于美的需要也是一种基本的需要,比如对世界的秩序、真理和美丽的追求。旅游本身就是一项审美活动。在旅游活动中,人们可以欣赏到美丽的自然风光和奇特有趣的民族风情,旅游能够从视觉、听觉、嗅觉、触觉等多角度满足人们审美的需要。

马斯洛认为,只有低层次需要基本得到满足,才会出现高层次的需要。随着低层次的需要被满足,高层次的需要作用才会浮现。这使人始终处在追求满足需要的状态中。

马斯洛学说中最有意义的一个见解,是他对缺失性需要和成长性需要的区分。他提出,位于下层的四种需要属于缺失性需要,位于上层的三种需要属于成长性需要。马斯洛认为:"缺失性需要的满足避免了疾病,而成长性需要的满足则导致了积极的健康。"缺失性需要是按照驱力或平衡调节机制形成动机作用的,当缺失性需要未得到满足时,会驱动人通过某种行为去满足这些需要。一旦得到了满足,紧张缓解,这些需要的动机作用便下降。换言之,缺失性需要是基本的需要,如果不能得到满足,人会屈从于缺失性需要,导致出现身心问题。神经症在本质上就是一种缺失性疾病。与缺失性需要相反,成长性需要是没有极点或终止状态的。成长性需要的满足不是降低而是提高了兴奋点,要求不是越来越少,而是越来越多。成长性动机是发展的内在动力,驱使人朝向未来,不断地超越自我。

马斯洛的需要层次学说受到普遍关注,同时也引来了争议。批评观点主要是认为这一学说无法验证,因此不太科学。尽管证据不多,但还是有一些研究证实了马斯洛的观点。格雷厄姆等人的研究结果显示,需要的满足程度与欲求程度之间存在着负相关。具体内容如表 3-1 所示。

表 3-1 需要满足程度和欲求程度的积矩相关

满足	欲求			
	生理	安全	社交	自我实现
生　理	−0.57	−0.21	−0.24	−0.20
安　全	−0.40	−0.66	−0.25	−0.11
社　交	−0.22	−0.27	−0.72	−0.18
自我实现	−0.09	−0.04	−0.17	−0.42

人类个体不同于动物,生来具有主体性需要。自我认可是个体作为主体的调节功能,也是主体性需要的主要表现。自我认可主要表现为,个体有自我提高、自我确证和自主的倾向。

个体一般从满足自尊的角度解释与自己有关的事情,希望自己不比别人差,希望得到积极的自我评价。个体会关注自己,从别人的反应中形成自我概念,并按照自我概念行事,使自我概念能够保持相对稳定,从而获得对自己与环境的驾驭。自主性可以说是普遍认可的人类个体的需要。人类个体讨厌被控制,倾向于自我决定和自主选择的活动。比起强制性的任务,个体更愿意投入自己选择的目标。如果外部提供的奖励使之感到受控制时,奖励也会失去强化作用。

五、单一性需要和复杂性需要

(一)单一性需要

单一性需要是指人们在生活中总是寻求平衡、和谐、相通、可预见性和没有冲突。任何非单一性都会使人产生心理紧张。单一性理论认为人们期望在某一件事情进行的过程中，不要再遇到意料之外的事情。弗洛伊德认为，人们行为的基本目的是减少由非单一性所造成的那种心理紧张。如果人们面临着非单一性的威胁，他们就会设法防止这种威胁成为事实。如果他们不幸真的遇到了某种意想不到的事情，就会感到很不舒服。经历了这种感受后，他们以后就会更加谨慎，防止再出现非单一性。比如说，人们为了减少旅行中订票、找住处以及其他的不便，往往会与旅行社签订合同，参加他们的旅游团，或者委托其代理票务和酒店等。

（二）复杂性需要

复杂性需要是指人们追求新奇、出乎意料、变化和不可预见性等。追求复杂性的需要是因为它能够给人带来另类的满足。在平时的生活中人们希望能有意外的惊喜和收获，比如，在过生日时，收到特别的生日祝福和问候，会让人觉得很开心。工作出色，得到公司的嘉奖，也会让人产生满足感。这些都会为平淡的生活增添色彩。人们天生就有好奇心，喜欢探索未知的世界。正是由于这个原因，人类不仅进行了太空之旅，还成功登上了月球。尝试新鲜事物、获得非同寻常的感受是人们的一种心理需求。旅游产品的不断推陈出新，就是为了适应人们的这种追求复杂性需要得到满足的心理。

（三）单一性需要和复杂性需要的平衡

人们在家庭生活和工作中的单一性、可预见性以及不变性，必须用一定程度的复杂性、不可预见性、新奇性和变化性加以平衡。日常生活的平淡无奇会让人产生一种厌倦的感觉。暂时摆脱束缚、尝试新的生活方式是很多人的内在需要，旅游能够满足人们的这种需要。在旅游活动中，人们可以去自己没有去过的地方，能够见到日常生活中见不到的新鲜事物，如奇特的景色、现象以及体验非凡的经历。这也是旅游本身的魅力所在。总之，人们会寻求一种单一性需要和多样性需要之间的平衡。

【案例分析】

电影外景地成为旅游者新宠，吸引慕名者纷至沓来

英国最新公布的一项调查结果显示，那些在各种影片中出现过或是畅销小说里描绘过的地点，最近成了旅游者的"新宠"。由于"外景地爱好者"纷至沓来，这些地方的游客人数猛增了30%。

据《每日邮报》8月9日报道，这项由英国哈利法克斯旅游保险公司新近进行的调查发现，在电影《指环王》大获成功后，新西兰已经成为这股外景地旅游热中受益最多的国家。其他几个因为电影的影响而大受追捧的旅游目的地包括：

在《哈利·波特》系列影片中多次出现的位于英国诺森伯兰郡的安尼克城堡、电影《日历女孩》中的约克郡河谷、《海滩》中的泰国风光以及《科雷利上尉的曼陀林》中的希腊凯法劳尼亚岛。而在小说中值得一提的则要数《达芬奇密码》了,由于它的影响,越来越多的人前往苏格兰参观罗斯林教堂,那里吸引的游客人数已从 10 年前的 9 500 人增至去年的 6.8 万人。

调查还显示,超过 1/4 的英国人表示,他们之所以选择某个地方作为自己的度假地点是因为曾经在某部影片或电视节目中见过那里,或是在某本书中读到过那里的情况。在 16 岁到 24 岁年龄段的英国人中有多达 45% 的人表示,图书和电影在他们选择自己度假目的地时会起到主要作用,而那些居住在英格兰东北部地区的人则是表现最为狂热的外景地"发烧友"。

(资料来源:国际在线,2005 年 8 月 11 日)

在本案例中,人们之所以喜欢到那些电影外景地去旅游,是因为想要追求一种不同寻常的经历,满足复杂性的心理需要。在那些影片的外景地,人们能够体验电影中主人公的生活环境,再现影片中的情景,这对年轻人是十分有吸引力的。

第二节 旅游动机

需要是动机产生的基础。当某种需要没有得到满足时,它就会推动人们去寻找满足需要的对象,从而产生活动的动机。

一、动机及其性质

动机是由一种目标或对象所引导、激发和维持的个体活动的内在心理过程或内部动力。在心理学领域,对动机的理解包括下列三层意思:首先,动机总是与行动相关联的,如果没有主体的行为活动过程,只是愿望或意向等心理状态,就称不上动机。其次,动机是存在于个体内部的某种性质的力量,能够驱使人们产生行为活动,这种力量可能是生理性的,也可能是心理倾向性的。动机引发的行为可能是有意识的指向某种目标的活动,也可能是下意识的行为反应。这与日常所说的"动机"概念不大一样。日常人们谈到动机,不仅是指行为的内部起因,而且暗示这种行为是有意识的作为。而在心理学里,动机概念涉及范围较广,个体的生理唤醒和心理倾向状态都可能形成动机。最后,心理学认为动机具有导向目标的作用,一方面,强调动机的倾向性特征;另一方面,认为动机不等同于目标,动机与具体的对象并不一一对应。也就是说,同样的动机可能形成多种追求目标的行为,同样的行为背后隐藏的动机可能不是一致的。由于动机具有的这些促成行动的性质,心理学家提及动机时常常会说动机作用。

动机与需要密切相关。需要是个体真实存在的或主观感受到的某种必要物的缺失。无论是真实存在的匮乏,还是感受到的欠缺,都会驱使人们去追求。通常人们感到缺少的,正是最想要得到的。因此,需要状态能够产生动机作用。不过,需要并不总是促成行动。譬如,我们需要一个美丽的居住环境,需要一个宽大的书房,但是常常只是想想而已,并不付诸实践。所以需要和动机又有所区别。有一些需要被我们模糊地意识到,这种状态的需要表现为意向,被明确感受到的需要成为我们的愿望,还有一些需要促使我们投入行动获取满足,这些需要就转化为动机。因此,需要是动机形成的基础。

二、动机的功能

(一)激发功能

动机是个体能动性的一个主要方面,它具有发动行为的作用,能推动个体产生某种活动,使个体由静止状态转向活动状态,如为了消除饥饿而寻找食物,为了取得优异的成绩而刻苦学习,为了放松而外出旅行。

(二)指向功能

动机不仅能激发行为,而且能将行为指向一定的对象或目标,比如,在休息动机的支配下,人们会选择公园、游乐场或其他娱乐场所。

(三)维持和调整功能

动机具有维持功能,表现为行为的坚持性。当动机激发个体的某种活动后,这种活动能否坚持下去,同样要受到动机的调节和支配。动机的维持作用是由个体的活动与他所预期的目标的一致程度来决定的。

著名学者余秋雨先生有一部佳作——《文化苦旅》。在此书中,作者敞开胸怀,与先人、古人进行情感交流,他"怀古"、"慕古"、"讽古"、"评古",撰写出脍炙人口的散文。他为什么能有这样的佳作呢?正是风景名胜起了一个媒介作用,是风景名胜把余秋雨同古人、学者拉到一起,对他的写作起到了促进作用。

三、动机的分类

(一)美国学者麦金托什的分类

美国学者麦金托什于1977年在与别人合著的《旅游的原理、体制和哲学》一书中,将人的基本旅游行为的动机分为以下四类:

1. 身体健康的动机,包括休息、运动、消遣、娱乐及其他与身体健康直接有关的动机。这类动机的共同特点是通过身体的活动消除紧张和疲劳。

2. 文化的动机,包括了解其他国家的文化,如音乐、艺术、民俗、舞蹈、绘画和宗教等。

3. 交际的动机,包括接触其他的民族、探亲访友、结交新朋友以及摆脱日常事务、远离家庭和邻居等。

4. 地位和声誉的动机,这类动机与自我需要和个人发展有关。出于这类动机的旅游包括事务旅游、会议旅游、考察旅游、求学旅游,以及实现个人兴趣爱好的旅游。通过这些旅游可以使被承认、被注意、被赏识、被尊重以及获得良好的声誉的欲望得到满足。

(二)日本心理学家今井省吾的分类

日本心理学家今井省吾指出,现代人的旅游动机含有"消除紧张感的动机、社会存在的动机、自我完善的动机",具体细分为以下三个方面:

1. 消除紧张感的动机,包括交换气氛、从繁杂中解脱出来、接触自然。

2. 自我完善的动机,包括对未来的向往、接触自然。

3. 社会存在的动机,包括朋友之间的友好往来、大家一起旅行、了解常识、家庭团圆。

(三)澳大利亚旅游学家波乃克的分类

澳大利亚旅游学家波乃克对旅游行为的动机作了分类,他依据的是行为的目的。具体细分为如下六种目的:

1. 休养旅游,包括异地疗养。

2. 文化旅游,包括修学旅行、参观、参加宗教仪式等。

3. 社会旅游,包括蜜月旅行、亲友旅行等。

4. 体育旅游,包括观摩比赛、参加运动会。

5. 政治旅游,包括政治性庆典活动的观瞻。

6. 经济旅游,包括参加订货会、展销会等。

(四)国内学者邱扶东和吴必虎的分类

1996年,国内旅游学者邱扶东和吴必虎合作,采用问卷调查的方法,收集了城市居民旅游动机的有关数据资料,把旅游动机分为以下六个类别:

1. 身体健康的动机,包括锻炼身体以增进健康、摆脱日常生活的压力、追求更丰富的生活情趣、忘掉令人不快的人和事、回归自然等动机。

2. 怀旧动机,包括祭扫先人的坟墓以尽孝心、重访自己生活过的地方、探望久别的亲朋好友等动机。有人说:"西方人就像蒲公英,飞到哪里就在哪里扎根;而中国人则是一只风筝,飞得再远,也有一条细长的线牵着,那就是故乡。"每年的清明前后,都有许多海内外的华人来到祖国大陆的故乡祭祖。

3. 文化动机,包括了解异地他乡的风土人情以及当地人们的生活与工作情况、祭拜历代圣贤、体验民族传统精神、了解民间传说等动机。

4. 交际动机,包括在陌生的地方结交新朋友、获得一个无拘无束行动的机会、摆脱一下单调乏味的日常生活等动机。

5. 审美动机,包括购买有特色的商品、游览著名的历史古迹、品尝各地的风味小吃等动机。

6. 从众动机,包括陪家人或朋友出游、参加单位组织的集体旅游活动、亲眼目睹众口交赞的旅游目的地等动机。

(五)本书的分类

笔者综合以上各位专家、学者的分类方法,结合旅游者动机的变化情况,提出了以下的分类方法:

1. 放松身心的动机。现代社会人们的生活节奏日益加快,很多人感到身心疲惫,特别是对于一些长期从事教学、科研和商务活动的人来说,能够暂时离开工作岗位,到大自然中放松一下紧张的情绪,是许多人的渴望。现在国家法律明文规定企事业单位应实行带薪休假制度,让员工放松心情,以便以更饱满的热情投入到工作当中来。除了缓解紧张的工作情绪外,有时候人们难免会遇到一些不顺心的事情,在一时难以解决的情况下,有的人就会选择逃避现实或者是换换心情,外出旅游就是寻求解脱的一种好方式。根据世界卫生组织的定义,健康是指除了没有生理上的疾病外,还要有良好的心理、精神状态。旅游能够使人放松身心,达到健康的目的。

2. 增长见识的动机。人们长期生活在一个环境下,对外面的世界充满了好奇心,希望能够对其有所了解,旅游能够满足人们了解外面世界的需要。通过参加旅游活动,能够了解各地的风俗习惯、风土人情,有关自然、历史、文化等多方面的知识都能够有所增长。旅游是人们了解外部世界的窗口。

3. 商务交往的动机。随着各地区商务往来的日益频繁,商务旅游已经悄然兴起。越来越多的人为了参加会议、参观展览、贸易洽谈等方面的需要而进行商务旅游。商务旅游目前在我国所占的比例还比较小,但在旅游发达的国家已经占有重要的位置。我国广东地区每年举办的广交会,都会云集大批的中外客商,也带动了旅游业和相关行业的发展,但从全国来看,与国外发达国家相比还有很大的差距。

【相关链接】

中国大陆商务旅客出行次数亚太居首

雅高集团近日在上海发布的2011年亚太地区商务旅客调查报告称,在对一万名亚太地区商务人士差旅情况采样研究后,发现今年上半年中国商务旅客出行次数达到8.7次,居亚太首位。该项调查显示,中国香港以73%的比例成为中国商务旅客最经常到访的目的地,新加坡和泰国分别以25%和22%紧随其后。2011年上半年,中国企业管理人员在出境商务旅行方面最为频繁,出行次数达8.7次,其次是印度的7.3次和新加坡的7.1次。报告称,中国是国内商务旅行比例(25%)最高的国家之一,位于澳大利亚(34%)和新西兰(26%)之后。和其他亚太地区商务旅客一样,在选择酒店时,43%的中国商务旅客优先考虑地理位置因素,然后是客户忠诚项目积分(29%)和之前的良好住宿体验(26%)。在2011年上半年入境旅游方面,79%的中国香港受访者、44%的新加坡受访者和35%的马来西亚受访者曾经来过中国大陆。中国香港和新加坡是到访最为频繁的商务旅行目的地(均为38%),泰国(29%)排名第三,中国以28%的比例紧随其后。

(资料来源:丁宁.中国旅游报,2011年8月22日第1版)

4. 宗教朝拜的动机。对于那些虔诚的宗教信徒来说,到宗教圣地参加朝拜活动是他们生命中的一件大事。许多宗教信徒到异地参与宗教活动或在特定时间、特定地点举行宗教庆典活动。我国的四大佛教名山,每年接待的中、外游客成千上万,它们当中很多人是前来进行朝拜的。还有信仰道教的人会去青城山、茅山旅游。在伊斯兰教圣城麦加,每年有大批来自世界各地的宗教信徒到此朝圣。此外,民间还有许多在特定时间和地点举行的祭祀活动,也有许多非信徒在宗教活动时前往参观、考察。

5. 怀旧的动机。这些旅游者通常是到祖先生活过的地方寻根问祖。每年清明时节,就会有很多海外华人来到中国祭祀祖先。

【相关链接】

华人祭祖大会

苍松千丛迎赤子,心香一柱祭黄陵。2004年4月4日上午,来自海内外的数万炎黄子孙聚首陕西桥山黄帝陵,在新落成的祭祀大殿前,以"九鼎八簋"的传统礼制及富有民族传统的盛大乐舞祭奠中华民族的人文始祖——轩辕黄帝。轩辕是中华民族的共同祖先,自秦汉以来,年年祭扫,岁岁封茔已相沿成习。新中国成立后,国务院把黄帝陵列为第一号古墓葬,号称"天下第一陵"。2004年黄帝陵祭祖首次采用国家祭祀规格,遵循古代以青铜器作为黄帝祭器的传统,为此专门制作了 65 件战国编钟、九鼎八簋等青铜器和太常旗等传统的仪仗旗帜,编排了名为《轩辕黄帝颂》的盛大祭祀乐舞。据了解,祭典首次采用了乐舞告祭仪式,经过众多专家、学者多年挖掘整理古代祭礼文献并根据当今审美要求加工而成。

(资料来源:孟西安,王乐文.人民网,西安:4 月 4 日)

6.健身的动机。现在人们越来越关注自己的身体健康,许多人喜欢徒步旅行,向自己进行挑战。体育旅游也是其中的一种形式。

第三节 旅游动机的激发

在目前的旅游市场环境下,各个旅游企业之间的竞争日趋激烈。激发旅游者的旅游动机,吸引他们来旅游,是每个旅游企业维持生存与发展的当务之急。

一、旅游动机激发的含义

旅游动机的激发就是在了解旅游者动机的基础上,通过刺激旅游者的兴趣,提高人们外出旅游的积极性,以促使潜在的旅游者参与到旅游活动中来。

二、如何激发人们的旅游动机

旅游动机的激发手段有很多,以下着重从三个方面来探讨。

(一)不断更新旅游产品,提高旅游产品的吸引力

人们外出旅游的一个重要原因就是为了增长知识,丰富自己的人生经历。追新猎奇是人的本性,旅游产品必须形成超强吸引力,才可能把千百里之外的游客吸引来,因此,旅游产品是否有特点,是否能够满足人们求新求异的心理,将直接影响到人们旅游动机的形成。旅游企业要有创新的意识和能力,不断开发新的旅游产品,这样才能吸引游客前来旅游。如"环球嘉年华"一到中国,就吸引了无数人的眼球,所到之处受到了很多人的追捧,一个很重要的原因就是它总能够带来新奇好玩的东西。"环球嘉年华"通过租赁的方式,不断更新自己的活动项目,这样做既节约成本又能够很好地满足人们的心理需求。相比之下,我国的很多主题乐园活动项目单调乏味,更新速度慢,人们的重游率较低。

对于那些知名的旅游景区来说,也存在产品更新的问题。以无锡灵山景区

为例,它位于无锡太湖国家旅游度假区,是国家 AAAA 级旅游区,其中高 88 米的灵山大佛闻名中外,一度吸引了很多游客前来观赏。但是,任何旅游产品都有自己的生命周期。由于人造景观的生命周期短,于是灵山景区在研究了游客心理后,大胆创新,在佛像前建造了一个大型动态的青铜雕塑叫做"九龙灌浴"。在雄浑的佛乐声中,巨大的莲花宝座绽放开来,通体镏金的太子佛像一手指天、一手指地徐徐升起。霎时间,鼓乐齐鸣,九股弧形水柱自九龙口中喷薄而出,交汇喷向出生的太子。整个场面气势恢弘,震撼人心,游客在灵山佛祖降世的瞬间受到一种洗礼。这神奇的场景迎合了游客的心理,因此,吸引了无数人争先恐后地前来领略这种全新的感受。

(二)加强旅游产品宣传的力度

旅游广告是一种重要的旅游宣传方式。菲律宾旅游部门巧用人们的"逆反心理"设计的旅游广告,可谓别出心裁,出奇制胜。广告渲染说,到该国观光有令人开心的"十大危险":

小心购物太多,因为这里的货物便宜;

小心吃得太饱,因为这里的食物物美价廉;

小心被晒得一身古铜色,因为这里的阳光充足;

小心潜入海底太久,因为这里的海底世界瑰丽多姿;

小心胶卷不够用,因为这里的名胜古迹太多;

小心上山下山,因为这里的山光云影常使人顾不了脚下;

小心爱上友善好客的菲律宾人;

小心坠入爱河,因为这里的姑娘热情美丽;

小心被亚洲最好的餐馆宠坏;

小心对菲律宾着了迷而舍不得离去。

(三)让游客高兴而来,满意而归,注重口碑效应

对于那些已经树立起知名度的企业来说,如何维护自己的形象和声誉,珍惜在游客当中形成良好的口碑效应是至关重要的。对于旅游企业来说,服务质量的高低取决于旅游者期望的服务质量与实际感受到的服务质量之间的差距。这二者之间的差距越小,说明企业的服务质量越高;否则,服务质量就越低。也就是说,要让游客高兴而来,满意而归,而不能做伤害游客感情的事。以下案例就说明了这个道理。

【案例分析】

华山旅游事件

2005 年 5 月 4 日至 5 日,华山景区部分单位和个人借下雨哄抬物价,刁难

游客。2005年"五一"黄金周期间，华山景区游客量激增，日均接待游客2万人次，达到饱和量。5月4日傍晚和夜间，华山景区突降暴雨，山上气温很低，个别经营单位和经营者哄抬物价，大衣租金一涨再涨，雨大时租金最高涨到了每件200元，是平时的10倍，一些饭店还对前来避雨的游客每人收取20～30元的避雨费，这种借机敛财的行为极大地伤害了游客的感情，引起游客强烈不满。

在本案例中，华山风景区的个别经营户不顾游客的利益，擅自哄抬物价，这样的事情发生在华山这样的著名景区实属不应该。试想，广大的游客来华山旅游是慕名而来，对景区的管理是十分信任的。俗话说，"患难见真情"，而华山景区的部分经营者却这样见利忘义。虽然事后相关部门采取了一系列的整改措施，但是还是对景区的形象和声誉都造成了很坏的影响。

【相关链接】

青海的特色旅游宣传

2004年3月8日下午，由省委宣传部和省旅游局主办的"青海旅游大篷车"向西安市民献上了一场别具高原风情的民族歌舞。

循着悦耳的藏族八弦琴声，高高飘扬的旅游大篷车宣传横幅、引人入胜的各类旅游宣传画册，吸引了众多的西安市民。在旅游大篷车宣传活动人员下榻的宾馆沿街停车场，以两辆大篷车车身彩喷的高原风景和"青海——并不遥远"、"神奇、神秘、神圣"等醒目的标语为舞台背景，车前铺上红色地毯作为舞台，闻讯而来的西安市民呈半月形聚拢到简易的演出会场。藏族八弦琴弹唱、撒拉族"盖碗飘香"、土族的"花棍舞"，引来西安市民的阵阵掌声，惊叹高原民族歌舞的豪放粗犷。在演出过程中，身着民族服饰的大篷车宣传活动工作人员，将介绍青海旅游资源的宣传材料分发给围观的西安市民，同时给西安市民敬献上洁白的哈达和浓浓的青稞酒。

家住西安长安北路的庞战元大爷，端过斟满青稞酒的银碗，细细品味，感叹地说："以前只知道青海海拔高，有全国最大的咸水湖——青海湖。你们大篷车来了，才知道青海还有许多旅游胜地，现在我虽已退休，但一定要去青海转转。"另一位西安市民在看过民族歌舞演出、了解了青海旅游资源的现状后，感慨道："青海旅游大篷车将青海高原纯净的空气刮到了西安，把蓝天、白云带到了西安。"演出结束后，许多西安市民驻足大篷车前，对热情、豪放的民族歌舞赞叹不已，询问青海各旅游线路的具体情况。

为达到更好的宣传效果，决定将于3月8日上午举行"青海旅游资源推介会"，除邀请西安各大旅行社外，还将邀请当地各大媒体到会采访。大篷车宣传活动团长、省旅游局副局长，向曾在青海工作过的老同志们求助。在青海工作

30余年、曾任青海玉树军分区司令员的马占民同志接到求助电话已是3月7日晚8点半左右。他放弃休息,帮助安排好第二天的各项准备工作。

3月8日上午,当地近百名旅行社同仁和7家陕西主要媒体的新闻记者,如约参加"青海旅游资源推介会"。省旅游局、西宁市、格尔木市及省内几大旅行社,对我省独具高原特色的旅游资源及2005年将举行的"中国夏都西宁郁金香节"、"张健横渡青海湖"等活动进行了介绍。以推介会为媒,我省随行的各大旅行社截止到3月9日下午,已与陕西各大旅行社签订协议30余份。

许多曾在青海工作过的老同志,以浓浓的青海情结关注着青海旅游大篷车的宣传活动。得知青海旅游大篷车宣传活动在西安圆满结束,原青海省委副书记蔡竹林激动地说:"看到青海旅游大篷车来西安作宣传活动,听到青海这几年的发展,心里非常高兴。"原青海省委常委、宣传部长,现任陕西省政协副主席的田源欣喜地说:"青海旅游大篷车宣传活动,必将为推荐青海旅游资源,提升青海的知名度产生积极的影响。"

(资料来源:青海日报,2004年3月15日)

第四章 态度与旅游行为

本章提要

态度是旅游心理学中的重要内容。一个人的旅游态度直接影响了他的旅游行为。本章从态度的构成及其特点出发,探讨了态度形成的过程、态度与旅游决策的关系,并介绍了态度改变的具体措施与方法。

第一节 态度及其特性

"态度决定一切。"这是中国国家足球队前主教练米卢蒂诺维奇曾经说过的一句话。的确,一个人对某个事物有什么样的态度,直接决定了他的行为表现,在旅游活动中也是如此。如果一个人对旅游的态度很积极,那么他就愿意参加旅游活动;相反,如果对旅游不感兴趣,甚至十分反对,那么他不仅自己不会参加,可能还会说服别人也不参加。在这种情况下,就需要采取措施,帮助其改变对旅游的态度,使其成为积极的旅游者。

一、态度的含义

态度是主体对对象反应的一种具有内在结构的稳定的心理准备状况,它对人的反应具有指导性和动力性的影响,形成人们一定的行为倾向。人们在认识和改造客观事物的过程中,不是被动地去观察、思维和想象,而总是对人和事物抱有某种积极肯定的或者消极否定的心理倾向。这种反应倾向是一种内在的心理准备状态,它一旦变得比较持久和稳定时,就成为态度。各种态度的综合形成态度体系,表现出人的社会立场。

二、态度的构成

态度是个体对人和事物较为稳固的由认知、情感、意向三种成分所构成的内在心理倾向。

1. 认知成分:个体对态度对象的认识、理解和评价。
2. 情感成分:个体对态度对象的好恶,是一种情感体验。
3. 意向成分:它不是行为,而是行为之前的准备状态。

在态度的三大因素中,认知成分是基础,情感成分起调节作用,意向成分最后支配人的外显行为。在一般情况下,态度的这三种成分是一致的。比如,有人认为四川九寨沟的自然风光是非常值得欣赏的,在情感上非常喜欢,反应倾向表现为搜集相关资料和信息,一旦条件成熟,就有可能成行。但是,有时候态度的这三种成分是不一致的。比如,某人喜欢快餐食品,但是通过媒体了解到经常食用对身体健康有害,于是放弃了去快餐店的念头。

三、态度的特点

(一)对象性

任何态度都是针对一定对象的。我们平时所说的"喜欢某个老师、某个专业或是酷爱爬山"等,这里面"老师、专业或爬山"就是态度的对象。人们常说"桂林山水甲天下",这里面的桂林也是态度的对象。这些人与事物一旦成为态度的对象,就称作态度的客体。没有客体的态度是不存在的。任何一种态度都有针对性,总是对一定的客体而发生,所以态度反映了主体与客体的关系。

(二)稳定性

态度一旦形成就不太容易改变,这是因为态度的形成要受到个人的年龄、职业、受教育程度、兴趣、性格以及家庭和社会文化等因素的影响,而这些因素是不会轻易改变的。当态度的三种成分协调一致时,态度的稳定性就比较强。

(三)可变性

虽然态度具有稳定性,但也并不是说完全不可以改变的。当影响态度形成的主、客观因素发生变化时,就会导致态度发生改变。在现实生活中,我们会看到一个本来很愿意乘飞机外出的人,在经历了一次空难后再也不愿坐飞机,就是因为创伤性的经历对他的态度产生了影响。

(四)内隐性

态度是人们依据自己的经验或观点、对特定的事物在内心进行意义估量或凭直觉做出如何对待的一种心理倾向。它是一种尚未表现于外的内心历程或潜在的心理状态。因此,我们说它具有内隐性。但是我们还是能够通过一个人的语言、表情、动作等行为表现判断出他对人或事物所持有的态度。比如,我们看到有的同学无论春夏秋冬经常在操场上打篮球,我们可以大体判断这个人喜欢运动,尤其是篮球运动。

(五)学习性

任何态度都是个体在社会生活中逐渐习得的。态度是个体在本身已有的经验基础上,通过后天学习获得的心理结构。拿旅游来说,我们在小时候并不知道何谓旅游,从幼儿园或学校组织的一次次春游活动中我们渐渐对旅游有了认识,长大后接触的信息增多了,外出旅游的机会也多了起来,这种认识慢慢加深了。

(六)价值性

态度的价值性是指态度的对象对人所具有的意义。人们对于事物所具有的态度取决于该事物对人们意义的大小,也就是事物所具有的价值大小。这种价值的大小一方面取决于态度对象本身的性质,另一方面取决于个人的价值观。如同样是对于金钱,有的人"视金钱如粪土",而有的人却认为"金钱是万能的"。

四、态度与行为之间的关系

也许你也曾经遇到过这样的事情,一位好友向你炫耀她刚刚买的一辆新车或是一件衣服,她问你觉得如何。其实你觉得这东西很糟糕,你会如实地说出来吗?也许你会。但是在大多数情况下,为了避免伤害你朋友的感情或兴致,你很可能会回答说你喜欢这件东西。类似的例子还有:尽管在吸烟者人群中,有许多人也知道吸烟对身体有害,但是他们还是要吸烟;很多人尽管喜欢快餐食品,但是因为对身体健康不利,因此减少了去快餐店的次数。以上的情景都反映了态度与行为之间的不一致性。

【案例分析】

态度和行为的不一致实验

早在20世纪30年代初,美国学者R.T.拉皮尔就做了一项试验。他花了两年的时间和一对中国夫妇环游美国。在整个旅途中,他们在184家饭店和66家旅馆中停留过。在大部分情况下他们都受到了礼貌的接待,实际上他们只遭到过一次拒绝。他们受到的服务接待水平是属于中等或中等偏高的。紧接着的研究很有趣,旅行结束后,拉皮尔设计了两种调查问卷,一种是只就中国人提问,另一种是分别就中国人、德国人、法国人、日本人等提出类似的问题。拉皮尔把问卷寄给所有接待过或者拒绝过他和中国夫妇的商家,问他们是否愿意为中国旅客提供服务,结果非常令人吃惊:在回信的128名商家中,92%的餐馆和91%的旅店回答"不愿意"。具体结果如表4-1所示。

表4-1 对"你愿意在你那里接待中国人做客吗?"的回答

回答总数	光顾的旅馆		未光顾的旅馆		光顾的饭店		未光顾的饭店	
	47		32		81		96	
	1	2	1	2	1	2	1	2
回答数	22	25	20	12	43	38	51	45
否定的回答	20	23	19	11	40	35	47	41
回答看情况	1	2	1	1	3	3	4	3
肯定的回答	1	0	0	0	0	0	0	1

注:1. 表示只就中国人提问。
　　2. 表示分别就中国人、德国人、法国人和日本人提问。

在本案例中,尽管那对中国夫妇在实际旅行中受到了良好的接待,但是开饭店或旅馆的人对中国人依然怀有极大的偏见和歧视。总之,这些商家所表现出来的态度和当他们面对真人时所表现的行为之间存在着巨大的差异。而且,对那些中国夫妇没有去过的饭店的调查也得到了类似的答案。这样一来,该研究就有代表性,它说明人们的态度和行为之间有时会存在巨大的差异。

长期以来,人们一直在探讨态度与行为之间的关系。大多数学者对态度和行为之间的关系基本上持肯定的意见,即认为一个人的态度决定了他的行为。然而,许多研究的结果表明,态度与行为并不是完全的对应关系,有时会出现两者之间不一致的现象,这些不一致的现象取决于多种因素。以下是一个行为意向模型(参见图4-1)。

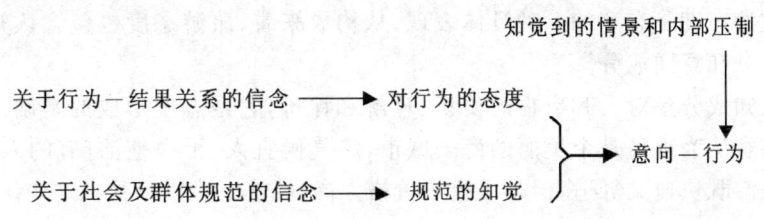

图4-1 行为意向模型

根据这一模型,人的行为首先取决于关于特定行为和社会或群体成员普遍认同的行为规范的信念。如果关于行为的态度和规范这两者的信念都是积极的,那么个人采取某种行为的意向就十分强烈。如果两者是冲突的,那么它们的相对强弱就决定了个人的意向和实际行为。如今,旅游已经逐渐成为一种社会时尚,因此,对旅游持积极的态度,在客观上也会促使越来越多的人加入到旅游者的大军中来。

第二节 态度与旅游行为

一、旅游态度

旅游态度是人们对旅游对象和旅游条件做出行为反应的心理倾向。旅游作为一种高层次的精神享受活动,不同时期、不同的人对它所持的态度是不一样的。特别是在经济不发达的年代,很多人把旅游看成一种奢侈的行为,而如今随着人们生活水平的提高,越来越多的普通人参与到旅游活动中来,旅游已经发展成为一种社会时尚。

旅游态度是人们将对旅游做出行为反应的心理倾向,是行为反应的心理准备状态。人们能否对旅游形成正面、积极的态度会直接影响旅游决策。人们通过亲身参与旅游活动,对旅游景区、饭店、交通部门形成一种具体的态度,它将会影响其今后的旅游行为。如果游客对某次旅游活动中的食、住、行等具有良好的态度,就预示着他有再次参加旅游活动的可能性;否则,就可能在心理上产生排斥和抵触的情绪,不利于今后旅游工作的开展。因此,我们必须重视旅游态度的学习和研究。

旅游态度是态度的一种具体表现,从构成来看,旅游态度也包含认知成分、情感成分和意向成分。

认知成分是对人和事物的认识、理解和评价,它是态度形成的基础。比如,许多游客认为青岛是个美丽的海滨城市,它气候宜人、干净整洁;有的人认为坐飞机旅游既快速又舒适,但是飞机票价格太高,经济上难以承受。这些认识有的是通过直接的经验获得的,有的是通过间接方式得到的。

情感成分是主体对人、事物的情感体验,它是态度的核心。它表现为对一定对象的喜爱或厌恶、尊敬或蔑视、同情或冷淡等。比如,当外国游客参观了秦始皇兵马俑后,由衷地发出赞叹:"真是一个奇迹。"而当游客在旅游地购买到假冒伪劣商品后,就会在感情上受到伤害,情感体验就是负面的,沮丧或愤怒,直接影响到其今后的旅游行为。

意向成分是指个体对态度对象的反应倾向,即行为的一种心理准备状态。它不是行为,而是行为之前的思想倾向。我们可以通过某人态度中的情感成分进行推测。比如,某游客对青岛形成了积极的情感体验,我们就可以推断,他在心理上正积极地做各种准备,一旦外部条件成熟,就有可能到青岛旅游。

二、态度与旅游决策

态度对旅游行为的影响直接体现在对旅游决策的影响上。态度是由认知、情感、意向三种成分构成的一种内在心理结构。在旅游决策的过程中,旅游者的某种态度一旦形成,就会导致某种偏爱,进而影响人们的旅游决策。当然,某种偏爱能否导致某种行为,还取决于各种社会因素的影响。

旅游偏爱是指人们趋向于某一旅游目标的一种心理倾向。这种倾向取决于人们对某一事物所持态度的强度和对该事物所拥有的信息量与信息种类的多少。旅游偏爱与旅游行为之间的关系比旅游态度与旅游行为之间的关系更为密切。旅游偏爱的形成过程如图 4-2 所示。

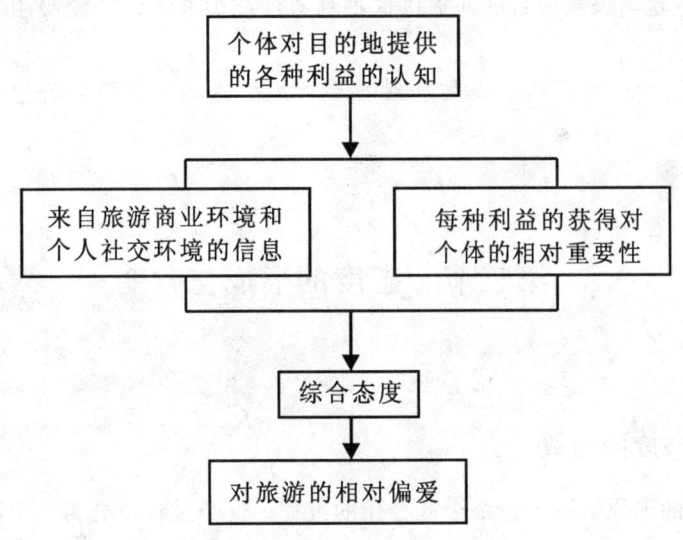

图 4-2　旅游偏爱的形成过程

(一)态度的强度与态度对象的属性

所谓态度的强度,指的是人们对态度对象赞成或反对的程度。态度的强度与态度对象的属性有密切的关系。

态度对象的属性,指的是人们在旅游活动中,寻求充分满足自己旅游需要的基本利益。旅游者外出旅游,不仅能够欣赏到秀丽的自然风光和多姿多彩的民族风情,还能够开拓视野,增长见识,结交朋友,获得友谊,这些都是人们寻求的基本利益。当然,不同的人旅游动机是不一样的,旅游市场开发人员要了解旅游者的需求特点,找准他们寻求的基本利益,结合自身的实际情况,将旅游产品的属性与旅游者的基本利益结合起来,就有助于赢得旅游者的偏爱。

(二)信息量是旅游偏爱的重要依据

人们对态度对象所掌握的信息量和信息种类的多少是旅游偏爱形成的重要依据。一般来说,人们掌握的信息越全面就越容易形成旅游偏爱。当人们在进行旅游决策时,总希望能够了解当地的风俗习惯、消费水平、社会治安情况以及有无语言方面的障碍等多方面的信息,尤其是对于那些距离比较远的旅游目的地更是如此。

(三)旅游态度对象的吸引力

人们对于某一旅游对象的偏爱态度的形成,关键取决于该旅游对象的吸引力。旅游态度对象的吸引力越强,就越可能形成旅游偏爱。对于一个旅游者或潜在旅游者来说,旅游目的地的吸引力不仅与旅游者所希望的特定的基本利益有关,而且也与该旅游目的地提供这种利益的能力有关。旅游吸引力可用下面的公式表示:

吸引力＝个体获得利益的相对重要性×个体感觉到的目的地提供利益的能力

第三节　态度的形成与改变

一、态度的形成

态度的形成实际上是一个社会化的过程。这个过程可分为三个阶段。

(一)服从阶段

服从是指个人按照社会要求、群体规范或别人的意志而做出的行为。服从的特点是屈从压力,表现出的行为大多数都不是心甘情愿的,态度只不过是表面的转变。比如,有的同学有吸烟的习惯,但是学校规定在校生不准吸烟,于是有的人虽然在学校按照学校的要求做了,但是放学后可能还是会吸烟。

(二)同化阶段

在这一阶段,人们的态度不再是表面上的改变,而是自愿接受他人的观点、信念、行为或新的信息,使自己的态度与所要形成的态度相接近。但是在这个阶段,新的态度还没有同自己的全部态度体系相融合。例如,在一个学生宿舍内,很多人早晨都进行锻炼,久而久之,那些平时不爱锻炼的人也被同化了,加入到晨练的行列,在这个过程中,他们也会有不稳定的行为或不舒服的感觉。同化能否顺利实现,他人或团体的吸引力是很重要的,否则态度的形成过程就会出现倒退或反复。

(三)内化阶段

内化是态度形成的最后阶段。在这一阶段中,人的内心发生了真正的变化。新态度的理念、情感和意向已经纳入到了自己的价值体系之内。成为自己态度体系的有机组成部分。当态度进入了这个阶段后,就不易再改变了。比如,上述参加晨练的同学,经过一段时间的适应后,发现了晨练对身体健康有很大的促进作用,于是他已经不再需要别人的提醒和督促了,而是非常自觉地参加晨练。

以上的事实告诉我们:要转变人的态度,最好要在第一和第二阶段进行。因为这时态度成分的组织尚未固定化,比较容易改变,而进入内化阶段后再想要改变态度就比较困难了。

二、态度改变的形式与实质

态度改变的形式有两种:方向的改变和强度的改变。方向的改变是指由肯定的态度转变成否定的态度或者是由否定的态度转变为肯定的态度。比如,某人以前喜欢某个餐馆,但是后来餐馆的菜品质量下降了,他便不再光顾这家餐馆了。这是态度在方向上的改变。态度强度的改变是指肯定或否定程度发生的变化。比如由以往的不喜欢旅游到非常喜欢旅游,这就是一种态度强度发生的改变。当然,态度的方向和强度也有可能同时发生变化。如态度从一个极端转变到另一个极端,这既是方向的改变,又是强度的改变。总之,无论是何种形式的改变,态度改变的实质都是以新态度代替旧态度。

三、影响旅游者态度改变的因素

(一)旅游者主观的因素

1. 需要

如果能够使旅游者的需要得到更好的满足,那么,态度比较容易改变。也就是说,态度的改变与旅游者当时的需要密切相关。比如,某人以前对旅游不太感兴趣，但是自从信仰佛教后，他非常想到佛教圣地去朝拜，于是佛教名山就有可能成为其游览的对象。

2.性格特点

从性格上看，那些平时依赖性强、暗示性高或比较随和的人容易相信权威、崇拜他人，因而其态度也容易发生改变；相反，那些平时独立意识强、非常自信的人则不容易被别人说服，因而不容易改变态度。

3.智力水平

一般来说，智力水平高的人，由于具有较强的判断能力，能准确分析各种观点，不容易受他人左右；反之，智力水平相对较低的人，难以判断是非，常常会人云亦云，态度容易发生改变。

4.自尊心

自尊心强的人，心里防卫能力较强，不会轻易相信他人的劝告，因而态度改变也较难；反之，自尊心弱的人则敏感易变。

除此以外，像旅游者的受教育程度、职业、年龄等因素也会有一定的影响作用。

(二)态度本身的特点

1.态度的强度

旅游者态度的强度越大，也就是赞成或反对的程度越大，则态度越难改变。比如，某人非常喜欢吃薯条、汉堡包等快餐食品，经常光顾快餐店，对于他来说，要想改变对快餐食品的态度是比较困难的。

2.态度构成要素的一致性

认知、情感、意向三种成分的一致性越强，态度越难以改变。如果三者之间不一致，则意味着态度的稳定性较差，比较容易改变。比如，甲喜欢在假期外出旅游，认为这样既时尚又可以丰富自己的阅历，于是，当"五一"假期到来时，便迫不及待地报名参加了旅行社组织的"北京五日游"活动。乙也喜欢旅游，但是很讨厌黄金周期间拥挤的人群，于是选择了在家里看书。在这个例子中，甲的态度中认知、情感和意向这三种成分是协调一致的，所以稳定性好，因而直接影响了其行为。而对于乙来说，认知和情感方向不一致，这样即使他也有条件去旅游，也不一定会去，因为他的态度是不稳定的。

3.态度本身的价值性

态度的价值性是指态度的对象对人的价值和意义的大小。如果态度的对象对旅游者的价值很大，那么对他的影响就会很深刻，因而一旦形成某种态度后，就很难改变；反之，态度的对象对旅游者的价值小，则他的态度就容易改变。

(三)外界条件的影响

1. 信息的作用

信息会影响旅游者的认知,从而影响其态度。态度具有社会性,它是人们在社会实践中习得的,在学习的过程中,要不断对信息进行筛选、分析和处理。旅游者对信息掌握得越多,就越容易形成稳定的态度。因此,向旅游者有效地传递信息,对于其态度的形成和改变是很重要的。

2. 群体的压力

个体在群体的压力下容易放弃自己的意见,转变原有的态度,采取与大多数人一致的行为,这是人际互动中典型的心理规律,也就是我们平时所说的"从众心理"。比如,一个人本来不打算在旅游景区购买纪念品,但是看到同一个旅游团的其他成员都买了东西,因此也买了一些。这种态度的转变就是在群体的压力下形成的。

四、态度改变的理论

研究态度改变的理论主要包括以下几类:

(一)行为主义的学习理论

这种理论把态度的形成和转变的过程也看成一种学习的过程,因此适用于其他学习形式的原理也同样决定态度的形成和变化。

(二)功能理论

该理论立足于精神分析的立场,认为态度的形成和转变有其深层次的心理动力根源,而态度的功能在于满足个体特殊的心理需求。

(三)参照群体理论

该理论认为,每个人对自己在群体中所处地位和角色的认知是个人态度形成的重要基础,态度要受到参照群体的影响。

(四)认知理论

该理论认为,态度的形成和改变取决于人的认知在整体上是否协调一致,即当人们感觉自己的各种态度之间或者态度与行为之间存在某种程度上的不一致时,就会产生不愉快的心理和状态。当人们感到自己的态度与行为不匹配或者自己的两种态度不一致时,就会有动力去改变这种不协调的状态,去做某些事情以减少这种不协调。也就是说,个人可以通过调节认知来主动地转变自己的态度。

五、态度改变的途径

虽然要想改变一个人的态度困难重重,但是积极的宣传、引导对于态度的改变还是很有帮助的。态度的改变总是与三个因素有关：劝导者、被劝导者和传递信息的效率。所以我们就从这三个方面来研究态度转变的途径。

（一）提高劝导者的说服力

1. 劝导者的知名度和专业性与说服力正相关

一些国家的领导人为了促进本国旅游业的发展，提高游客的旅游积极性，也亲自亮相做广告。比如，1992年布什总统为了竞选连任，就专门制作了一则总统推销山水的广告，向日本人、英国人推销美国的优美山水。在广告片中，布什总统在加州南部的高尔夫球场上，身穿运动衣，一边悠闲散步，一边说："在美国这块土地上，你可以看到迥然不同的景色：田野、白沙海滩、迪斯尼还有爵士乐。美国是历史悠久的自由之邦，人民友善，美景无限，你还在等什么呢？难道在等美国总统的邀请吗？"据说，这则广告播出后，使游客增加了22.5万人，旅游收入也增加了4.8亿美元。除了美国总统外，韩国总统也曾经做过类似的旅游宣传广告。

2. 外在形象

为了吸引旅游者来本地旅游，很多城市通过选择旅游形象代言人、旅游小姐、旅游形象大使的方式提高城市的吸引力，收到了良好的效果。因为评选出来的人物往往是深受公众喜爱的，这触动了人们态度中的情感成分，人们会产生一种"爱屋及乌"的心理，因为喜欢自己心目中的明星进而对城市产生良好的印象，愿意前往旅游。

【案例分析】

"快女"亚军代言常州淹城春秋乐园

近年来，在全面保护古淹城遗址风貌的基础上，常州淹城旅游区以文化为根，娱乐为先，科技为翼，开创了淹城春秋乐园，不仅使千古淹城重获新生，更创造了中国旅游与文化结合的典范。洪辰，一位90后中国内地新生代女歌手，凭借其极具爆发力的嗓音一举夺得湖南卫视"2011快乐女声"全国亚军。近日，她与自己家乡的旅游景区——常州淹城春秋乐园正式签约，成为形象代言人。

作为中国旅游景区第一部以微电影形式制作的宣传片，洪辰在春秋淹城参与了《穿越爱》的拍摄，并以导演的角色出现。常州淹城春秋乐园相关负责人表示，洪辰很年轻，她的星路很长，请她代言，一方面是因为她是常州的骄傲；另一方面，因为洪辰初出茅庐，形象健康，春秋乐园是块文化会聚地，洪辰作为形象代言人，也有利于她与其他成名歌手进行交流，利于她的成长。家乡的人将继续一如既往地支持她，希望她的星路走得更好更远。

（资料来源：陈瑞忠，姚宁安，雷琛烨.中国旅游报，2011年9月28日第17版）

在本案例中,常州淹城春秋乐园视频请 90 后新生代歌手洪辰作为其旅游形象代言人,并与时下非常流行的微博、微电影相结合,迎合了广大 90 后的口味,同时也为常州春秋淹城乐园建立了非常青春、健康的形象,对常州淹城春秋乐园的旅游形象宣传起到了良好的推动作用。

(二)有效地传递信息

1. 组织好材料

在信息传递的过程中,为了提高传递的效果,首先必须要对信息进行周密的组织和安排。要选择那些权威性强的材料,并主动与新闻媒体联系。

【案例分析】

春秋国旅是如何改变游客态度的

2005 年圣诞节期间,东南亚国家发生了震惊世界的海啸灾害。海啸的影响迅速波及了我国的国内游市场,许多客人对"海岛"产生了普遍恐惧心理,担心类似于普吉岛、巴厘岛的海南岛也可能发生海啸。因为海南一直是春秋国旅的主体包机线路,如果任之发展下去,必然有可能出现海南线的退团现象。春秋国旅意识到必须要想办法改变公众的态度。

为了形成正确的舆论导向,尽快消除信息不对称,将已退团的游客引向其他目的地,春秋国旅一方面做好宣传工作,将"销售引导说明"通过网络传到各营业部、咨询中心,并上传公司网站,引用地震专家的分析,论证海南不会发生海啸,海南一直是安全的,不是整个东南亚都受到了海啸袭击;同时主题为"东南亚客源回流国内"的新闻通稿发到各媒体,这一正切时机的"新闻点"有力地起到了舆论导向作用。另一方面,春秋国旅对东南亚线路的已退团游客积极引导,请他们参加其他出境目的地或国内的海南、丽江等地的旅游项目,将损失降到最低。一系列努力保证了元旦市场的稳定,海南没有出现一例退团,每日两班的海南游包机,仍保持了 100%的上座率。

元旦后第三周开始,整个上海市场果真出现了东南亚客源回流国内的情况,国内的海南、云南,出境的港澳地区都出现火爆之势,春节期间上海市场最高峰时的海南游比平时暴涨 150%,甚至出现了"一票难求"的现象。防患于未然的引导,有效消除了隐藏的潜在危机。

(资料来源:李小峰.中国旅游报,2005 年 2 月 18 日)

在本案例中,春秋国旅由于能够及时地搜集相关资料,并与新闻媒体联系做好宣传工作,大大地减少了因为信息不对称所造成的误解,对于改变游客的态度起到了良好的作用。

2.选择好传递信息的形式和方法

现代市场条件下,组织所面临的不确定因素越来越多,有时难免会遭遇危机,给组织的形象和声誉带来影响。在这种情况下,如何减少危机造成的损失,变危机为机遇是十分关键的。信息传递在澄清事实、改变公众态度方面发挥着重要的作用。

1985年9月,墨西哥发生了一次罕见的强烈地震,虽然面积不大,但由于一些媒体炒作和渲染,人们对灾情的恐怖和误解加深了。仅一夜间游客数量减少了50%。以旅游业为主要收入的墨西哥,不仅蒙受了巨大的经济损失,而且出现了严重的形象危机。此时,国际著名的伟达公司为墨西哥旅游局制定了一个公关方案:向全球传播关于灾区的信息;举行新闻发布会,向游客发布消息;组织一个由新闻界和旅游界人士参加的调查团,深入灾区现场了解实情,为旅游局组织了一系列灾情介绍会等。这些行为让人们获知了这次地震的真实信息,打消了游客的顾虑,既救活了墨西哥的旅游业,也挽救了墨西哥的形象。

(三)把握劝导对象的特点

要想提高说服效果,必须要了解劝导对象的特点,特别是他们的心理特点,只有这样才能够有的放矢地做好工作。近几年来,我国的铁路部门为了迎合旅客的需求,从自身做起,转变服务态度和观念,深入剖析游客的心理特点,有效地减少了与游客之间的矛盾和摩擦。

【案例分析】

从身高线看铁路服务态度的变化

历来,铁路购票的标准是身高超过1.2米的儿童半票,超过1.5米的儿童买全票。有时围绕小孩是不是有1.5米、购不购票,旅客与列车员会发生争吵,互不愉快,旅客还认为铁路的服务态度不好。湖南岳阳火车站从适应旅客的心理及改进服务态度上想办法,在身高线旁加上"恭喜您的小孩又长高了"这句话,情况却发生了很大的变化。即使有些家长想回避检查时,听到工作人员说到"您瞧,恭喜您的小孩又长高了"这句话时心中十分愉快,抵制情绪减少了,从而自觉地接受测量自动补票,很少再出现为身高线问题而发生争执的现象了。

在本案例中,岳阳火车站在充分了解旅客特点的基础上,从分析旅客的心理入手,动脑筋、想办法,不仅维护了自己的利益,而且也得到了旅客的理解,可以说,正是他们服务态度的变化才改变了旅客的抵触情绪。

六、态度改变的方法

(一)参与改变

积极引导目标对象参与有关的各种活动,在实践活动中改变他们的旧态度,形成新态度,是一种比较有效的方法。对于某些老年人来说,由于传统思想一时间难以改变,他们当中往往会有相当一部分人认为外出旅游就是浪费金钱,是奢侈浮华的生活方式,因而对旅游持否定的态度。某市有个社区就开展了这样一次旅游活动:组织老年人到附近的城市旅游,80元,两日游。由于参团的都是老年人,既有共同语言,再加上游览的景点也很有吸引力,这些老年人玩得特别开心。这次旅游活动结束后,很多人就改变了态度,当即表示以后如果还有这样的活动一定会参加。

(二)规范改变

利用群体规范的强制力和约束力,或者采用一定的行政手段迫使目标对象理解和接受劝导者发出的信息,促使他们改变态度。

在建设节约型社会的今天,为了缓解夏季用电的压力,许多大城市都明确规定,饭店空调的温度应该控制在26℃左右。同时,北京、上海的一些星级饭店开始纷纷撤出一次性用品"六小件",以减少资源的浪费。为了鼓励客人也加入到环保的队伍中来,许多饭店还推出了激励措施,如果客人不要求每天更换床单的话,可免费为其提供几次洗衣服务,以此来减少水、电等资源的浪费。

(三)宣传改变

劝导者利用各种传播手段,面对一批人传送一定的信息,借以改变他们的态度。在墨西哥发生了旅游形象危机后,墨西哥的旅游部门制作了大量的旅游宣传手册和相关资料,寄给各国的旅游部门,不失时机地向他们做宣传,收到了良好的宣传效果。

(四)说服改变

从广义上说,说服改变也是一种宣传,但一般不借助于媒体的工具,而是与目标对象直接接触,交流、交换意见,从而促使对象转变态度的方法。说服改变是双方最能表达自己的各种意见的方式,对劝导者的要求较高。它是一种最常用、最实用的转变态度的方法和途径。

【相关链接】

态度决定一切

态度是人的思想、行为动机、意识形态的心灵体现,态度的好坏直接关系到做人、做事的成功与否,特别是在当今竞争激烈的酒店行业中,体现以人为本的个性化服务,态度起决定性的作用。根据笔者的观察和体验,良好的工作态度可以使工作激情油然而生,任何工作能水到渠成,且能深刻体会到工作中的快乐。反之如果态度恶劣,不能正确对待和正视所有抵触情绪,不管你具有多高的技术、技能,任何工作都会觉得不能得心应手,给工作带来负面影响。然而,在工作中又怎能做到拥有良好的工作态度呢?笔者个人认为必须要正确树立自己的人生价值观,真正明白、领会自己的职责和义务是什么。在酒店行业的对客服务中要切实认识自我,摆正自己的位置,认识到自己是一名服务员。酒店的收入来自客人的口袋,客人是我们的衣食父母,只有这样才能在对客服务中树立正确的思想观念,端正工作态度。在对客服务中,端正态度的具体体现,一是要给客人一个"好脸",也就是始终要有快乐的心情,必须笑脸相迎,这样服务难题就会迎刃而解;二是要给客人一个真诚、善良的脸,要以诚相待,就是要人心换人心,八两换半斤,赢得顾客的信任;三是能始终保持一张"好脸",笑脸相迎,眼观六路,耳听八方,应变能力强,不断寻找对客超前服务的机会。总之,态度是决定一切工作的成败关键,员工在对客服务工作中要时刻具有良好的工作态度,深入领会态度决定一切的内涵,不断打造精神领域的满意度,任何困难将会迎刃而解,宾馆的优质服务将会得到不断的提升。

(资料来源:王光松.中国旅游报,2004年6月2日)

"5·12"汶川大地震后乐山市是如何改变游客态度的

突如其来的"5·12"汶川大地震考验了四川旅游业,距离震中200公里的乐山市,震后客流量急剧下降,旅游危机严重。2008年6月至7月,乐山旅游业经历了有史以来的最低潮,最少的一天,峨眉山景区仅接待了28名游客,乐山大佛景区游客最低时也只有4人。据乐山市旅游局统计,2008年,乐山市年接待国内外游客1233.97万人次,同比降低14.79%,旅游综合收入91.42亿元,同比下降9.45%。面对突如其来的危机,乐山市政府协同有关部门在第一时间制定了应对措施,力求传递真实的旅游信息,改变游客的态度。

第一,启动危机应急预案。灾情发生后,旅游局迅速启动应急预案,把游客的安全放在第一位,安全疏散景区所有游客。旅游局全面组织展开景区安全检查,排除隐患,做好恢复经营准备工作。同时,针对游客的恐慌心理,各景区依据科技和事实,将震中北上、震级降低、震次减少等真实情况向游客广泛宣传,以稳定游客情绪,做好心理疏导和安全防范工作。

第二,加强震后重建工作。抗震救灾工作随即展开,政府从财务、金融、土地、产业等方面给予旅游产业政策支持,快速筹集近百万元资金重点对毁损较大的文峰塔、天波大酒店、嘉阳小火车进行了恢复维修。对峨眉山、乐山大佛景区建筑、设施进行维修加固,消除了安全隐患,使景区在最短时间内重现昔日的美丽。且每天景区在开放前,都会安排工作人员将所有游客走的栈道及道路先走一遍,务求让游客游得安心。

经过省、市政府和旅游业企业等连续数月的努力,2008年"十一"长假期间,乐山各景区又重现了昔日门庭若市的景象。

(资料来源:尹菲,罗颖.从"5·12"地震看旅游危机管理.现代商贸工业,2009(17))

第五章 个性与旅游行为

本章提要

个性是心理学中最有趣的内容。本章将从个性的含义和成因出发,探讨个性的类型与旅游行为之间的关系,分析不同气质、性格的旅游者在旅游行为表现上的特点,并探讨旅游者在旅游活动中的能力与旅游行为之间的关系。

第一节 个性及其形成

如果你留心观察身边的人就会发现,即使是在同一个班级或是同一个家庭中,每个人的性格也不尽相同。在同一个旅游团中,你会发现有的人性格开朗,十分健谈,总是围着导游问个不停;有的人却相对安静,默默地听着导游的讲解,不轻易发表自己的观点。正是由于个体个性的不同,才让我们有机会接触到各种各样的人,我们的世界才会如此丰富多彩,充满生机和活力。"世界上没有两片完全相同的叶子"。每个人都是独一无二的。

那么,究竟什么是个性?为什么每个人在个性方面会有如此大的差异呢?个性对人们的旅游行为有哪些影响呢?这正是本章将要回答的问题。个性是心理学中最复杂、最有趣的问题,它包含的内容是十分丰富的。

一、个性的含义

个性,又称人格,原意是指戏剧演员在舞台上扮演角色所戴的面具,它代表剧中人物的身份,表现剧中人物的某种典型心理,类似于京剧中的脸谱。如在京剧中红脸代表的是忠厚老实的人,比如《三国演义》中的关公;白脸代表的是阴险狡诈的人,比如曹操;黑脸代表的是刚正不阿的人,比如张飞。传统的心理学沿用这个含义,把一个人在人生舞台上扮演的种种角色的心理活动都看做个性的表现。

所以,心理学中个性是指一个人所具有的各种心理特征的综合。它是个体在先天因素的基础上,通过环境影响和自身实践活动,在社会化过程中形成的稳定的独特的心理特征的总和。但它又不是这些心理特征的简单相加,而是具有组织性、动力性的统一系统,制约着人的行为的倾向性。

二、个性的成因

(一)生物遗传因素

遗传是个性形成中不可缺少的影响因素。俗语说:"有其父必有其子。"正是由于遗传因素的影响,所以给个性的改变带来了困难。我们平时说的"江山易改,秉性难移"就是这个道理。遗传因素对个性的作用程度随个性特质的不同而不同。个性的发展是遗传与环境两种因素交互作用的结果。

(二)社会文化因素

社会文化塑造了社会成员的个性特征,使其成员的个性结构朝着相似性的方向发展,这种相似性具有维系社会稳定的功能,又使得每个人能够稳固地嵌入在整个文化形态里。因此不同民族、国家的人由于社会文化的不同,使得他们在个性方面也呈现出一定的群体差异。比如,法国人给人的印象是最讲究浪漫、热情,爱幽默;意大利人比德国人少一些刻板,比法国人多一些热情;荷兰人曾是欧洲最传统的民族,爱清洁,讲秩序,性格坦率,开诚布公;葡萄牙人很像希腊人,随和、喜欢社交;英国人凡事都循规蹈矩,讲究绅士风度,谈吐不凡。

(三)家庭环境因素

家庭是社会的细胞,家庭成员间不仅有其自然的遗传因素,也有其社会的遗传因素。这种社会的遗传因素主要表现为家庭对子女的教育作用,在民主气氛浓郁的家庭环境里成长起来的孩子,长大后比较宽容、和群;而在专断、压抑环境里成长的孩子则比较容易自闭、缺乏信心。

(四)早期童年经验

幸福的童年有利于儿童发展健康的个性,不幸的童年则会使儿童形成不良的个性。当然二者之间也并不存在一一对应的关系。早期经验不能单独对个性起决定作用,它与其他因素共同决定着个性的形成与发展。

(五)自然物理因素

生态环境、气候条件、空间拥挤程度等这些物理因素都会影响到个性的形成和发展。自然环境对个性的形成不起决定作用。但是在不同的物理环境中,人可以表现出不同的行为特点。

三、个性的特征

每个人的个性有着很大的差别,但是就个性本身而言,它具有以下几个方面的特征。

(一)稳定性

个性在形成过程中要受到遗传、家庭以及社会文化的影响,这种影响是巨大的、深远的,因此个性一旦形成,就具有一定的稳定性,不会轻易改变。也就是说,个性是一个人在长期的社会实践中,在适应环境过程中经常表现出来的心理特征,而不是一时表现出来的心理现象。

(二)独特性

由于每个人的先天遗传因素和后天的生活环境不同,因此个性也各不相同。"世界上没有两片完全相同的叶子",同样,世界上也没有完全相同的两个人。每个人的个性都是唯一的,正像伟大的戏剧家莎士比亚所说的:"你是独一无二的。"因此我们说个性具有独特性。

(三)社会制约性

人既包括自然的生物特征,也包括社会的本质特征。由于人的个性是由具有自然生理特征的人,参加到社会关系的历史发展中形成的,因而决定个性发展方向的不是抽象的生物因素,而是现实的社会因素。也就是说,人的一切个性形成和发展都要受到一定社会生活的制约,具有明显的社会制约性。

(四)可优化性

个性虽然不易改变,但是可以优化,优化了个性也就优化了人生。每个人在个性方面都有自己的优势和劣势。在现代激烈竞争的社会里,良好的个性对一个人的学习、工作和生活起着重要的作用。有人说:"性格决定命运。"这话不无道理,我们每个人都应该首先认清自己,再通过学习和努力不断优化自己的个性,使自己成为一个独特而又受欢迎的人。

第二节 个性类型与旅游行为

每个人的个性都不尽相同,不同类型的旅游者在旅游活动中的表现也有差别。在与之交往中,如果能够了解对方的个性特点,就会使交往过程顺利许多。

一、荣格的个性学说

瑞士心理学家、精神病专家荣格的个性学说在心理学界被广泛地认可和接受。因为从实用的角度来讲,荣格的个性学说被认为是最佳的。

（一）两种定势

荣格把人的个性分为内向和外向两大类。他认为在与周围世界发生联系时,人的心灵一般有两种指向,也可称为定势。一种定势是指向个体内在的世界,叫做内倾;另外一种定势是指向外部环境,叫做外倾。他描述内倾者的性格是安静的、富于想象的、爱思考的、退缩的、害羞的和防御性的;外倾者则爱交际、好外出、坦率、随和、乐于助人、轻信和易于适应环境。

（二）四种精神机能

荣格还提出了四种精神机能。所谓精神机能,就是在种种不同的条件下,原则上不变的精神活动形式。

1. 思考机能:把事物概念化,并理论性地判断、理解事物的理智的机能。
2. 感情机能:对事物进行价值判断的机能。荣格认为,所谓价值判断,就是"接受或排斥"的判断。这与依据理论的理智判断截然不同,是一种主观性判断。因此,感情也属于合理的机能。
3. 感觉机能:通过感觉器官最直接地、具体地认知事物的机能。
4. 直观机能:通过无意识的方式向我们传递知觉的机能。

思考机能和感情机能是适应于理性的机能。与此相反,感觉机能和直观机能则是非理性之外的机能,它们是以直接感觉表现事物的图像为特点的,所以是非理性机能。

这四种根本机能并不均衡发展。一般来说,其中一种机能高度发达,而其他机能相对落后。如果思考机能在意识中占优势,就称为"思考型"。如果感情机能占优势,成为主要机能,就是"感情型"。同样,也可分出"感觉型"和"直观型"。因此,根据某种机能所占的优势不同,可以把人分为思考型、感情型、感觉型和直观型四种类型。在旅游活动中,不同性格类型的人,其旅游行为表现也不一样。

例如,去希腊的克里特岛访问克罗索斯宫殿废墟时,"思考型"的人首先会对3500年前用什么技术建造这座地上、地下四层的宫殿感兴趣,并进行实地考察;"感情型"的人就会以"感觉好"或"感觉不好"的方式来感觉宫门、国王宝座室、王妃的居室等那个时代的人所具有的审美情趣;"感觉型"的人,会对像爱琴海一样碧蓝的天空与朱红色柱子的对比有深刻的印象;"直观型"的人则在瞬间从柱子与螺旋花样相似的图案,联想到古代人的生死观和人生观,他们会感到超越时空的永恒。

(三)八种个性类型

按照两种定势与四种机能的组合,荣格描述了八种个性类型。

1. 外向型思考类型——现实主义

这种类型的人喜欢理智的生活,努力使自己的整个生活都遵守理性的原则。他们能出色地把握各种客观的事实和条件,遵循在深思熟虑的基础上得出的结论,并使自己的行动理性化。这种类型的人,因为思考机能占优势,所以感情的东西被压抑,美的活动、兴趣、艺术鉴赏、交朋友等方面被阻碍和排除。

2. 内向型思考类型——理想主义

这种人善于在自己的内心构筑并发展理想的世界,总是富有积极性,不会因麻烦、危险等理由而停滞不前。这种人一般给周围人以冷淡、任性和旁若无人的印象,有时也表现出礼貌和关心,但态度让人感到生硬。

3. 外向型感情类型——从众主义

这种类型的人,女性占绝大多数。属于这种类型的女性,其感情比较顺应周围的状况,她们的价值判断也是这样。比如,对美术馆内悬挂的著名画家的作品,就毫无异议地评价"真是一幅好画",一般自己不会做出相反的评价。这种类型的人,由于感情机能占优势,所以,思考机能就被压抑。但是这种人的思考机能并不是不发挥作用,恰恰相反,它不仅很好,而且能出色地发挥作用。只是这种人的思考不是为思考而思考,而仅仅是感情的附属品,仅因为服务于感情才发挥作用的。

4. 内向型感情类型——含蓄主义

这种类型的人以女性居多。这种人的感情受内在的、主观的因素支配,其感情的发展程度从外部很难看到。这种人对初次见面或毫不相关的人,不会表现出热情欢迎的态度,而往往会采取冷淡或拒绝的态度。

5. 外向型感觉类型——现实主义

这种类型的人对于客观事实的感觉机能非常发达,他们注重具体事实。在通过感觉具体地享受某种乐趣时,就会切实感到自己正品味着人生的快乐。与外向型思考类型的人不同,这种人不以"模式"和理念规范自己,也不追求理想。他们看重现实,热爱、喜欢现实。

6. 内向型感觉类型——理想主义

这种类型的人,具有谨慎、被动、平静及理性的自我抑制等特征。这种人一般不会对周围的人造成伤害,但是容易成为他人攻击和支配的牺牲品。

7. 外向型直观类型——冒险主义

这种类型的人,具有把握隐藏在客观事实深处的可能性的能力。他们认为,重要的不是现实,而是可能性。一般认为,这种人的生活原则既不是理智的,也不是感情的,而是依据自己直观的独特的原则。他们往往能够给同伴带来对待新事物的勇气和力量。

8. 内向型直观类型——梦想主义

这种类型的人偏执而喜欢做白日梦,他们的观点新颖但却稀奇古怪,不愿意接触现实,不为其他人所理解。

二、斯普兰格的社会人格类型

德国柏林大学哲学教授斯普兰格认为,每个人都具有六种基本价值取向:理论、经济、审美、社会、政治及宗教。个体的个性类型是受其中较显著的价值取向的影响而形成的。

(一)理论型

此类型的人的主要兴趣在于发现真理,通过观察、分析、推理,致力于探索事物的联系与区别。这种人好钻研,求知欲强,能自制。

(二)经济型

此类型的人的态度趋向于现实,是务实的人士。他们认为一切工作都要从实际需要出发,不然则应当抛弃,他们重视财力、物力、人力和效能。

(三)审美型

此类型的人重视形象的美与心灵的和谐,善于审视美好的情景和快乐等多种情趣。他们认为美的价值高于其他事物,以优美、对称、整齐、适宜等标准来衡量一切,因此对任何事物都从艺术的观点加以评论。

(四)社会型

此类型的人以爱护他人、关怀他人为高尚的职责。他们多投身于社会,以为他人提供服务为最大的乐趣。他们多表现为随和、善良、不自私、宽宏大量,并愿意为他人奉献。

(五)政治型

此类型的人对权力有极大的兴趣,他们多有领导他人和支配他人的愿望和才能,其特点是自我肯定、有活力、有信心,对人对己要求严格,讲原则,守秩序。

（六）宗教型

此类型的人重视命运和超自然的力量,其心灵结构在于创造最高满足的价值经验。他们大多有坚定的信仰,自愿克服一切低级冲动。

三、个性类型与旅游行为

在研究性格类型与旅游行为关系的理论中,美国的斯坦利·普罗格博士的研究是最具代表性的。他在题为"为何旅游点受欢迎的程度出现大幅度摆动"的论文中,阐述了自我中心型和多中心型的人在旅游行为上的差异:自我中心型的人感到自我受压抑,不善于冒险;而多中心型的人则兴趣广泛,他们喜欢外出,充满自信,且善于冒险,愿意接触各种各样的生活。他们把旅行看成表达和满足好奇心的一种方式。表 5-1 说明的是自我中心型的人和多中心型的人的不同个性和旅行特点。

表 5-1　自我中心型和多中心型的人的个性和旅行特点

自我中心型	多中心型
思维上受限制	有求知欲
低度冒险	中度冒险
受地区约束	探索型
喜欢熟悉的旅行目的地	喜欢陌生的地方
喜欢在旅行目的地参与一般性的活动	喜欢去发现、探索,喜欢新经历
喜欢大众化的目的地和轻松自如的活动	喜欢独特新颖与众不同的目的地
完全的包办旅行,日程安排紧凑	有大量的自由度和灵活性
购买纪念品、小装饰品和普通物品	购买当地的艺术品或手工艺品
喜欢旧地重游	喜欢每次去不同的地方
喜欢熟悉的氛围	喜欢结交来自五湖四海的人,接触丰富多彩的文化

很显然,自我中心型的人强烈要求生活有可预测性,他们习惯的做法是到自己所熟悉的旅游目的地,最强烈的旅游动机是休息与放松。他们理想的旅游应该是有条不紊,事先安排好的。而多中心型的人则不同,他们渴望生活中有一些预期不到的事情发生。他们喜欢去那些比较偏僻的、不为人所知的旅游目的地。他们喜欢全新的旅行经历,避免千篇一律。

在一般的旅游活动中,只有少部分人属于纯粹的自我中心型或多中心型,大多数人是属于中间类型的。而这中间类型的旅游者是旅游市场上较为活跃的人。

第三节 个性结构与旅游行为*

个性心理特征是个性结构中比较稳定的、典型的心理特征,具体包括气质、性格、能力等。以下我们就从这三个方面来探讨个性结构与旅游行为的关系。

一、气质与旅游行为

(一)气质的含义

一提起气质,我们马上会联想到一个人的外表,我们平时经常说某人很有气质,这通常是指他在外表上与众不同,与这个人的外在形象是紧密相连的。而心理学上所说的气质是指个体与生俱来的心理活动的动力特征,是高级神经活动类型在人的行为和活动中的表现,是情绪和活动发生的速度、强度、持久性、灵活性和指向性等动力方面特点的综合。可见,这些与我们平时的理解是有很大差别的。

所谓心理活动的动力,是指个体在认识过程中,在知觉的速度、思维的灵活度、注意集中稳定的时间长短等方面都有所差别。在情感过程中,也有情感发生的强弱、深浅与持续时间长短的差别。在意志行动中,又会表现出意志努力程度的不同。在心理活动的指向上,有人偏向于外部事物,从外界获得新印象;也有人倾向于内部,经常体验自己的情绪,分析自己的思想和印象,等等。因而,个体之间在气质方面是千差万别的。

气质是人天生的,并无好坏之分。但每个人都有其固定的、与众不同的气质:或稳重沉着,和蔼可亲;或说话尖刻,叫人无法接受;或开朗活泼,富于感染力,等等。气质可以从一个人的动作、表情、语调和待人接物的态度中推测出。

(二)气质的类型

气质的含义,古今中外都有人做过研究。在我国古代,"气质"一词就在《周易》、《尚书》、《内经》等著作中出现过。在西方,气质学说源于古希腊医生希波克里特的体液说。他认为人体内有四种液体:黏液、黄胆汁、黑胆汁、血液,这四种体液的配合比率不同,就形成了四种不同类型的人。约500年后,罗马医生盖仑进一步确定了气质类型,提出人的四种气质类型是胆汁质、多血质、黏液质、抑郁质。

1. 胆汁质(兴奋型)

这种人情绪体验强烈、精力旺盛、争强好胜、为人正直、热情直率、行动敏捷，遇事欠思量，鲁莽冒失，易感情用事，刚愎自用。比如《水浒传》中的李逵，就是属于典型的胆汁质。

2. 多血质(活泼型)

具有这种气质的人情感丰富、易外露，行动、言语敏捷，适应能力强，活泼好动、善于交际，但往往粗心大意，情绪多变，富于幻想，缺乏忍耐力和毅力。比如《红楼梦》中的王熙凤和《还珠格格》中的小燕子就属于典型的多血质类型的人。

3. 黏液质(安静型)

具有这种气质的人坚定顽强、沉着踏实、情绪平稳、思维灵活性较差，但考虑问题周全而细致、自制力强、耐受性强，行动缓慢，主动性较差。

4. 抑郁质(抑制型)

具有这种气质的人言语行动缓慢，情绪体验深刻，情绪抑郁、多愁善感，不善交际，自制力强，优柔寡断，感情专一，具有多疑、孤僻、拘谨和自卑的倾向。比如《红楼梦》中的林黛玉就是典型的抑郁质类型的人。

以上是典型的气质类型，大多数人是属于中间型或混合型，绝对属于其中某一种的人较少。

巴甫洛夫用高级神经活动类型说解释气质的生理基础。他依据神经过程的基本特性，即兴奋过程和抑制过程的强度、平衡性和灵活性，划分了四种类型(参见表5-2)。兴奋过程和抑制过程的强度，是大脑皮层神经细胞工作能力或耐力的标志，强的神经系统能够承受强烈而持久的刺激。平衡性是兴奋过程和抑制过程的相对力量，二者力量大体相同是平衡的，否则是不平衡的。灵活性是兴奋过程和抑制过程相互转换的速度，能迅速转化是灵活的，否则是不灵活的。

表 5-2　高级神经活动类型与气质类型表

高级神经活动过程	高级神经活动类型	气质类型
强、不平衡	不可遏制型	胆汁质
强、平衡、灵活	活泼型	多血质
强、平衡、不灵活	安静型	粘液质
弱	抑制型	抑郁质

(三)气质与旅游行为

不同气质类型的人在旅游活动中的表现是不尽相同的。对于旅游业的从业人员来说，每天要和各种各样的人打交道，能够熟谙气质类型的特点对于做好服务工作是很有帮助的。

1. 胆汁质

这种气质类型的旅游者反应迅速,行为果断,表里如一,愿意帮助他人,给人以热情直爽的印象。他们不愿意受人指挥,而喜欢指挥别人,有自己独立的见解。他们自制力较差,容易感情用事。

2. 多血质

这类气质类型的旅游者容易适应变化的环境,很快融入到集体中去。他们活泼好动,善于交际,是十分活跃的积极分子。在旅游活动中他们不仅自己善于寻找乐趣,还常常能带动其他人制造愉快的氛围。但有时他们的情绪不够稳定,容易见异思迁。

3. 黏液质

这种气质类型的旅游者行动反应较慢,性格沉稳而冷静,有较强的自制能力,能够控制自己的情绪,轻易不会流露出自己的真实感情,他们善于独自思考,不会轻易下结论。他们很乐意从事一些变化不大、相对稳定、需要付出一定努力的旅游活动。

4. 抑郁质

这种气质类型的旅游者不善于与人交往,喜欢一个人独处,行动缓慢,有些刻板,遇到麻烦和问题也不愿意向别人倾诉,在困难面前常表现出怯懦和优柔寡断,在旅游过程中容易比别人感到疲倦。

二、性格与旅游行为

(一)性格的含义

所谓性格是人对现实的态度和行为方式中比较稳定的独特的心理特征的总和。可以说,性格是人对现实的态度和与之相应的行为方式的独特结合,它构成了一个人区别于他人的特点。恩格斯指出:"人物的性格不仅表现在他做什么,而且表现在他怎样做。"做什么说明了一个人对现实的态度,怎样做反映了人的行为方式。

在心理学上,性格是指一种与社会密切相关的个性特征,它主要体现在个体对自己、对别人、对事物的态度和所采取的言行上。人的性格是在社会实践活动中发展起来的。一个人经常性、习惯性的表现才能认为是其性格特征,而一时性的偶然表现则不能看做他的性格特征。例如,一个人经常会表现得活泼、善谈,偶尔在一次活动中沉默不语,那么就不能认为寡言少语是其性格特点。

(二)性格的基本特征

性格作为人对现实的态度和行为方式中的比较稳定的独特的心理特征的总

和,具有以下两个方面的特征:

首先,对现实态度的个性特征。它是指在生活实践中,人们对作用于人脑的客观现实通过认知、情感、意志等心理过程,逐渐固定下来形成个人独特的一贯的倾向。比如,在人对社会、集体、自己的态度中所表现的勤奋或懒惰、谦虚或骄傲、勇敢或胆怯都属于性格特征。

其次,在行为方式方面的个性特征。人的行为方式是在人生观和价值观指导下的各种生活活动的典型方式和特征总和。人生观和价值观一旦形成,就会具体化为个人的行为意识,推动和调节着行动,使人的各种行为具有稳定性和一致性,从中反映出个人的性格特征。

(三)气质与性格

性格与气质并不是对立的,它们本是同根生。性格的基点是气质,性格以气质为基础并因气质所应有的特征而形成各种各样的性格。因为性格的基点是气质,所以即使处于相同的环境之下,因存在着心理差异,人们承受的环境影响的方式也会有所不同,从而形成了每个人不同的性格。

气质主要决定于与生俱来的自然属性,性格是后天社会化活动的产物。气质与性格的起源特性决定了两者的可塑性差异。性格的可塑性较大,气质的可塑性较小。环境在塑造和改变个体的性格方面作用明显,但在改变气质方面作用微弱。因此,通过外界施加的影响培养个性特征时,要注意观察和适应个体的气质特点。

气质和性格形成特性也决定了气质和性格特征的社会价值及其作用。自然制约的气质特点差异在社会价值上没有高低之分。而社会制约的性格特征显然存在着明显的社会价值差异。性格特征有好坏善恶之分,是人们评价和选择时主要关注的因素。但是,气质不决定一个人的社会价值。

在形成个性特征时,气质与性格是相互制约的。气质特征作为自然基础,会使性格带有特定的气质特点。人的性格特征往往会显示出气质的鲜明色彩。同样的性格特征在不同气质类型者身上以不同的色彩表现出来,同样气质特征者在表现不同性格特征时却会显示出相似的色彩来。先天的气质特征与后天形成的性格特征融合在一起,构成了丰富多彩的个性。作为自然基础,气质还会影响性格形成的倾向性和速度。这是因为,各种气质类型在形成性格特征方面存在某种适宜性,某种气质特征可能容易形成某一些性格特征,同时又不容易形成另外一些性格特征。这种倾向性的存在也会影响性格形成的速度,某种气质类型在形成某些性格特征时较快,在形成另一些性格特征时较慢。

后天形成的性格特征,也会对气质产生影响,使自然的气质属性服从于环境或主体的要求。性格对气质的制约有两种表现:一种是受环境的影响,掩盖了先天的气质特征;另一种是个体在达到成熟的自我意识水平时,有意识地掩饰以至积极改造自己的气质弱势,形成本来比较难以形成的一些性格特征。这是积极的自我调节作用,充分体现了人的主观能动性。

(四)性格与旅游行为

1. 态度方面

表现在对社会、集体、他人的态度上,有的旅游者有很强的团队精神,服从导游的指挥,顾全大局,有社会责任感和正义感,富有同情心,爱护环境,自觉遵守公共秩序。表现在对自己的态度上,有些旅游者表现为谦虚谨慎、自尊心强、严于律己;而有的旅游者则表现为自由散漫、骄傲自满、自卑等。

2. 情绪方面

这主要是指表现在情绪活动的强度、稳定性、持久性和主导心境方面的特征。

情绪的强度表现为旅游者受情绪的渲染和支配的程度,以及情绪受意志控制的程度。如有的旅游者容易激动,易受到环境气氛的影响,而有的旅游者情绪体验则比较弱。

情绪的稳定性表现为旅游者情绪的起伏和波动的程度。如有的旅游者看到壮观的景色,就禁不住大声欢呼,喜形于色;听到感人的故事又禁不住落泪。

情绪的持久性表现为旅游者情绪保持时间的长短。如有的旅游者白天欣赏到奇异的景观后,晚上就彻夜难眠;而有的人则把它当成过眼云烟,当时兴奋,但是过后就忘记了。

情绪的主导心境表现为不同的主导心境在旅游者身上稳定的程度。如有的旅游者是欢乐、振奋的,有的旅游者是抑郁、沉闷的。

3. 意志方面

旅游者的意志特征可以从以下四个方面进行分析:

(1)旅游者的行为目标方面:参加旅游活动是出于自觉,还是被动参与。

(2)旅游者对行为的控制水平:如旅游者是主动地约束自己,还是放任自流。

(3)旅游者对行为调节客观表现的意志果断性:例如,在困难或紧急状况下能否迅速、准确地抉择,是坚决果断还是优柔寡断。

(4)旅游者在面对困难时表现出来的态度和行为:例如,是刚毅、坚强还是懦弱、畏缩。

4. 认知方面

这主要是指人们表现在认识活动方面的个性差异。具体来讲,就是指旅游者在感知、记忆、想象和思维等认识过程中所表现出来的差异。如有的旅游者善于发现美的东西,并有自己独到的见解;而有的人则人云亦云,跟着感觉走。

三、能力与旅游行为

(一)能力的含义

在个性的结构中,能力是十分重要的。能力是一个人顺利完成某种活动所必备的心理特征。这里所说的能力不是单一的,而是综合的能力。比如说导游员,要想顺利地完成导游服务工作,获得游客的好感,除了要具备良好的语言能力外,还要具备社交能力、应变能力、自控能力等,因为在旅游活动中,导游员不但要讲解景点,还要与游客相处融洽并随时准备应付突发事件。

(二)能力与旅游行为

"尺有所短,寸有所长"。能力的大小往往是因人而异的。一般来讲,构成能力的要素是多方面的,不同的要素构成不同的能力。旅游者的能力不同,对旅游活动的体验和感受也不相同。对于旅游者来说,以下几个方面的能力与其顺利完成旅游活动是密切相关的。

1. 观察能力

观察能力是指对事物全面和细致的分析能力,主要指直接的知觉能力。

在旅游活动中,观察能力强的旅游者善于发现新东西,如新的景致或现象,他们不拘泥于导游或其他人的经验,而是用自己独特的视角来认识事物,因此,他们也往往会比一般人有更多的收获。以对山岳的观察为例,在见识不广的人看来,山就是山,无非就是高度和形状的区别;而观察能力强的人,能够发现它的不同之处。

2. 想象能力

我国古代的劳动人民有着丰富的想象能力和创造能力,他们给后人留下了许多宝贵的物质和文化遗产。这些宝贵的财富历经沧桑,有的已经是伤痕累累,面目全非了。因此,我们需要插上想象的翅膀,这样才能够飞得高,看得远,领略其中的奥妙。比如说在游览万里长城时,许多人都会思考这样一个问题:在当时生产力极其低下的情况下,人们是如何完成这么浩大的工程的?在游览北京故宫的时候,面对着气势宏伟的宫殿和一件件遗物,也会让人浮想联翩。再比如在游览西安秦始皇兵马俑博物馆时,看到地下一号坑、二号坑中保存下来的一个个栩栩如生的俑体,就仿佛回到了那遥远的金戈铁马的时代,游客禁不住会问:"当时人们是用怎样的智慧和汗水才修建了这座号称世界奇观的地下宫殿的?"这时,除了导游的讲解外,还需要游客充分地发挥自己的想象能力,在头脑中完成一幅幅图画的构建。想象力越丰富的人,他所获得的精神体验就越丰富。故事是想象空间中最引人入胜的内容。一个简单、寓言式的故事,隽永而简洁,将使每一个人为之震撼。一个生动而深刻的历史典故,可以激发游客无穷的感悟与想象。相反,一些景区编造了一些无聊的故事,反而让游客反感。此外,故事的表达方式非常重要。用景区讲故事或用故事烘托景区,需要有最符合游客心理、最优雅的方式。

3. 思维能力

思维能力是指对事物的分析、综合、抽象和概括的能力。在旅游活动中,常常会看到一些奇特的现象和事物,对于它们的理解就需要运用思维进行思考。思维能力强的人,能够透过事物的表面分析、概括出它的本质来。比如说被称为"千古之谜"的悬棺,激发了很多人的游览兴趣,在我国一些地区至今还可以看到保存完好的悬棺。它们是如何形成的?当时的背景是怎样的?对于导游员来说,就要善于启发游客,让他们动脑思考,激发大家的兴趣,这样才能够收到良好的导游效果。

4. 记忆能力

记忆能力是指记忆的速度、准确性、巩固性等对人类知识的积累能力。旅游活动中往往会在有限的时间里游览很多的景点,特别是参加旅游团的时候,有时难免要"走马观花"。这时,对于记忆能力不好的人来说,可能在旅游结束后头脑中还是一片空白。正像有的游客总结的"上车睡觉,下车拍照,回来一问,什么都不知道"。这固然与旅游行程的安排有关系,但是也是对游客记忆能力的挑战。因此,导游员要照顾到游客的不同情况,对于一些重要的内容,多重复几遍,给大家一些理解、记忆的时间。

【相关链接】

从笑话看欧洲人的性格差异

随着欧洲一体化的不断深入,"欧洲人"这个词出现的频率越来越高。谁是真正的欧洲人?他们的性格特征是什么?读一读《你听过这则笑话吗?》一书也许会有助于我们理解这个问题。

本书的编者理查德·希尔是英国人。他常年住在比利时的布鲁塞尔,专门研究欧洲各国的文化和民族特性,是一位著名的跨文化学专家。《你听过这则笑话吗?》是希尔在从事研究之余编辑的,书中的每则笑话都有英语、荷语、法语和德语4种版本。欧洲人喜爱幽默,这种幽默有相当一部分源于民族的差异与不同文化的碰撞。希尔曾说过,一个民族的性格往往是十分复杂的,它的形成不仅仅与历史有关,而且是地理、语言、风俗习惯、服装等多种因素的积淀。一则短短的笑话也许不能全面反映一个民族的特性,但一则好的笑话却可以一针见血地揭示出一个民族特性中的最特别之处。希尔在书中引用歌德的话说,人们在相互嘲笑时才能最充分地显露出性格特点。以下是一个经典笑话:天堂和地狱的

"组成方式"。

  天堂里应该是英国人当警察,法国人做厨师,德国人当机械师,意大利人做情侣,瑞士人做总管;而地狱里呢?是德国人做警察,英国人做大厨,法国人做机械师,意大利人做总管。人们常用这个笑话来描述欧洲不同民族的性格差异。

(资料来源:丁刚.环球时报,2003年12月)

第六章　社会因素与旅游行为*

本章提要

社会因素与旅游行为之间的关系密切。本章共分为两大部分,主要探讨经济因素与闲暇时间是如何影响一个人的旅游行为的,同时对社会阶层、社会文化和家庭因素对旅游行为的影响做出详细的说明。

第一节　社会限定因素与旅游行为

一、经济因素与旅游行为

我国旅游业在"十一五"期间保持了平稳较快发展的良好势头。国内旅游人数年均增长12%,入境旅游人数年均增长3.5%,出境旅游人数年均增长19%,旅游直接就业达1350万人,旅游消费对社会消费的贡献超过10%,旅游业对我国经济社会发展的积极作用更加明显。

(一)收入水平的提高

2010年农村居民人均纯收入为5919元,剔除价格因素,比上年实际增长10.9%;城镇居民人均可支配收入为19109元,实际增长7.8%。农村居民家庭食品消费支出占消费支出的比重为41.1%,城镇为35.7%。

正是由于近年来我国居民的收入水平增长较快,人们外出旅游的热情升高,很多国家的旅游部门都把中国当做重要的旅游促销对象,展开了强大的促销攻势,带动了我国出境旅游市场的发展。而我国也正在逐步实现由旅游大国向旅游强国的转变。近些年来,随着人们生活水平的提高,外出旅行的人越来越多。我国经济持续稳定发展,人均可支配收入的增加从客观上刺激了人们外出旅游的动机。

据有关资料表明,当一个国家或地区人均国民生产总值达到800~1 000美元时,国民将普遍产生国内旅游动机;达到4 000~10 000美元时,将会普遍产生国际旅游动机。根据世界旅游组织的预测,2020年中国将成为世界上最大的入境旅游目的地和第四大客源输出国。

表6-1总结了2001~2004年我国人均GNP及同期居民外出旅游情况。

表6-1 2001~2004年我国居民旅游情况统计

年份	人均GNP(元)	总人次(亿人次)	出游率%	总花费(亿元)	人均花费(元)
2004	10 502	11.02	84.80	4 710.71	427.50
2003	9 101	8.70	67.90	3 442.27	395.70
2002	8 214	8.78	69.20	3 878.36	441.80
2001	7 651	7.84	62.20	3 522.37	449.50

资料来源:国家统计局。

(二)消费结构的变化

近些年来,随着人们收入水平的不断提高,消费结构也发生了明显的变化,花在"吃"上面的费用减少,而在教育、汽车、住房、旅游等方面的开支增加。这反映了人们的生活方式正在悄悄地发生着变化。

【相关链接】

恩格尔系数

1857年,德国统计学家恩格尔提出:一个家庭收入越少,总支出中用来购买食物的费用所占的比例就越大,这一观点被称为"恩格尔定律"。根据"恩格尔定律"得出的系数为"恩格尔系数",用公式表示为:

$$恩格尔系数 = \frac{食品支出额}{消费总支出}$$

由于吃的开支在消费总支出中一直处于优先考虑的地位,只有该层次的消费被满足后,消费才会向其他层面扩展,因此,食品支出的比重从一个侧面反映了生活水平的高低。恩格尔系数越低,生活水平就越高。联合国粮农组织提出了一个划分贫困与富裕的标准,即恩格尔系数在59%以上为绝对贫困,50%~59%为勉强度日,40%~50%为小康水平,30%~40%为富裕,30%以下为最富裕。

据国家统计局的资料显示,改革开放以来,由于收入持续快速增长,我国城镇居民家庭的恩格尔系数呈下降趋势,尤其是近年来,恩格尔系数降幅明显加快,1996~2001年间年均下降2.14个百分点。为什么近年来城镇居民家庭恩格尔系数下降加快?专家认为,主要是改革和发展的结果。城镇居民人均可支配收入的持续快速增长,食品消费支出比重下降为其他消费支出比重上升提供了可能。人们的货币支付能力大大增强,从而在满足基本食品消费的同时,有了更多的资金满足其他方面的消费,不断丰富生活内容,提高生活质量。与发达国家人均GDP1 000美元左右时的情况相比,我国城镇居民家庭的恩格尔系数,与美国和日本相当,略低于法国和英国。

由中国社科院及社科文献出版社发布的文化蓝皮书《2005年:中国文化产业发展报告》披露了2004年我国居民消费行为与生活形态调查结果。这是由中国传媒大学广告学院主办的一项关于中国城市消费者消费行为与生活形态的连续性调查,始于1995年。调查区域从最初的北京、上海、广州,发展到现在21个省会及主要城市。调查内容涉及消费者日常生活形态、媒介分析、住房、汽车、金融、保险、饮食、购物场所、家电、通信类产品、食品、饮料类产品等。样本量为每城市1 000个左右。据调查结果显示,近年来,教育、文化、娱乐服务方面的实际支出和所占比例正在居民消费结构中不断增加。最新数据显示,2003年中国城镇居民个人的全年消费性支出中,教育、文化、娱乐服务方面的支出平均是934.38元,在总的消费结构中所占比例为14.35%。人们消费结构发生了明显的变化,花在教育、旅游、汽车方面的费用增加。调查揭示的另一个现象是,城市居民相信"外面的世界很精彩",期望着多出去走走,走得越远越尽兴。调查结果显示,各个城市居民中旅游的比例均较高,并且打算旅游的比例要高于目前旅游的比例,这反映了城市居民旅游消费增长的趋势。同时,城市居民选择未来打算旅游的地区与目前旅游的地区有较大差别。在未来打算旅游的地区中,各个城市居民选择省外及海外的比例,基本都高于目前旅游地区中省外及海外的比例,这反映了城市居民对远距离旅游的较高期望。

事实证明,经济因素只是一种社会限定因素。它告诉我们,外出旅游必须具备一定的经济条件,但它并不表明人们有了钱一定会去旅游。有些人虽然很有钱,但是他们可能会把钱用在其他的方面,还有些人是因为没有足够的时间外出旅游。

二、余暇时间与旅游行为

人们要想外出旅游,除了需要经济上的保障,还需要有足够的可以自由支配的时间。根据人们的工作规律和休假制度,我们可以把余暇时间分为每天余暇、每周余暇和每年余暇。

(一)每天余暇

每天除了工作、学习外,人们通常还会有一些可以自由支配的时间。这段时间如何度过,每个人可以根据自己的兴趣、爱好自由选择。对于喜欢旅游的人来说,由于时间有限,人们只能到附近的公园散步、锻炼身体或者参加一些娱乐活动,不太适合进行旅游活动。

(二)每周余暇

以往,我国实行的是六天工作制,每周只有一天的休假时间。从20世纪90年代开始,我国对这一制度做了调整,开始实行隔周周六休息的制度,即"大、小周末",不久后又修订为每周六都放假的制度。这样对于多数的上班族来说,每周末就拥有了两天的休息时间,这使得人们利用周末外出旅游成为了可能。今天,随着交通的日渐便利和私家车数量的上升,生活在都市里的人们利用周末外出旅游的越来越多。"城市周边游"在很多地方已经成为一种时尚。

【相关链接】

"快旅慢游":京沪高铁刷新旅游模式

京沪高铁的开通,全线5小时左右的行程让北京与上海之间变成了名副其实的"短途游"。在上海工作,经常去北京出差的曾先生告诉记者,"开通京沪高铁后,这两座城市市民之间的地理距离被缩短了,心理距离也贴近了,去一趟北京就好像去隔壁串一次门"。

北京与上海作为全国两个重要的旅游客源市场,高铁带来的便捷既方便了人们的出行,同时也让高铁沿线的各地城市看到了旅游潜力。据了解,京沪高铁全线纵贯北京、天津、上海三大直辖市和河北、山东、安徽、江苏四省,连接"环渤海"和"长三角"两大经济圈,沿线四省三市人口占全国的1/4,是一个需求旺盛的中高端旅游市场。高速铁路的快速发展加上高速公路和民航体系,使"同城化效应"显露雏形,沿线城市旅游市场正日益融为一体。为了突出京沪高铁旅游"快旅慢游"的特点,沿线城市都在挖掘一日、两日为主的周末游线路,主打"深度",旅行社也纷纷为高铁游重排"菜单"。

(资料来源:http://www.chinanews.com/cj/2011/06-03/3147059.shtml)

在本案例中,京沪间快速直达列车的开通创造了新的商机,它为人们的周末旅游提供了便利,由于休闲时间的限制,人们不愿意把时间浪费在交通上面。作为旅游相关部门应该认真分析市场需求,为人们提供合适的旅游产品。

(三)每年余暇

这主要包括国家法律规定的公共假期和一些企事业单位实行的年假制度带来的假期。2007年12月14日国务院颁布了《全国年节及纪念日放假办法的决定》,对《全国年节及纪念日放假办法》做出了修改,全体公民放假的节日包括:新年,放假1天(1月1日);春节,放假3天(农历除夕、正月初一和初二);清明节,放假1天(农历清明当日);劳动节,放假1天(5月1日);端午节,放假1天(农历端午当日);中秋节,放假1天(农历中秋当日);国庆节,放假3天(10月1日、2日、3日)。虽然法定的公共假期为一天、两天、三天,但在实施中一直是通过上移下错周末的形式,形成了3天或者7天的长假。新休假制度将"中秋"、"端午"、"清明"等几个具有民族特点的节日与原有的假日制度相结合,既有利于丰富旅游产品,使得休假旅游兼顾跨区域游与区域内游,同时使旅游产品具有丰富的内涵,增大旅游产品的吸引力,以国内游带入境游,促进我国旅游业的和谐发展;另外,新的休假制度对职工带薪休假的规定有利于平衡旅游客流,使旅游消费更加合理。

表6-2 1999~2005年"黄金周"旅游人数和收入汇总

年份	春节		五一		十一	
	人次(万)	收入(亿元)	人次(万)	收入(亿元)	人次(万)	收入(亿元)
1999	—	—	—	—	2 800	141
2000	2 000	163	4 600	181	5 980	230
2001	4 496	198	7 376	288	6 397	250
2002	5 158	228	8 710	331	8 071	306
2003	—	—	—	—	8 999	346
2004	6 329	290	10 400	390	10 100	397
2005	6 902	313	12 100	467	11 100	463

资料来源:新浪网.财经.2005年8月10日,其中2005年"十一"数字为作者补充填列。

从表6-2的统计数字我们不难看出,自1999年实行"黄金周"休假制度以来,极大地促进了我国旅游业的发展,旅游人数逐年递增,旅游收入屡创新高,人们的旅游热情高涨,旅游积极性日益提高。但是,由于供给能力有限,在旅游黄金周期间,很多旅游景区人满为患,交通拥挤,服务质量下降,游客的舒适度降低,满意程度受到了很大的影响,这种状况如果得不到相关部门的重视,并下大力气加以解决,那么必将使旅游者的旅游动机受到负面影响,旅游的积极性降低,从而阻碍旅游业的健康发展。

【相关链接】

外国人带薪休假怎么休？细数各国独特的休假制度

一位华尔街资深证券交易人说,想在股市上获得成功的人,除了工作勤奋外,还要会休假。只有彻底远离瞬息万变的股市,给身心放一个假,才有可能带着更清醒的头脑和充沛的精力在股市上拼杀。国外带薪休假制度已经成为人们生活中重要的组成部分。

美国人休假自由

美国人带薪休假可以在一年中一次用完,也可以按需要分成多次使用。人事部门在对公司财务制度的管理上制定特别项目,会在支付工资时写清所剩假期的天数,帮助职工保存最终的累计资料。在这些合法假期之外,某些效益特别好的大公司还有额外的福利。比如每年增加1~4天的带薪病假,雇员可以在自己生病的时候用,也可以用于照顾生病的家人。在美国的私有企业里,管理规定各有不同。不少小公司受财力所限,希望雇员在特定时间内使用他们的假期,公司会按职工的工资对没有休假的人做经济上的补偿。如果雇员在年中被解聘、自行离职或退休,有关部门要计算此人在本年度中工作的总天数和已经用掉的假期天数,没有用完的假期应在最后一次工资中折成现金发给该职工。

德国人善于调整

按照有关管理规定,德国政府机构新员工可以带薪休假20天,此后休假天数随工龄的增加而增加,50岁以上员工每年可享受30天带薪休假。每年7月和8月是欧洲最好的休假时节。但假如所有人都选择在这个时候休假,企业和机构的工作必定受到影响。为此,德国企业和机构除安排员工休假时让孩子小的员工优先之外,还会提前两三个月确定员工休假安排,对暑期工作做出适当调整。为了缓解假期造成的交通压力,德国学校还错开时间放假。德国16个州学校的放假时间都不一样,采取轮流制。德国法律还规定,人们可以根据自己的实际情况分拆休假日期,但至少有一次休假必须达到12天。德国政府积极鼓励员工休假,对不休假的个人不给予任何经济补偿。

日本节多假也多

日本的工薪族虽然一天上班时间挺长,但他们的假日也挺多,除了星期六和星期日休息外,每个月基本上还有一两个其他假日,也就是各种纪念日。这些假日在日历上显示为红色,人们就把假日叫做"红日子"。一年中较长的假期有3次,5月份红日子最多,所以红日子再加上星期六和星期日,基本上也就是个黄金周了。8月份日本有盂兰盆节,是家庭团圆的节日。日本各公司视情况决定放假天数,约一个星期,也有的长达半月。另一次连续假期在年末年初,基本上也是各企业酌情自定休息天数,只休一两天的情况也是有的。另外,日本规定职员有"有给休假",也就是带薪休假。看工作年限决定假期长短,但有的公司老板不大愿意让员工多休假,会给休不了假的员工一定的补助。

加拿大周末大多有3天

度假,是加拿大国民的一个生活内容,就和吃饭、睡觉、买房、开车、工作、纳税一样。普通百姓家中的车库里,堆满了各种度假用品。摩托车、自行车在加拿大基本是健身度假器材,特别是后者,家家必备。时间安排上则长短结合。一个普通的周末,开上几十公里车,全家找一个自然保护区,钓鱼划船徒步,玩上大半天,算是一次旅游。花上20天,到美国佛罗里达过一个阳光灿烂的沙滩冬季,也是度假。根据各省情况不同,一般每年除双休日外,另有10至12个法定假日,都安排在星期一或星期五,这样加上双休日就拥有一个3天的假期,每年通过这种称为长周末的假日,形成多个非常便于短期旅游的短假期。根据加拿大劳动法规定,雇主每年必须给雇员带薪假期,这是员工福利的一部分。假如员工放弃带薪假,雇主要补偿年薪的4%,但依照法规,员工年薪也是随年限增长的。

澳大利亚假多期短

澳大利亚的公共假日虽然不少,但不像中国实行"黄金周"长假制度,大部分假日只有一天的时间,因此放假的前一天晚上一般是最热闹的时候。公共假日一般是全民放假,但一些必须营业的部门,如大型日用品超市则会适当地缩短营业时间,这时坚持工作就可以拿到两倍甚至三倍的工资。但澳大利亚当地人一般都宁可不要双倍甚至三倍的工资,而选择休假。澳大利亚实行的是"带薪假期"制度,除了公共假日外,澳大利亚公民每年至少有20天的带薪休假,还能获得相当于平时工资17.5%的奖励工资。

欧盟每年至少4周带薪休假

欧盟要求所有成员国要保证每年最少4周的带薪休假,包括全职职工和非全职职工。事实上,不少国家的休假天数高于4周。热爱生活的法国人,是带薪休假制度的最初发起者。早在1936年,法国政府就明确提出所有法国人每年都应该有享受带薪假期的权利。现在,法国的带薪休假已经多达每年6周了,而且他们每周的工作时间也降到了40小时以下。法国人把休假看做不可侵犯的权利。他们总能以最悠闲的方式度过假期。

芬兰的工薪阶层有6周的法定带薪休假。工会确保职工不必担心因为休长假而丢掉工作。芬兰政府还要求雇主向休假人提供额外的津贴,以保证他们有足够的钱外出旅行或消费,而不是只能在家中消磨时光。

在瑞典,政府推出了一项新的劳动管理政策,那些自愿脱离工作岗位、休12

个月长假的员工,可以领取85%的失业保险金。这恐怕是世界上最舒服的带薪休假了。

(资料来源:宗禾.齐鲁晚报,2011年10月2日)

第二节　社会决定因素与旅游行为

一、社会阶层与旅游行为

社会阶层是一种分清人们在社会上所扮演角色的等级系统。它反映了不同职业、收入水平和教育背景下,人们在社会上所处位置的差别。

新中国成立后,我国的政治、经济和生活都发生了很大的变化,社会阶层也随之发生了相应的改变。江泽民同志在纪念中国共产党成立80周年的讲话中,在谈到扩大党的群众基础时,首次提出研究社会阶层结构变化的问题。近些年来中国社会阶层究竟发生了哪些方面的变化?社会阶层应该如何重新划分?中国社会科学院承担了"社会阶层报告"这项重大研究课题,并于2001年12月11日公布了《当代中国社会阶层研究报告》,对当代中国社会阶层变化发展状况进行了分析。

(一)社会阶层划分的理论依据

社会阶层是随着社会经济、政治的发展而发展的。新中国成立后,我国逐步形成了工人阶级、农民阶级和知识分子阶层组成的社会结构。1978年改革开放以来,中国社会发生了更为深刻的变化,经济体制的转轨和现代化进程的推进,促使中国社会的阶层发生了结构性变化。原来"两阶级、一阶层"的社会结构开始分化,农业劳动者不断向其他社会阶层流动,农业劳动者阶层逐步缩小;商业服务业员工的数量则有所上升;产业工人随着农村工业化的发展也有明显上升;社会中间阶层迅速扩张;掌握和运作经济资源的阶层也正在兴起和壮大。

新的社会阶层逐渐形成,各阶层之间的社会、经济、生活方式及利益认同的差异日益明晰,以职业为基础的新的社会阶层分化机制逐渐取代过去以政治身份、户口身份和行政身份为依据的分化机制。

经过多年的改革开放,中国原来的阶层发生分化,新阶层已经形成和壮大;与发达国家相比,现代化社会阶层结构的基本构成成分在中国已经具备,凡是现代化国家所具备的社会阶层,都已经在中国出现,其中最引人关注的是出现了一个不断扩大的社会中间阶层和企业家阶层;但中国现代化的社会阶层结构还只是雏形。主要体现在:目前我国农业劳动者阶层规模过大,社会中间层规模太小,社会阶层发展存在区域不均衡。

新的社会阶层划分的标准是依据各个阶层对组织资源(政治资源)、经济资源、文化资源的占有情况。按照这个标准,可以将我国现代社会划分为十个阶层:国家与社会管理者阶层,经理人员阶层,私营企业主阶层,专业技术人员阶层,办事人员阶层,个体工商户阶层,商业服务人员阶层,产业工人阶层,农业劳动者阶层,城乡无业、失业、半失业者阶层。

(二)当代中国十大社会阶层

1.国家与社会管理者阶层:指在党政、事业和社会团体机关单位中行使实际的行政管理职权的领导干部。目前,这一阶层在整个社会阶层结构中所占的比例约为2.1%。中国的社会政治体制决定了其高地位。

2.经理人员阶层:指大中型企业中非业主身份的高中层管理人员。这一阶层在社会阶层结构中所占的比例约为1.5%,目前还在发展之中。这个阶层是市场化改革最积极的推进者和制度创新者。

3.私营企业主阶层:指拥有一定数量的私人资本或固定资产并进行投资以获取利润的人。就全国而言,私营企业主阶层在社会阶层结构中所占比例约为0.6%。这一阶层的政治地位无法与其经济地位相匹配。

4.专业技术人员阶层:指在各种经济成分的机构中专门从事各种专业性工作和科学技术工作的人员。目前,专业技术人员在社会阶层结构中所占比例约为5.1%。这一阶层是维护社会稳定和激励社会进步的重要力量。

5.办事人员阶层:指协助部门负责人处理日常行政事务的专职办公人员。在目前的中国社会阶层结构中所占比例大约为4.8%。这一阶层是现代社会中间层的重要组成部分,是社会阶层流动链中的重要一环,未来十几年其人员比例将会有明显提高。

6.个体工商户阶层:指拥有较少量私人资本(包括不动产)并投入生产、流通、服务业等经营活动或金融债券市场而且以此为生的人。根据国家工商部门的登记数计算,目前,个体工商户阶层在整个社会阶层结构中所占比例约为4.2%,但该阶层的实际人数比登记人数多得多。这一阶层是市场经济中的活跃力量。

7.商业服务人员阶层:指在商业和服务行业中从事非专业性的、非体力的和体力的工作人员。目前,商业服务业员工阶层在社会阶层结构中所占比例约为12%。这一阶层与城市化的关系最为密切。

8. 产业工人阶层：指在第二产业中从事体力和半体力劳动的生产工人、建筑业工人及相关人员。目前，整个产业工人阶层在社会阶层结构中所占的比例约为22.6%，其中农民工占产业工人的30%左右。经济改革以来，产业工人阶层的社会经济地位明显下降，使得这一阶层的人员构成发生了根本性的变化。

9. 农业劳动者阶层：这是目前中国规模最大的一个阶层，是指承包集体所有的耕地，以农（林、牧、渔）业为唯一或主要的职业，并以农（林、牧、渔）业为唯一收入来源或主要收入来源的农民。由于这个阶层几乎不拥有组织资源，所拥有的文化资源和经济资源往往也低于上述所有阶层，所以在整个社会阶层结构中的地位比较低。

10. 城乡无业、失业、半失业者阶层：这是特殊历史过渡阶段的产物，是指无固定职业的劳动年龄人群（排除在校学生）。这一阶层目前在整个社会阶层结构中所占比例约为3.1%，其中的许多成员处于贫困状态。目前，这一阶层的数量还在继续增加。

（三）同一阶层消费心理的相似性

在同一个社会阶层中，由于人们的职业、收入、教育背景等方面有很强的相似性，因此，在消费倾向性方面也有许多共同之处。比如，2004年9月，我国正式开放了欧洲游市场。从报名参团游客的背景来看，以中高层收入的人居多。为此，旅游企业开发了面向高端客人的产品，以满足这部分人的特殊需求。2005年7月27日，国内最大的在线旅行服务公司"携程旅行网"于上海威斯汀大酒店对外宣布：首批面向高端散客自由行市场的系列"顶级度假产品"已正式推出并上线。据了解，首批推出的"顶级度假产品"系列由携程旅行网指定的合作供应商携程翠明国旅和北京携程国旅提供并负责具体操作，系列"顶级度假产品"包含国内的三亚、香格里拉，南亚的马尔代夫，泰国的普吉、曼谷，印尼的巴厘岛，马来西亚的兰卡威、沙巴、吉隆坡，以及中国香港、新加坡等海内外知名的度假胜地。在所有的"顶级度假"旅程中，携程选取最顶尖的酒店提供给游客，游客全程入住目的地最为豪华、顶尖的五星酒店，享受世界顶级酒店提供的一流服务。

（四）同一社会阶层消费心理的差异性

虽然是属于同一社会阶层，但是其成员在旅游购买行为、旅游方式的选择方面还是存在着明显的差异。以个体工商户阶层为例，在这个阶层当中，不乏有一些人通过自己的经营取得了可观的经济收入，但是在如何来花这些钱，也就是在消费行为方面的差别还是比较大的。他们当中有的人是把钱用来消费了，比如选择出国旅游，而有的人是用来储蓄或进行投资了。这说明即使在同一社会阶层，不同的人在消费心理方面还是有一定差异的。

（五）不同社会阶层消费心理的差异性

不同社会阶层在收入水平、受教育程度、职业方面的差别决定了他们在消费行为方面也存在着明显的差异性。以受教育程度为例，受教育程度不同，人们的思想观念、对新鲜事物的接受能力就会有所不同。一般来讲，人们受教育程度越高，对旅游的兴趣越大，越容易接受各种新的旅游产品。他们认为外出旅游能够丰富阅历，增长知识，开拓视野，因而乐此不疲。不同社会阶层的人，在出游目的地、住宿设施、交通工具的选择方面都有一定的差别。一般来说，处于高阶层的人喜欢选择那些富有身份象征意义的地点和高等级的饭店，在交通工具选择方面也更倾向于选择飞机，他们追求的是舒适和享受。而对处于相对较低层次、特别是那些低收入的人来说，外出旅游主要是参观游览，因此他们在交通工具、住宿设施的选择上会反复比较，精打细算，尽量节约每一笔开支。

（六）不同社会阶层消费心理的相似性

处于不同社会阶层的人在社会背景方面虽然有差别，但是在消费心理方面也存在着一定的相似性。在现代社会中，大众消费行为会相互影响。另外，人们的生活水平都在各自层次上有所提高，旅游也逐渐发展成为一种社会时尚，并在很多人群中流行。不管是工人还是农民，或者是个体工商业者，每个人在工作、劳动之余都有放松身心的需要，而旅游能够满足人们调节生活节奏的需要。

二、家庭与旅游行为

家庭是社会成员各自生活的基本单位，是社会的细胞。家庭的结构、形态、经济条件、父母的文化背景等都会在一定程度上影响人们的旅游观念与行为方式。在旅游活动中，许多旅游者就是以家庭为单位外出旅行的。特别是在黄金周期间，人们举家出游的比例正在呈逐年上升的趋势。

（一）家庭生命周期与旅游行为

家庭生命周期，是指一个家庭从"青年"时期到"中年"、"老年"整个经历的生命过程。在这个过程中，随着家庭成员数量的增减，整个家庭的旅游行为也会发生相应的变化。

1. 单身贵族——年轻单身家庭

这个阶段的年轻人，由于经济独立，身体状况好，又没有家庭的负担，行动自由，容易外出旅游。年轻人喜欢交友、娱乐，求新求异的心理较强，因此，探险、攀岩、蹦极等时尚的旅游活动深受他们的喜爱。

2. 二人世界——年轻已婚无子女

这个阶段又称为蜜月阶段，它一般会持续一两年的时间。但是现在，这个时间正被延长，因为很多年轻人由于事业、生活方面的考虑推迟生育的时间，甚至很多家庭不准备要孩子。因此"丁克家庭"的数量在许多大城市逐渐增加。

这个阶段的年轻夫妇由于没有生活上的拖累，压力较小，而身体条件相对来说较好，比较适合外出旅游，但是，很多人由于工作方面的原因，可以自由支配的时间较少，这在一定程度上抑制了他们外出旅游的积极性。现在有的单位开始实行弹性工作制和年假制度，这给年轻人外出旅游提供了时间上的保证。年轻人往往喜欢浪漫的旅游经历和感受，好奇心强，喜欢探险。一些具有神秘色彩的旅游目的地，往往能够受到他们的青睐。

3. 满巢期

在这个阶段，由于有孩子的拖累，年轻父母会把主要的精力放在孩子的生活和教育上面，外出旅行要受到很大的限制。即便是有旅游活动，也要考虑孩子的需要和兴趣。在旅行距离上一般不会太远，根据孩子成长的进程，会选择一些以教育为目的的旅游活动，如参观科技馆、海洋馆、儿童公园、动物园以及支持孩子参加夏令营，等等。另外，由于有繁重的课业压力，孩子在寒、暑假里可以自由支配的时间越来越少，外出旅行的机会也相对较少。即便如此，一到寒、暑假，还是有很多家长不惜花费重金，送孩子参加各种以学习为目的的夏令营活动，也给假期旅游市场增添了活力。

4. 空巢期

在这一阶段上，家庭中的子女已经成家立业，开始了自己的生活，只剩下老年的夫妇，而老年人在这个阶段退休离职，有很多自由的时间，再加上我国社会保障体系的不断完善，城镇的老年人有自己的退休金，可以实现年轻时由于工作忙而没能外出旅游的心愿。随着老年人口的不断增加，社会老龄化的程度越来越高，开发市场的潜力巨大，因此也得到了许多旅行社的重视。

5. 孤独期

在这个阶段，老年夫妇中有一方故去，家里只剩下单身的老人，很多年轻人为了体现对父母的孝心，帮助老人排遣寂寞，常常专门抽时间陪老人或是给老人出钱，鼓励他们外出旅游。这一切都带动了老年旅游市场的发展。

(二)家庭形态与旅游决策

在现代社会中，典型的家庭形态有三种类型：夫妻式（丈夫、妻子）、核心式（丈夫、妻子和子女）、延续式（三代或三代以上同堂），其中以核心式的家庭最为常见。

家庭形态对旅游决策的影响主要取决于家庭每个成员在家庭中的地位和作用。家庭成员在家庭中的地位和作用不同，对家庭旅游决策会产生不同的影响。从一个人对决策是否起主导作用以及实际的决策是个人做出的还是共同做出的角度分析，可以将家庭决策类型分为以下几种。

1. 丈夫起主导作用的决策,即丈夫对决策起主导作用并在事实上做出最后的选择。

2. 妻子起主导作用的决策,即妻子对决策起主导作用并在事实上做出最后的选择。

3. 双方商量,一方决定。这种决定双方都施加了相当大的影响,但最后的决定是由夫妇双方的一方做出的。

4. 共同商量,共同决定。这种决定是夫妇双方共同做出的,双方在决策过程中都起作用,但是任何一方对决策都没有明显地起主导作用。

除了上述四种家庭旅游决策类型外,子女起主导作用的决策类型也不容忽视。在我国,独生子女在家庭中的地位和作用是相当重要的,很多决策都是以子女为中心做出的。长辈们大都愿意为孩子的成长和教育投入巨额的资金,即便是并不富裕的家庭。因此,一些以教育和成才为主题的旅游项目,最能够打动家长的心。而且孩子们一般都有假期,时间上有保证,这为一些夏令营产品的推出提供了方便。

当然,随着社会的发展,家庭形态也发生了新的变化,除核心家庭外,其他非核心化的小家庭式样,如空巢家庭(只有老人没有孩子的家庭)、丁克家庭(即夫妻都有收入、无子女的家庭)、单身家庭、单亲家庭等,正在构成我国家庭结构的重要内容。因此,在市场细分的基础上,要有针对性地对这些人群开展促销宣传工作,并提供特色服务,才能赢得市场。

三、社会文化与旅游行为

在现代社会中,国家与国家之间的交流日趋频繁,不同社会文化相互影响、相互作用,形成了一幅五彩缤纷的图画。国际间交往的增加,加速了文化之间的交流与融合。不同民族、不同地区、不同国家之间的人们交往的机会越来越多,其中旅游就是一种很好的文化交流的方式。从人们旅游行为表现的差异就能够折射出一个国家、地区的社会文化。社会文化包罗万象,内涵十分丰富,以下仅从三个方面做一个简单的说明。

(一)旅游观念方面的差别

俗话说"一方水土养育一方人"。不同国家、地区的社会文化也有很大的差异。中国人的旅游观多体现为"天人合一"的思想,也就是强调人与自然相融、相合、相亲,是一个和谐的统一体。这种传统思想一直流传下来,在许多人文景观的风格上都有鲜明的体现。如我国的许多寺庙、道观大都建在自然环境非常优美的山上,或是隐蔽在苍松翠柏之间,一方面远离尘世,另一方面实现与自然的融合。而且中国的古代建筑中,宫殿、庙宇、城楼的顶部,没有尖,不指向天,而是大屋顶,这个巨大的屋顶都是与上天平行的,甚至在中部还有些下凹的样子,这是华夏文化"天人协合"的体现。

而西方人的观念是战胜自然、征服自然,西方的一些建筑,特别是一些教堂,都有一个尖顶,直直地冲向上天,它要"欲与天公试比高",它是奋斗、向上、索取的象征,它表达人们"向自然索取是我们的任务"的思想,它是一种"征服自然"的气派。基辛格博士认为,中国人的"敬天"思想,是人类最美好的思想之一,是最好的环保思想。这当然是文化。

(二)旅游思维方式方面的差异

中国人喜欢感性思维,往往会"触景生情",是"浪漫主义者"或"联想主义者",见松树想起崇高、长寿、见柏树想起高尚和学者;见鸳鸯便想起恋人……同时还会寄情于景,借景抒情。他们眼中的景物会因不同的境遇而不同。比如说唐代的大诗人王维就有"明月松间照,清泉石上流"的佳句,李白更有"举杯邀明月,对影成三人"的千古绝唱。而在西方人的头脑里则充满了理性思维,他们的观念是:风景就是风景,建筑就是建筑,人只是人,三者之间不存在共同感情因素。这一点在景观设计方面体现得淋漓尽致。比如说同样是园林,中国的园林,尤其是苏州园林,通过各种造园的方法:如借景、抑景、障景等体现的是一种欲扬先抑、曲径通幽的意境;而西方的园林则一览无遗,中间是人工湖,两边是树林,再穿插大片的草坪。人工痕迹明显,人工湖、草坪和树林无不整整齐齐。

(三)中国景观和西方景观欣赏角度和方法不同

首先,西方的景观和中国的很不相同,长期以来,也造成了人们欣赏景观的态度不同。东方的景观和文化喜欢创造一种意境、一种气势,它需要人们流动地去欣赏,才能见其宏伟;而西方的景观和文化喜欢创造一种典雅和精美,欣赏者不必流动,可定点观看。

中国人游览故宫,欣赏时处于流动过程,这个过程之间,都有连接造势的作用,只有从端门开始,经过午门、太和门……一直走到太和广场,待到太和殿,封建时代的官员们才会不由得腿发软,跪了下来,形成了一种"不睹皇居状,安知天下尊"的意境。

当我们游览西方的代表建筑——法国的凡尔赛宫时,我们可以像欣赏一座雕刻作品一样地去细细品味,欣赏其典雅和精美,欣赏者基本上不需太多流动,只要处在一个固定点上,就可观察得细致,欣赏到好处。中国人欣赏景观不仅在平面上流动,有时还要超过平面登高远望,而且有时索性到景观之外去观景观,这就叫"欲穷千里目,更上一层楼","不识庐山真面目,只缘身在此山中"。而西方人在欣赏景观时坚持"要想看得清,必须走当中","先用步子量,再画几何图形"。

所以我们在欣赏西方景观时，也应注意采用他们这种定点的、量化的、细致的方法，可能就会欣赏到其景观的典雅与精美，而走马观花是不行的。

【相关链接】

中西方欢乐文化的差异

欢乐是人类的普遍情绪，是人类的共同心理体验。千百年来，世界各地的人们通过各种不同的欢庆活动体验欢乐的感觉，表达欢乐的情绪。日积月累，在人们年复一年的欢庆活动中，逐渐积淀形成了内涵丰富的欢乐文化。欢乐文化作为社会文化的一部分，包含着一个民族历史形成的性格、心理、信仰、观念、思维方式、审美情趣以及价值取向，带着深深的民族文化烙印。众所周知，中国传统文化与西方文化迥然不同，这也决定了中西方欢乐文化内涵存在巨大差异。传统节庆活动是集中体现各民族传统文化的窗口，通过这个窗口，我们可以了解中西方传统欢乐文化的一些明显差异。

首先，中西方欢乐文化蕴涵的心理期盼不同。中国人通过节庆活动企盼丰收、享受喜悦，而西方人则更偏向借此发泄个人情绪、张扬个体人格。

中国的封建社会绵延上千年，"男耕女织"的生活方式源远流长，农业生产状况、农作物生长情况一直是老百姓心理情绪的"晴雨表"。因此，中国传统节庆活动都是依照农历上的节令产生的，人们通过丰收农闲时的这些欢庆活动祭祀日月星辰，庆祝五谷丰登，祈求来年风调雨顺。代表中国人欢乐极致的节庆——"年"就是典型。按照古书记载，"年"本身就包含有五谷大熟、丰收的意思。每到农历"年"关，天寒地冻，万物休眠，忙了一年的人们，纷纷放下手上的农活，开始祭祖祈年、敬奉土地、拜年贺喜、休养生息，人们还自发组织起来，通过丰富多彩的文娱活动，表达丰收的喜悦情感。这种风俗一直流传至今。

在西方，人类社会早期的节庆活动也具有企盼丰收的性质。后来，由于基督教等宗教的兴起和普及，由于工业社会商品经济取代了农业经济，敬土祈收的传统节庆习俗逐渐被人们淡忘，取而代之的是各种宗教意识衍生出来的节日，例如圣诞节、复活节、万圣节等。在宗教教义和近代西方"人本主义"的影响下，人们更偏向于把节庆活动当成缓解压力和情绪发泄的通道。在节庆期间，人们往往打破平时森严的地位界限，撕掉一本正经的面目，发泄平时压抑的情绪和紧张的压力，还原人本来的原始的面貌，张扬个性，追求个人的心理和生理的极大满足。

其次，中西方欢乐文化的表达方式不同。中国人喜欢采用家族团圆、和谐、温和的方式表达欢乐之情，而西方人则更强调个体的舒适和满足，表达欢乐的方式多为直接、纵欲、粗放的风格。

中国人向来讲究含蓄深沉，"温柔敦厚"，"发乎情，止乎礼仪"，"乐而不淫，哀而不伤"，提倡以克制的心态发泄欢乐情绪。中国人还强调"有福同享"、"独乐乐不如众乐乐"，注重多人之间分享欢乐、传播欢乐。综观中国传统节庆活动，大多展现出中华民族强烈的宗族家庭观念和社会群体观念，例如除夕之夜的年夜饭，春节期间的寻亲问故，中秋佳节的团聚，重阳节的敬老等，无不突出人与人之间感情沟通、情绪传递的同乐氛围。就连现在，我们也经常说举国同乐、普天同庆，这就是对中华民族传统欢乐文化的传递和继承。

西方的欢乐文化十分注重个人性格的张扬与个人情感的表达。风靡欧美各国的狂欢节（英文名为 carnival，相传起源于古希腊的酒神节，也称"嘉年华"）最能淋漓尽致地体现这一文化特点。节日一到，处处张灯结彩，大街小巷上填满了狂热的人群，彩车游行，锣鼓喧天，人们或者身穿色彩艳丽的奇装异服，或者在身上涂满五彩斑斓的油彩，或者戴着形态独特的面具，极力地显示自己的个性，吸引他人的关注。游行队伍里的人们不分男女老少，不分贫穷富有，谁都可以毫无忌惮地疯狂跳舞、拼命唱歌，充分张扬自我，让自己享受极致的欢乐，而不必在乎别人是否感同身受。再譬如西方的情人节，纯粹是两个情侣之间的节日，与其他任何人无关。在这个节日里，除了相爱的两个人，除了爱情，不需要任何其他的人，也不需要任何其他的东西来填充或升华。

最后，中西方欢乐文化所追求的理想不同。中国人的欢乐是建立在民族国家的命运和前途之上，以实现全民族的幸福为理想的欢乐。在宗教尤其是基督教的影响下，西方人追求欢乐，更多的是通过忏悔、内省和宣泄以求个体灵魂的洁净和个人感情的升华，它更重视个人价值的实现和个人幸福的追求。

从孟子的"独乐乐与众乐乐，孰乐"，到范仲淹的"先天下之忧而忧，后天下之乐而乐"，杜甫的"安得广厦千万间，大庇天下寒士俱欢颜"，再到中国近现代史上不胜枚举的先驱英烈，他们为追求中华民族的光明前景和中国人民的幸福生活所做的不懈的探索和努力，我们可以知道，中国传统的欢乐文化往往是与全民族共同的命运、与民族的进步和发展紧密相连的。没有国，哪有家？没有普天同庆，哪有个人幸福？中华民族的独立自主、繁荣富强才是每个中国人最大的欢乐。

在西方，欢乐文化强调个体的心理体验和感受，欢乐往往只跟个人有关。古时候，《圣经》就告诉人们，上帝创造了人，并赋予每个人灵魂，个人只对上帝负责，这使得人们产生了强烈的个人存在意识。随着一系列宗教革命、文艺复兴运动的兴起和经济社会的迅速发展，个人的这种意识又演变为灵魂的自决权和个人的神圣性。不断高涨的个人主义精神，积淀成一种深厚的文化心理根基，影响着西方人的思想观念和行为方式。因此，西方人的欢乐更多的指个人通过奋斗努力，克服了人的恶念，升华了感情，实现了自己的理想和价值，得到了肉体和精神的满足感和愉悦感。

  中西方欢乐文化有着各自不同的特点,两者的差异远远不止以上谈到的三点。事实上,这两种欢乐文化各有所长,没有孰优孰劣之分。在经济全球化步伐加快的今天,我们不能闭关锁国,在发扬光大我们自己传统欢乐文化的同时,也要汲取西方欢乐文化中的精华部分为我所用。目前,中国经济社会迅速发展,中西方经济文化交流日益频繁,中国传统欢乐文化开始走出国门,向世界展示其独特的魅力,中国老百姓也开始了解西方欢乐文化的迷人之处。中西方的欢乐文化互相渗透,互相融合,这是两种文化紧跟时代潮流、永葆生命活力的一大福音。

  (资料来源:国际在线)

第七章 旅游服务心理概述

本章提要

旅游服务心理是旅游心理学研究的一项重要内容。本章首先探讨旅游服务中客我交往的含义、客我交往的特殊性以及旅游企业服务人员在客我交往中应该采取的主要心理策略,然后分析讨论旅游服务过程中客人的主要需求心理。

"服务"一词的基本含义是"为他人做有益的事情"。服务不仅包括为客人解决实际或具体的问题,而且包括满足客人心理上的需要。服务虽然无法触摸,但由于它能给消费者提供一定的利益,因此,服务提供者可以通过交换而获得报酬。对于消费者而言,由于服务的特殊性,因而购买服务比购买物质产品有更大的风险。旅游服务是旅游业的基础,它蕴含在旅游业构成的各个方面,贯穿于旅游活动过程的各个环节,体现在旅游者吃、住、行、游、购、娱等诸方面。旅游服务心理的研究目的就是在了解旅游者心理需要及心理特征的基础上,结合旅游服务活动的特殊性,探讨旅游服务过程中旅游者和旅游服务人员之间的心理互动规律,以提高旅游服务质量,进而促进旅游业的发展。

【案例分析】

服务的双重性

一位客人乘出租车来到某饭店门口,饭店的门卫替他打开车门,客人从车里出来,门卫又替他从出租汽车后备箱里拿出沉重的行李,并且替他提着行李,把他送进饭店里。过了一会儿,另外一位客人空着手朝饭店走过来,饭店的门卫冲客人露出了热情的微笑。

本案例中,该饭店门卫为两位客人都提供了服务。他为第一位客人提供的是功能服务,即为客人解决了实际的问题;而为第二位客人提供的是心理服务,即能让客人获得心理上的满足的服务。旅游企业服务人员在工作中,应注意提供两方面的服务,以满足客人的需求。

第一节 服务中的客我交往

旅游活动中的人际交往大致有三类:一种是服务人员与客人之间的交往,称之为"客我交往",这是旅游工作中人际交往最典型、最有价值的;第二种是客人之间的相互交往,在通常情况下此类交往发生频率较低;第三种是员工之间的交往。服务工作是"与人打交道"的工作。要做好服务工作,就必须研究与人打交道的学问。这一节我们主要探讨第一种情况,即服务人员与客人之间的交往。

一、客我交往的含义及形式

(一)客我交往的含义

所谓客我交往,是指旅游服务人员与游客之间为了沟通思想、交流感情、表达意愿、解决在旅游活动中共同关心的某些问题,而相互施加影响的各种过程。它是旅游服务存在的条件和方式,没有客我之间的交往也就不可能有旅游服务。

(二)客我交往的类型

在旅游活动中客我交往是普遍存在的。不论是服务人员独自解决问题,还是同游客发生联系,对服务人员来说,都包含有交往的因素(明显的或不明显的),决不是孤立的活动。"客我交往"的类型分为直接交往和间接交往两种。直接交往可以理解为运用人类自然交际手段(语言、面部表情、身体语言),面对面地心理接触。间接交往是借助于书面语言、大众传播媒介或通信技术手段所形成的心理接触。直接交往的优点是反馈迅速而清楚,间接交往的反馈联系一般来说则比较困难,故而心理学家通常把直接交往简称"交往",而把间接交往称为"沟通"。

直接交往必须具备一定条件才有可能进行：交往双方的一方想发出某种信息，另一方想收到这种信息；交往双方期望获得一定的效果；交往双方都有意无意地注意力争达到相互了解，双方各自支配着对方的反应。在旅游服务中，两种交往形式同时存在，多以直接交往为主，它是影响服务效果的主要因素。

二、客我交往的特殊性

在旅游服务中，由于旅游服务人员的特定角色以及客人所处的特定地位，决定了旅游服务与一般服务的不同，其特殊性决定了客我交往具有不对等性、短暂性、表面性、个体与群体的兼顾性等特点。

（一）不对等性

这是由旅游服务活动本身的特性决定的，也是旅游人际关系的基本特点。它是指旅游活动中客我交往和人际关系的产生与发展必须以旅游者的需要为出发点。

一般来说，人际交往是以交往双方的相互吸引为基本出发点的，交往双方必须在人际关系的保持中体会到一种愉悦感才能使交往得以进行。而旅游服务中的客我交往则不具有这种对等性，尤其是对于旅游服务人员来说。在旅游服务交往中，旅游者也许可以凭自己的兴趣决定对某一旅游服务人员的交流，但旅游服务人员则不可以凭兴趣决定是否对某一旅游者进行服务，双方在接触过程中只有客人对服务人员下达指令、提出要求，而不存在相反的过程。不对等接触也表示旅游服务人员必须服从和满足客人的意愿。

客我交往的这种不对等性并不是说旅游服务人员在人格上劣于旅游者，因为人与人之间是平等的，但角色与角色之间有时并不能"平起平坐"，这种不对等是由服务人员所充当的社会角色所决定的。服务作为一种经济交往来说具有自身的特性，旅游服务人员作为服务提供的执行者必须以服务的宗旨来限定自己的行为。

（二）短暂性

旅游活动是一种短暂的闲暇活动。它为个体提供一种休息和调整的机会，一般不会成为个体人生的主要活动。因此，旅游者在一个旅游目的地的停留时间通常不会很长，一般只有几天时间，甚至只有几个小时。这使旅游者和旅游服务人员的人际交往具有短暂性的特点，客我之间相互熟悉了解的机会也随之减少，二者形成的人际关系也不稳定。因此，通常所讨论的人际关系影响因素并不完全适合旅游人际关系，进行良好的客我交往必须考虑到这一特性。

（三）表面性

旅游服务中客我交往的不对等性和短暂性的特点决定了旅游人际交往的表

面性。在一般情况下,服务人员与客人的接触只限于客人需要服务的时间和地点,相互间的接触只限于公务而不涉及个人关系,二者不可能也没有必要对交往对象进行深入、全面的了解,更不可能了解对方的全部历史,两者的交往是围绕服务和被服务展开的。

(四)个体与群体的兼顾性

旅游服务中,一般来说服务人员接待的是一些个性相异、具有不同旅游动机和消费行为的旅游者,因此,在客我交往中必须依据每个旅游者的个体特征向他们提供服务。但旅游活动是一个复杂与特殊的现象,也有一些同一社会阶层、相同或类似职业、相同文化、同一年龄层次的人聚集在一起组成同质旅游团,在旅游活动过程中便出现从众、模仿、对比等群体消费特征。因此,旅游服务人员在客我交往中还必须注意个体与群体的兼顾。

三、客我交往的基本心理策略

凡是同人打交道的工作,都要针对具体对象分别进行工作。旅游服务工作当然也不例外。旅游服务人员要想增进客我交往,通过客我交往使客人对旅游服务产生良好的回应,关键取决于游客的状态、服务人员所具有的状态及双方相互配合的效果。

(一)自我状态的三个声音

加拿大临床心理医生埃里克·伯恩博士(Dr. Eric Berne)在其专著《人们玩的游戏》一书中,提出了一种新的人格结构理论。该理论认为,一个人的个性包括三个主要组成部分,即儿童自我状态(Child State)、父母自我状态(Parent State)和成人自我状态(Adult State),每种自我状态是思维、情感和行为的单独来源。在任何情境里,人们的行为都会受到人格的三种组成部分或其中一部分自我状态的支配。

1. 儿童自我状态

儿童自我状态是一个人最初形成的自我状态,是一个感情用事的行为决策者。儿童自我状态通常表现为两面性,即服从式和自然式,前者具体表现为尊重、顺从的行为,后者则具体表现为冲动、任性的行为。它不会根据社会的、他人的利益和自己的长远利益来考虑"合理不合理"、"应该不应该"的问题,而只是考虑"喜欢不喜欢"和"高兴不高兴"的问题。儿童自我状态负责人们完全不受压抑的、表面可笑的、天真烂漫的行为以及自然的言行。每当一个人感到自己需要什么东西时,他的儿童自我状态就会表达他的愿望,如"我还想吃一块糖"、"我不知道"、"你看这怎么办"等。

2. 父母自我状态

父母自我状态是人们通过模仿自己的父母或其他在其心目中具有父母一样的权威人物而获得的态度和行为方式,是一个照章办事的行为决策者,他的"章程"就是头脑中所记录的那些由权威人士提供的行为准则。父母自我状态提供一个人有关观点、是非、怎么办等方面的信息。它支配人们有关批评、教诲、指点、教训及道德方面的行为,并为人们立下规矩。父母自我状态同样具有两面性:一方面是慈爱型的家长行为,如同情、安慰:"小姐,请别担心,我来帮您询问一下。"另一方面是威严型的家长行为,如批评、命令:"你应该……"、"你难道连这样的常识都不懂吗?"

3. 成人自我状态

成人自我状态是人格中支配理性思维和信息的客观处理的部分,是一个面对现实的行为决策者。它既不像"儿童自我"那样感情用事,也不像"家长自我"那样只会照章办事,它善于独立思考,根据实际情况做出明智的选择。它掌管理性的、非感情用事的、较客观的行为。当一个人的成人自我状态起主导作用时,他待人接物比较冷静,处事谨慎,尊重别人。在这种状态支配下的人,说话办事逻辑性强,喜欢探究为什么、怎么样等,如客人对服务员说:"等我们商量一下再答复你吧! 谢谢!""请问,你们这儿有咖啡厅吗?"

在一个健康人身上,三种自我状态都发挥作用。在人们的实际交往过程中,会因情境和个人身份、涉及事物等情况的不同,而出现不同的自我状态。

(二)客我交往的基本心理策略

1. 努力保持平行性交往

平行性交往也称心态互补性交往,其特点是双方在交往过程中,符合对方的心理需求,双方情绪愉快,关系融洽,继续交往容易。在这种交往中,旅游者发出交往信息后,旅游服务人员的反应行为符合旅游者的意愿,双方能形成一种融洽的旅游人际关系。平行性交往主要有三种类型:成人型—成人型、家长型—儿童型、儿童型—家长型。

成人型与成人型的交往,即当客人以成人型状态出现时,旅游服务人员也以成人型状态与其交往,双方都以理智为特征,可以互相满足对方的心理需求,是最理想的交往形式。如客人对服务人员说:"小姐,请给我拿一瓶水。"服务员回答:"好的,请稍等。"又如,客人:"既然你们现在在东侧没有房间,就先暂时这样吧,等你们一旦在东侧有了空房,就请及时为我调整一下。"服务人员:"好的,先生,一旦东侧有了空房,我们马上为您调整。"

家长型对儿童型的交往中,旅游者表现出命令式的行为,旅游服务人员则以一种服从式的行为进行反应。如客人说:"拿两只空杯来。"服务员回答:"好的,我马上去拿。"虽然客人以父母自我状态对待员工,语言上不太礼貌,但服务人员决不能以"自己去拿"等回复,而首先要满足客人的心理需求,而后再引导其有礼貌的行为。

儿童型对家长型的交往中,旅游者表现出服从或自然的幼儿行为,旅游服务人员则表现出慈爱式的家长反应行为。如游客叫道:"我好累呀。"导游人员安慰道:"赶快找个地方坐一会儿,休息一下吧。"

客我交往的另一种模式是交叉性交往,也称心态非互补性交往,指旅游服务人员的反应行为不符合旅游者的意愿,双方情绪不愉快,旅游人际关系紧张,甚至中断。这种交往模式主要有四种类型:成人型—家长型、家长型—家长型、成人型—儿童型、儿童型—儿童型。在旅游服务交往中,服务人员应该时刻牢记自己的职责,不管客人采取什么样的交往方式,有什么样的心理需要,都必须保持平行性交往,只有这样,才有利于问题的解决。

2.注意引导旅游者成人型交往

在家长型、成人型和儿童型三类心理状态中,如果旅游者处在家长型的心理状态,采取命令式的固执行为,旅游服务交往会显得相当别扭,旅游服务人员当然也不能一味地听从。如果旅游者处在儿童型的心理状态,一切都是想当然,凭感情和兴趣用事,旅游服务交往也会因无原则而最终导致交叉性交往的出现。因此,只有以思考为特征的成人型心理状态才能理智地处事待人。为了避免交叉性交往的出现,旅游服务人员应该注意引导对方进行成人型交往。方法是:先以符合对方交往心态的方式满足其心理需求,继而以成人型的交往诱导对方作出成人型的反应,往往会取得较好的效果。

【案例分析】

沮丧的女客人

一位女客人沮丧地跑到前厅,焦急地对服务人员说:"我丢了手提袋,里面有护照、飞机票、钱包等,这可怎么办?"

服务员马上安慰道:"太太,不要着急,您的东西一定能找到。您先坐下,仔细想一想,最后见过手提袋是在什么地方?"

客人坐下后,渐渐平静下来,仔细回想当天经历的事情,终于想起来,2小时前在隔壁好朋友的房间聊天,手提袋忘记在那儿了。

案例中的女士跑到前厅时,处于儿童型自我状态中,显得很无助的样子。这时,服务人员先以符合其交往心态的方式,即慈爱的家长型状态与她交往,等她稍稍平静下来,马上以成人型状态引导对方做出成人型的反应,从而使这位女士恢复了理智,冷静地处理所遇到的事情,找到了她的手提袋。设想一下,如果服务人员对焦急的客人的反应是:"那怎么办呢?"或"你应该把贵重物品寄存起来!"以这种儿童型或家长型的状态出现,问题显然不能得到这么圆满的解决。

第二节　客人的需求心理

旅游服务是一项综合性的工作,它贯穿于旅游者吃、住、行、游、购、娱的各个环节。要提供良好的服务,首先必须了解旅游者对旅游服务的心理需求,只有知其所需,明其所想,才能投其所好,提供令旅游者满意的各项服务。一般来说,客人在整个旅游过程中的心理需求主要有以下几方面。

一、求美

求美是旅游者外出旅游的主要需求之一。不管是在旅游景区、饭店或者是乘坐交通工具,旅游者都希望看到美好的人和事物。一般地,旅游者的审美要求主要集中于四个方面:自然美、人文与社会美、文化艺术美及饮食生活美。不同的旅游者由于其思想感情和心理状态不一样,其审美要求亦有一些差异,作为旅游服务人员,应注意照顾其共同的审美情趣,有意识地利用旅游者的审美意识,提供完美的旅游服务。如导游在带领游客游览杭州九溪十八涧时,可引用下面的这首诗:"重重叠叠山,曲曲环环路。丁丁咚咚泉,高高下下树。"在游览西湖时,可引用大文豪苏东坡的《饮湖上初晴后雨》:"水光潋滟晴方好,山色空蒙雨亦奇。欲把西湖比西子,浓妆淡抹总相宜。"通过这样出神入化的深入引导和讲解,可以引发旅游者丰富的联想,使其在游览过程中得到审美心理的充分满足和心情的愉悦。在饭店、旅游商店、飞机上、汽车上,除了要营造优美的硬件环境之外,更要注重培养服务人员优美的仪表、亲切的语言、良好的服务态度等,使游客在整个旅游过程中时时处处都能感受到美,从而使他们的心里始终洋溢着一种难以名状的喜悦。

二、求安全

安全需要是人类与生俱来的、最基本的需要,如果安全需要与生理需要得不到满足,人就不会产生更高级的其他需要,如社交需要、尊重需要等,因此也就不会选择出游。安全需要具体包括人身安全和财产安全。人们外出旅游,首先是"旅",如果旅游交通服务不能保证旅游者的安全,他们就不敢"旅",更谈不上

"游"了。美国2001年的"9·11"事件一发生,到那里的游客人数马上一落千丈,这充分说明了旅游者对安全方面的重视程度,同时也说明了旅游交通安全是发展旅游业的关键性环节。在景区,为了方便旅游者爬山而设置的缆车,如果不能保证旅游者的安全,望着那深不可测的山谷,旅游者是不敢去坐的。现代旅游饭店在防火防盗等方面做出了巨大的努力,不遗余力地改善硬件设施,对员工的安全防卫方面的技能培训也是饭店培训员工的一项基本内容。这些都是为了满足旅游者对安全的需求,以保障旅游者能愉快安全地度过短暂的旅游生活。另外,财物失窃也是旅游饭店最感头疼的事,它也会严重损害饭店的声誉。

总之,安全需要的满足是旅游业的生命线。旅游企业应该在这方面给游客绝对的保证,它既可以缓解旅游者的心理紧张,为其带来安全感,也反映着旅游企业管理和服务的水平。

三、求尊重

心理学家马斯洛提出,人的需要包括五个层次,其中尊重需要是人类较高级的需要,也是人类的基本需要。旅游者的体形容貌、兴趣爱好、国别、民族、风俗习惯、经济状况等,是其人格、权利和利益的表现,他们都要求受到尊重。旅游服务人员对客人的尊重是通过许多方面表现出来的。用姓名去称呼客人,会使客人感到自己在这个地方并不是陌生的,有一种"宾至如归"的感受。尤其在初次见面之后,就能用姓名来称呼旅游者,会使他们感到自己是一个"举足轻重"的人。在旅游服务中,保护客人的自尊心也非常重要。如在服务工作中,常见到一些有虚荣心的游客,本来经济不富有,但遇到好玩的活动项目、好看的东西时,却冠冕堂皇地说自己"不喜欢"、"不愿意玩"等来掩饰内心的欲望。这时,如果服务人员说"这个商品价更低"、"那个项目价不高"等来揭穿客人的老底,客人肯定会不满意。因此,服务人员要能看穿,但不能"说穿",应巧妙地用"那个项目更有利您的身体"、"这个商品更好看"之类的话为游客解脱,这样,你保住了客人的面子,他当然会对你感激在心,也会对你的服务留下一个好印象。尊重客人,还表现在服务人员要礼貌地接待客人,如尊重客人的宗教信仰,对客人的询问要耐心和重视,临辱不怒,自重自爱。在一定条件下,把"对"让给客人,作为旅游服务人员,还必须牢记,旅游业所赖以生存的基础就是来自各个阶层、来自四面八方的宾客,我们的客人是没有高低贵贱之分的,都必须一视同仁。

四、求方便

求方便是旅游者外出旅游时最基本、最常见的心理需求。中国有句俗语:"在家千般好,出门事事难。"这说明人们外出时最怕的就是不方便。在家里或外出即使面对同等程度的不方便,给人们造成的心理感受却不一样,往往对后者的感受更强烈,所造成的心理压力也更大。

方便是旅游者选择饭店首要考虑的因素,包括饭店的地理位置对旅游者是否便利,饭店的硬件设施是否符合旅游者的要求,服务项目能否满足旅游生活和工作的需要。西方一位著名饭店企业家曾说过:"如果饭店成功有三个因素的话,那么第一是位置,第二是位置,第三还是位置。"这样说虽然有些极端,但说明地理位置对饭店的重要性。确实许多旅游者在选择饭店时,首要考虑的就是从饭店出去旅游、办事是否便捷。当然,其他项目给客人带来的便捷性也同样非常重要,诸如代订车、船票,送餐到客房的服务,对商务客人提供信息、工作等方面的方便等。旅游者对其他旅游企业也同样有求方便的需求,他们希望航空公司、车船公司能够送票上门,游船上设有餐厅、浴室、健身房等服务项目,在豪华汽车上配有电视机、空调、卫生间,与旅行社签订出游协议手续简便、省时,等等。旅游者出门在外,如果处处感到方便,在心理上会得到安慰,产生愉快、舒适的情绪,能消除旅途的疲劳和各种不安;如果感到不方便,就会产生沮丧、不满的情绪,最终可能导致客人离开饭店、投诉等问题。

总之,旅游业的发展,最先要解决的就应该是旅游者的方便与否问题,以更舒服、更方便为目标,全方位满足旅游者吃、住、行、游、购、娱的需要。

五、求知

旅游使人们得以收集周围世界的事实,而这些事实在书本和杂志上是找不到的。单凭读书来了解世界是不够的,他们必须亲眼去看世界,就是所谓的"读万卷书,行万里路"。他们到一个陌生的地方后,尤其是外国游客初到异国他乡,觉得眼前的一切都是那样的陌生、奇特、有趣而富有吸引力。他们想知道这个地方的旅游景点、风土人情、地方特色菜肴、交通状况等各方面的情况,因此会向旅游服务人员,如导游、饭店服务人员提出各种各样的问题和要求。旅游者不仅希望服务人员提供生活上的帮助,而且希望在旅游过程中增长知识,对旅游景点的风物传奇、神话故事、古今诗文、匾额、楹联、碑碣等很感兴趣,渴望详尽地了解知晓。在餐厅,他们希望知道菜肴的名称、烹饪的方法、相关菜肴的知识及典故等。这就要求旅游服务人员要有丰富的知识,以满足旅游者的求知心理。

六、求卫生

对卫生的要求是游客的一种普遍的心理现象。在景区、旅游商店、车站、饭店,人们不管走到哪里,总希望自己处于清洁、干净、卫生的环境中。其中,对旅游饭店的卫生要求特别强烈。据美国康乃尔大学旅馆管理学院对三万名客人的调查结果显示,其中有 60%的人把清洁卫生列为第一需求。可见清洁卫生对旅游饭店是多么重要。旅游者关心其入住饭店的清洁卫生,同时也是满足安全需要的一个方面。因为饭店的卫生状况,不仅关系到旅游者的健康问题,而且还对他们的情绪、情感产生影响。因此,客人一进入饭店,希望看到美观整洁的地面及窗明几净、一尘不染的前厅,看到饭店服务人员衣冠整洁的外表。尤其在客房,旅游者希望房间的用具特别是直接与身体接触的东西,如口杯、卫生设备等已经过严格消毒。无论什么级别的饭店,清洁卫生都是不可缺少的条件。设施可以低档次,甚至服务可以不完善,但是,对清洁卫生的要求是不分档次的,绝不能含糊,必须高标准、严要求。

七、求公平

追求公平是现代社会人们的一种普遍心理需求。现代旅游服务集中体现了社会文明的发展状况,特权观念、等级思想在旅游服务中不应该有任何市场。按照美国心理学家亚当斯的公平理论,人们的公平感是通过比较而产生的,因而是相对的。客人会将他所享受的旅游服务与他付出的旅游服务费用相比,或者将他享受到的服务与他的支出费用之比和别人所享受到的服务与支出之比进行比较,如客人在用餐过程中的这种比较,既存在于不同的餐厅之间,也存在于同一餐厅的不同客人之间。同样类型、同等档次的餐厅,价格上、数量上以及接待上的不同都会引起客人的比较。如果比较的结果一致,他就会感到公平合理,心情舒畅;反之,他就会感到不公平,产生不满、愤怒的情绪,甚至进行投诉。因为对他来说,不仅仅是金钱的问题,而且觉得是受到人格上的伤害。同时,这也将给旅游企业带来巨大的声誉和经济损失。

作为旅游企业,在指定价格、接待规格上都要注意尽量客观,做到质价相称;作为旅游服务人员,一定要牢记"上帝"是平等的,决不能因"上帝"肤色的不同、金钱的多寡、权力的大小及外宾、内宾之别,分高低贵贱。一定要一视同仁,满足旅游者求公平的心理。

第八章 饭店服务心理

本章提要

饭店是旅游供给的基本构成要素,是旅游业经营活动必不可少的物质条件。饭店的服务能否满足旅游者的生理和心理需要,将对旅游者的旅游行为产生极大的影响。本章主要分析旅游者在饭店前厅、客房、餐厅的心理需求及其心理规律,在此基础上重点探讨为满足这些心理需求旅游服务人员应该采取的对策。

旅游者在旅游目的地的"住"和"食"通常都在饭店内进行。旅游饭店的服务质量除取决于饭店设施(设备)的质量、有形产品的质量(餐饮等)、劳务的质量(提供的服务)、饭店的环境质量(自然环境、人际环境)之外,还取决于宾客的期望质量和经验质量相比较得出的感知服务质量。当旅游者对饭店的期望质量高于经验质量时,会感到不满意;当期望质量低于经验质量时,就会感到满意;而当期望质量与经验质量相等时,则会感到一般。美国假日旅馆公司(Holiday Inn)提出了"为旅客提供最经济、最方便、最令人心情舒畅的住宿条件"。由此可见,饭店服务中必然涉及众多心理学上的问题。

第一节　前厅服务心理

前厅是饭店的窗口和脸面,它决定旅游者对饭店的第一印象和最后印象。创造良好的第一印象对服务工作至关重要,它不仅能在服务工作一开始就给旅游者一个好印象,还为以后各阶段的服务打下坚实的基础。而美好的最后印象则无疑会给饭店带来更多的回头客。前厅包括门卫、迎送岗、行李运送、电话总机及饭店的总服务台(饭店的枢纽)。

【案例分析】

有理也要让三分

一次,有位姓张的客人在离开饭店时把房内一条浴巾放在提箱内带走,被客房服务员发现后报告了大堂副理。按酒店规定,一条浴巾需向客人索赔50元。

大堂副理在大堂收银处找到了刚结完账的客人,礼貌地请他到一处不引人注意的地方,对他说:"张先生,服务员在检查房间时发现您房间少了一条浴巾。"客人有些紧张,但为了维护面子,拒不承认带走了浴巾。大堂副理为了照顾客人的面子,对客人说:"请您回忆一下是否有您的亲朋好友来,顺便带走了?"客人不耐烦地说:"我住店期间根本没有亲朋好友来拜访。"这时大堂副理又给客人一个台阶下,他对客人说:"您回忆一下是否把浴巾拿出过浴室,用完放在房间什么地方了?"可是客人没有理解,大堂副理只好作进一步暗示。他说:"以前我们也发现过一些客人说是浴巾不见了,但他们后来回忆起来是放在床上,被毯子遮住了。您是否能上楼看看,浴巾可能压在毯子下,被忽略了。"这下客人理解了,他赶忙提着提箱上楼。

一会儿,客人见到恭候他的大堂副理,故作生气地说:"你们服务员检查太不仔细了,浴巾明明在沙发后面嘛!"大堂副理不露声色,很有礼貌地说:"对不起,张先生,打扰您了,谢谢您的合作。"为了使客人尽快从羞愧中解脱出来,大堂副理很真诚地又说了一句:"欢迎您下次再光临本饭店。"同时热情地和他握手道别。

案例中的这位大堂副理在服务中,充分体现了旅游企业对待客人"有理也要让三分"的经营理念。面对不太开窍的张先生,大堂副理一而再、再而三地为其铺好下来的台阶,可谓用心良苦而又不厌其烦,从而很好地满足了客人求尊重、爱面子的心理需求,又顺利地解决了问题。那么,旅游者在前厅一般有哪些心理需求呢?

一、旅游者在前厅的心理需求

(一)求尊重心理

旅游者来到饭店,期望进入一个充满友好、令人愉快的环境氛围之中。他们在前厅求尊重的心理特别强烈和敏感,希望看到的是服务人员热情的笑脸,听到的是礼貌友好的语言,期望服务人员尊重自己的人格和愿望,尊重自己的习俗和信仰,尊重自己的朋友和客人,希望服务人员能耐心倾听自己的意见,能提供有针对性的个性化服务,如希望服务人员用姓名去称呼他们,而不仅仅是"先生"、"小姐"、"太太"之类的套话,那样就会缺乏人情味,使旅游者觉得一般化。如果服务人员用"李先生"、"玛沙小姐"、"王女士"来称呼旅游者的话,他们在无形中就被"突出"了。旅游者外出旅游,从其实质来看,不只是为了领略湖光山色而来,也不单纯为了品尝美酒佳肴而来,在很大程度上是为了在人际交往中获得友情和显得高贵而来。因此,在服务工作中,只要客人感到自己已经受到了尊重,其余的不足之处都能得到他的谅解。如果在某一件事情上让客人感觉到自己被轻视、被贬低,其他的努力也就会被否定。

(二)求快速心理

旅游者经过一段时间的旅途奔波,到达目的地或中转地的时候,进入饭店迫切需要安顿下来,休整一下,既要解除旅途疲劳,同时也为下一步行动做准备。因此这时他们对时间的知觉特别敏感,希望在前厅耽搁的时间越短越好。他们渴望行李的搬运平稳而迅速,验证技能熟练,入住手续办理得准确而快捷。如果服务人员效率不高,极易引起客人的厌烦情绪。因此,在服务中,应一切以客人为中心,在具体服务过程中不能让客人感到手续繁琐,更不能把客人指使得乱转。客人离开饭店时的心理需求也是一样,客人对结账程序并不感兴趣,他只对结果感兴趣,所以,准确、快捷地办理结账手续,使客人能迅速离店,也是他们所需要的。

(三)求知心理

人们外出旅游,一个很重要的原因就是到别处去过一种不同于原来的生活,满足"求新鲜感"的需要。饭店客人来自五湖四海——全国各地或世界各国。初来乍到,对旅游目的地的物产景观、风土人情都不太了解,并且充满着好奇。他们需要了解客房的分类、等级、价格;需要知道饭店餐饮、娱乐的服务项目及价格情况;需要了解当地的风景名胜、文物古迹、购物中心、交通线路、风土人情等情况。他们希望饭店前厅服务人员是"百事通"、"活字典",能随时回答他们的提问。

(四)求方便心理

任何旅游者都希望他下榻的宾馆饭店能为他们提供方便。在前厅,他们希望能方便地办理住、离店手续,能为他们提供诸如订票、订餐、通信、外币兑换,乃至下雨天提供雨具等系列化的方便服务。

二、前厅服务的心理策略

前厅是饭店的门面,前厅服务人员必须重视对客人的接待和送别服务,给他们留下良好的第一印象和最后印象。做好前厅服务工作,是整个饭店服务能否成功的关键。

(一)美化环境

前厅的环境是一种对旅游者的"静态服务",当客人进入饭店时,首先映入眼帘的是前厅的环境;当离开饭店时,最终留下的饭店形象也是前厅的形象。美好的前厅环境,将使客人感到愉快、舒畅,这种感觉作为记忆表象可保留很长时间。

首先,要创造意境美。意境是中国特有的美学范畴,对意境的追求历来是中国文学艺术构思极为重要的方面。作为饭店门面的前厅,也应该追求意境,给宾客以情趣无穷的审美效果。如饭店想表现豪华,可以在大厅里铺上长毛绒地毯或东方式的小地毯,摆上镀金的镜子及放满鲜花的花瓶,并装上水晶装饰灯,这些有形要素有助于传达一种高雅的意境。又如在黄河岸边饭店大厅装上两架徐徐转动的黄河水车,潺潺的流水使人联想到伟大的母亲之河。强烈的地方和民族气息给旅游者印象极深,突出了饭店前厅的特色。其次,要重视前厅的整体美。无论营造怎样的大厅意境,装饰陈设采用何种格调和具有何等的艺术色彩,大堂容量设计如何的合理,都应注意前厅整体美的和谐效果。因此,应注意色彩的统一基调,基调要明朗、热烈并具有强烈的吸引力,又与饭店整个室内装饰的色调基本保持一致;光线要柔和,地面铺设的材料、厅内景物的点缀及服务设施的摆放要协调;陈设清洁整齐,美观雅致;空气无异味,无噪声,使宾客产生一种宾至如归、轻松舒适的感受。

总之,饭店应充分利用环境对人的心理作用,使环境随时都处在优美整洁的接待气氛中,给客人留下美好的印象。

(二)重视员工的仪表美

不少的研究发现,一个仪表美、具有魅力的人容易令人产生好感,容易令人对他产生较好的评价。仪表美与环境美应相互协调、交相辉映。饭店前厅服务人员的仪表是给客人留下良好印象的重要条件。所有工作人员,从门卫到大厅、总台的员工都应意识到工作是进入"角色的扮演",认识到自己不仅是一个服务项目的提供者,而且还是一个社会化的形象,是一个饭店的化身,甚至代表一个城市、一个地区、一个国家的形象。

饭店人力资源部门在招聘时就应注意把好关,根据一定的形体要求来录用员工,如身材挺拔、五官端正、面容姣好等。服务人员在工作中,首先要注意营造静态美:保持面容整洁、化妆淡雅、饰物适当、服饰美观合体,并讲究个人卫生。同时也要重视动态美的效果,手势、面部表情、身段表情等是非语言交际手段,给语言交际以重要而必不可少的补充。前厅服务人员与宾客频繁交往的工作,就像演员在舞台上表演,必须注意自己的姿态动作,应该做到热情好客、从容镇静、举止大方、面带微笑,表现出亲切、真诚和谦恭的态度。站姿要优美而典雅,不靠不倚;坐姿要优美而端庄,不能前俯后仰,或侧身面对客人,更不能摇腿跷脚;走姿要正确而富有魅力,不过快过慢,不占道抢道,不左右摇晃。与宾客交谈时,更应注意自己的姿态。搬运行李时,要轻拿轻放,并采取保护性措施以免碰撞。

(三)培养优美的语言

俗话说:"良言一句三冬暖,恶语伤人六月寒。"语言是人际交流的重要工具,服务人员的语言直接影响、调节着客人的情绪,而且服务的成效在很大程度上取决于服务人员语言的正确表达。同样的话,有不同的说法,如"别走那边"与"请走这边"、欢快的"早上好"比单调的"早上好"能够给客人带来更多的关切之感。"Hello"的最后一个音节上挑意味着欢乐与希望,而发降调容易被认为是"我什么都不想说"甚至"我反感你"。电话中的"Hello"有时包含一种热情,有时却用以表达"你真烦人"之意。因此,前厅服务人员的语言在内容上应简洁、准确、充实;在语气上应亲切、诚恳有礼;在语音语调上应清晰悦耳。另外,要尽可能地多掌握几种外语与方言。工作中应坚决杜绝"四语",即蔑视语、烦躁语、斗气语、否定语。例如美国希尔顿饭店集团在服务规范中规定,不能说"No."(不知道),而要将"No."改为"Let me try."(变"不知道"为"知道")。这是因为旅游者一般询问的问题总是同该饭店的服务或是他们在当地旅游相关的问题,作为饭店前厅的服务人员多数应该知道,对一些超出自己工作范围的事可能不清楚,也应该通过询问、了解,最终给旅游者一个满意的答复。这样,即使答案不够理想,旅游者也会因得到尊重、关心而感到满意。如果一开口就说"我不知道",把宾客拒于千里之外,是服务质量差的表现。

当服务人员不能接受客人的某个意见或建议时,最好是先复述客人陈述的内容,比如可以说"您的意见是……"、"您的看法是……",这样可以表明服务人员耐心倾听并且明白了客人的想法,表示出对客人的尊重的态度,然后再表明自己的想法:"我认为……也许更合适。"决不要轻易地否定客人的意见或建议。

（四）服务周到

仪表和语言反映在态度上的亲切,首先必须和娴熟的服务技能紧密结合,才能使旅游者建立良好的第一印象。例如,行李运送不仅要及时、快速,而且要轻拿轻放,采取保护性措施避免碰撞。又如,总台服务人员需要具有娴熟的验证技能、住房分配与登记技能、客流统计和财务计算技能、解答和征询技能等。其次,要求服务人员善于察言观色,从宾客的表情、神态了解其需要,处处为宾客着想,尊重宾客心理,考虑问题周全详细。同时,要充分运用现代技术,不断改善服务设施,如增加电脑、电传、电子信箱等服务设施与项目。只有饭店大厅能满足客人所需要的一切必要的服务,才能真正体现服务的周到。

（五）微笑

我国古代就有"非笑莫开店"这样的俗语,微笑能使客人产生好感,并给企业带来财富。其貌不扬的日本推销员原一平就是以他最纯真、最甜美、最令人倾心的微笑征服了客户,被人们誉为"推销之神"。应该牢记已故的希尔顿集团公司董事长康纳·希尔顿先生的一句比喻:"如果旅馆只有第一流的设备而没有第一流服务员的美好微笑,正好比花园失去了春天的阳光与和风。"

【相关链接】

以下为某商场对营业员所提出的微笑服务标准。

微笑包含三方面标准

（一）面部表情标准

1.面部表情和蔼可亲,伴随微笑自然地露出6~8颗牙齿,嘴角微微上翘；微笑注重"微"字,笑的幅度不宜过大。

2.微笑时真诚、甜美、亲切、善意、充满爱心。

3.口眼结合,嘴唇、眼神含笑。

（二）眼睛眼神标准

1.面对顾客目光友善,眼神柔和,亲切坦然,眼睛和蔼有神,自然流露真诚。

2.眼睛礼貌正视顾客,不左顾右盼、心不在焉。

3.眼神要实现"三个度"：

（1）眼神的集中度：不要将目光聚集在司乘人员脸上的某个部位,而要用眼睛注视于司乘人员脸部三角部位,即以双眼为上线,嘴为下顶角,也就是双眼和嘴之间；

（2）眼神的光泽度：精神饱满,在亲和力理念下保持慈祥的、神采奕奕的眼光,再辅之以微笑和蔼的面部表情；

（3）眼神的交流度：迎着司乘人员的眼神进行目光交流,传递你对司乘人员的敬意与你的善良之心。眼睛是心灵的窗户。心灵有了亲和力的理念,就自然会发出神采奕奕的眼光,就很容易形成具有磁性的亲和力的眼神,这样可以拉近与司乘人员间的距离。

(三)声音语态标准

1.声音要清晰柔和、细腻圆滑,语速适中,富有甜美悦耳的感染力。

2.语调平和,语音厚重温和。

3.控制音量适中,让司乘人员听得清楚,但声音不能过大。

4.说话态度诚恳,语句流畅,语气不卑不亢。

第二节 客房服务心理

客房是饭店的主体部分,是饭店向旅游者提供住宿、休息的主要设施,也是旅游者进行社交、商务等活动的场所,有的旅游者还希望在客房内就餐、举行小型集会等。因此,游客对客房服务的要求越来越高。他们期望有一个舒适、符合自己生活习惯的住宿环境,并能接受到各种热情周到的服务,得到满意的物质享受和精神享受。要做好客房的优质服务,关键是了解旅游者在客房活动的规律和心理特点,采取有针对性的有效服务措施,尽可能满足其心理和生理的需要。

一、旅游者在客房的心理需求

【案例分析】

难熬的一夜

一次,两位女士结伴去某海岛游玩,奔波了一整天后,来到饭店住宿,从前厅出发,拐了许多弯,总算找到了房间。打开门,一股浓浓的香烟味扑鼻而来,只见房间中烟灰缸里面还留着许多的烟蒂,桌子上乱七八糟地摊着几张报纸。因为实在很累,两位女士也懒得再跟服务人员交涉换房间,自己稍微收拾了一下。姓叶的女士因为怕脏,洗完澡穿着白天的长裤睡了。姓夏的女士洗好后去关门,却发现阳台间的门怎么也锁不上,而下面或隔壁房间若有人要爬进来,非常容易。想想这个问题即使跟饭店提出来,一时半会儿也解决不了,于是拖了桌子、凳子去顶着阳台门,而后睡下。但是她心里面还是慌慌的。第二天起来,叶女士说是做了一晚上的恶梦,而夏女士因为害怕,根本就没睡好。

这两位女士下次绝不会再住这个饭店就成了自然的事,她们回去后,肯定会跟她们的亲戚朋友讲述这一晚的经历,从而起到负面宣传的作用。对于这一次的海岛之旅,也会因为这一段不愉快而大打折扣。旅游者出门在外,把客房当作"家外之家",对客房服务有着极高的要求。那么,旅游者在客房的主要心理需求是什么呢?

(一) 求卫生心理

客房是旅游者在饭店停留时间最长的地方,也是其真正拥有的空间,因而,他们对客房的要求比较高,整洁、卫生的客房环境是旅游者最重要的需要。不同类型、不同层次的客人对饭店要求的侧重点不一样,但对客房的卫生要求却是高度一致的。旅游者希望客房环境优雅,空气清新,客房用具特别是直接与身体接触的口杯、被褥、浴缸、卫生设备等要都严格消毒。卫生间清扫后应贴上"已消毒"的封条,在茶具上要蒙上塑料袋等。他们希望服务人员有较高的卫生素养,希望自己在外旅游期间身体健康,不染上任何疾病。所有旅游者对客房内外的任何角落都有清洁卫生的需求。

(二) 求安全心理

安全感是愉快感、舒适感或满足感的基础。旅游者外出旅游,带有钱财和行李,最担心丢失或被盗,而给自己的生活、旅游与返家带来经济上的困难。他们希望在住宿期间自己的人身与财物得到安全保障,能够放心地休息和游玩。

(三) 求宁静、舒适心理

饭店客房的最主要功能是用于客人休息,而客房环境的宁静是保证这一目的实现的必要条件。由于现代都市生活的丰富性,一些客人可能喜欢过夜生活,而在白天睡觉,所以饭店客房对宁静的要求不是单纯指夜间这段时间。即使没有客人休息的情况下,客房环境也要保持宁静,这会给人舒服、高雅的感觉。

舒适程度是客人评价和选择客房的主要标准之一。除了价格之外,舒适和整洁一起构成评定客房的最重要尺度。旅游者在旅途劳累或游览活动之后,迫切需要有个舒适的休息场所来恢复体力、养精蓄锐,以便进行下一步的活动。另外,舒适快乐也是旅游者外出旅游时的一个目的。客房服务不仅要让客人感到像在家里一样舒适,而且应该让客人感到比家里还要舒适。客房的宁静、舒适是衡量客房服务质量的一个标准。

(四) 求方便心理

旅游者出门在外,人生地不熟,很需要为其提供方便服务,如常用的生活与文化用品,可借阅图书报刊,可代客洗衣、缝补,写信有信纸和笔,打电话有正确的电话号码资料簿,甚至希望能在客房用餐,等等。

（五）求尊重心理

旅游者住进客房，不仅希望自己是受服务人员欢迎的人，希望看到的是服务人员的微笑，听到的是亲切的语言，而且希望服务人员尊重自己的人格，尊重自己对客房的使用权，尊重自己的生活习惯等。

二、客房服务的心理策略

（一）安全舒适的硬件环境

客房是旅游者的活动基地。一名游客在饭店的大多数时间是在客房中度过的。因此营造安全舒适的客房硬件环境，对饭店来说至关重要。在饭店整个建设装修期间，必须保证配备必要的安全设施，首先满足旅游者求安全的心理需要，同时营造一种舒适的氛围。在建设时，应注意色彩的统一基调与饭店的整个室内装饰的色调基本保持一致；光线要柔和，地面铺设的材料、房内景物的点缀及服务设施的摆放要协调；陈设清洁整齐，美观雅致；空气无异味，房内无噪声；客房内设备配置齐全，比如床上用品、电视、私人保险柜、国际互联网等，使客人感到比家里还要安全舒适。

（二）优良的服务态度

要做好客房服务工作，培养服务人员优良的态度尤为重要。具体地主要表现在以下几方面：

1. 主动热情

主动的服务态度是指服务于客人提出要求之前，这是客房服务人员服务意识强烈的集中表现。主动问好，主动迎送，主动与客人打招呼，主动介绍服务项目，主动引路让路，主动照顾老弱病残客人，主动征求客人意见，主动代客服务等，使客人得到贵宾的享受，以满足他们求尊重、舒适、方便的需要。

热情是服务态度的本质表现，是取悦客人的关键，不仅是服务人员的事，也是管理人员的事。热情服务能够帮助客人消除陌生感、拘谨感和紧张感，也能使远离家乡的客人获得一种他乡遇故知的亲切感，在心理上得到满足和放松。客房服务人员在服务过程中要精神饱满，面带微笑，语言亲切，态度和蔼，举止大方，乐于助人，不辞辛苦地为客人排忧解难。国外一些成功的企业家在谈到他们的经营理念时，把"顾客是上帝"放在第一位，把"微笑"放在了第二位，由此可见微笑服务对旅游业的重要性。有人从实践中总结出一句话：诚招天下客，客从笑中来。

2. 文明礼貌

客房服务在服务方式上要注意文明礼貌，对客人的礼貌就是对客人的尊重，对客人的尊重是通过服务员在各个环节上的言行表现出来的。如与客人讲话时要轻声细语,注意礼貌用语;客房的清洁工作不仅要主动,而且要注意工作时间、场合、环境、方式。一般宜采用背后服务的方式,以免打扰和影响客人正常的客房活动。若客人在场,经允许可当面清扫,但动作要注意轻盈利落,避免一切可能引起旅游者反感的因素,显得彬彬有礼。要注意房门上是否有"请勿打扰"的牌子,未得许可时不要贸然入内。未敲门而入,从门缝里看或发现客人用错设备而嘲笑等,都是不礼貌的行为。客房服务人员要通晓各国礼仪习俗,把注重礼仪作为服务工作的习惯。这是人类相互尊重、产生共同语言、互相理解、感情沟通的基础。另外,服务人员还必须加强自身修养,做到临辱不怒,自重自爱。临辱不怒,即要求服务员在面临急难时,不变脸发火,沉着大度,能以妙语应粗俗,用豁达胜愚昧,以文雅对无礼,从而摆脱尴尬,维护饭店的声誉。自重自爱,即要求服务人员在服务操作时要稳重、规范而不失态,态度要平静、热情而有分寸,语言不乱有分量,论理处事有理有节。

3. 耐心周到

在客房服务过程中,不论工作繁忙与否,都要有耐心以保持良好的情绪,不急躁、不慌乱,对爱挑剔的客人不厌其烦,有意识地调节和控制自己的情绪,注意耐心倾听客人的意见,耐心处理服务中出现的问题和可能出现的投诉。

服务周到是客房服务优质化的保证。服务人员只有具备细致观察的心理品质,才能提供主动周到的有效服务。例如,宾客中有无要照顾民族习惯的?是否有病号需要特殊照料的?工作中的细致源于强烈的责任感、敏锐的观察力、记忆力和勤于思考的能力。服务人员细致周到的服务常能获得客人的好评,从而增加顾客的满意度和忠诚度。当客人需要休息时,将窗帘拉上、拖鞋放好;清理桌面时,在客人打开的书页中着意夹上一小纸条;当客人需要服药时,将温开水倒好;清洁工作细致、彻底;提供针线包、擦鞋器、恰如其分地摆在床头的小块巧克力、饭店总经理向客人赠送生日卡,等等。这样细致周到的服务定能使客人大为赞叹,使他们在客房得到"家"一样的舒适感、安全感、亲切感。

第三节 餐厅服务心理

餐厅是饭店的一个重要服务部门。一般饭店都设有餐厅以满足住宿客人进餐的需要,在整个饭店旅游收入中,餐厅收入一般占有 1/3 左右甚至更多,因此,无论从完善旅游服务的角度,还是从经济角度,做好餐厅服务都是必要的。在法国某地区进行的一项调查中,有60%的顾客去餐厅本身的目的是寻求欢乐。上餐馆本身有一种消闲的味道,一种情趣、精神的享受。怎样才能使游客非常高兴地走进餐厅,而又非常满意甚至带着留恋的心情离去?其核心问题是对顾客心理的研究。餐厅的经营管理者及从业人员在服务方面应采取一系列心理策略来赢得源源不断的客源。

【案例分析】

爱面子的客人

某饭店餐厅,午餐时间。某桌客人有男有女,有说有笑地享受着美味佳肴。这时,服务员把他们点的一盘富贵虾端了上来,一位客人夹起一只尝了尝,对服务员说:"小姐,你们的富贵虾不新鲜啊,煮的时候肯定已经死了。"服务员走到客人面前,看了一眼富贵虾,回答道:"我们饭店进货时把关一向很严格,死虾不可能买回来。"客人接着说:"不信你尝尝,这虾吃起来味道像豆腐,跟活的味道完全不一样。"可是服务人员还是坚持自己的观点。这下客人有点火了:"把你们的经理叫来。"经理出差了,过了会儿,领班走到客人跟前:"先生,我们饭店有规定,海鲜食品不新鲜不能上桌,你是不是再尝尝?"这下客人真的火了:"老子从小在海边长大,吃了几十年的富贵虾,难道是死是活我还分辨不出来吗?今天你们不给我个说法,我是决不罢休的!"

在餐厅中,客人是最爱面子、最喜欢表现自己的人。这家饭店不仅提供了变质的富贵虾,而且两位餐厅工作人员一而再、再而三地否认客人的观点,从而大大伤害了客人的自尊心,使客人在朋友面前没有面子。一个从小在海边长大、从小吃惯了海鲜食品的人,难道连新不新鲜也分辨不清?引发事端也就是必然的事了。只有了解顾客的心理需求,提供相应的策略,才能引来越来越多的客人。

一、旅游者在餐厅的心理需求

(一)求美的心理

在物质生活相当丰富的今天,对旅游者而言,到餐厅充饥果腹已成过去,品尝美味佳肴、追求美已成为一种时尚。旅游者在餐厅是一项综合性的审美活动。他们不仅追求餐厅的整体环境美、服务人员的仪表美,同时也追求菜肴的形象美、味道美,甚至餐具的形象美,等等。

(二)求尊重的心理

旅游者对尊重的需要在整个旅游活动中都会有所体现,尊重需要作为人的一种高层次的需要,在餐厅中表现尤为显著。常言道:"宁喝顺心汤,不吃受气饭。"若客人在餐厅中未得到尊重的满足,再好的美味佳肴也会食之无味。如果服务上的不慎或怠慢,使旅游者受气,餐厅的其他努力都会变成无效。欧洲的凯撒·里兹(Caser Ritz)在 19 世纪提出:"The guest is never wrong."(客人永远不会错)20 世纪初,斯塔特勒(E. M. Statler)在 17 岁时提出:"The guest is always right."(客人总是对的)这些正好说明了饭店尊重客人的重要性。

(三)求卫生心理

旅游者在餐厅,求卫生心理特别强烈,这也是客人对安全需要的一种反映,同时,卫生状况也会直接影响客人的情绪。只有当客人处在清洁卫生的就餐环境中,才能产生安全感和舒适感,并促进食欲。客人对餐厅卫生的要求主要体现在环境、餐具和食品等方面。

(四)求快速的心理

旅游者来到餐厅,坐定点菜后,一般都希望餐厅能快速提供服务而不愿意等待。这一是因为现代生活的快节奏使人们形成了一种对时间的紧迫感,过慢的节奏使人不舒服,也不适应;二是因为客人就餐后还要赶时间继续旅游、转车,或还有很多事情去做而情绪急躁;三是因为服务员上菜之前的这段时间,被人们感觉为无用时间,本来时间不长,但因人们感觉无聊便觉得等了很久;四是客人饥肠辘辘时如果等待时间过长,血糖下降,人容易发怒。

(五)求知、求新、求奇的心理

旅游者常将品尝美味佳肴及中国传统的地方特色食品当做旅游活动的一部分。求知、求新、求奇也是旅游者到餐厅进餐的需要之一。他们希望知道菜肴的名称、烹饪的方法、相关菜肴的知识及典故,等等。心理学的研究指出:凡是新奇的事物总是引人注目,激起人们的兴趣,引发人们的求知欲。

二、餐厅服务的心理策略

(一)注意形象美

1. 树立餐厅的形象美

餐厅的形象是人们视、听、嗅觉各方面感知觉组合的结果。常以视觉为先导。因此,旅游饭店的餐厅或有名的菜馆、酒楼,常常通过自然与人工装饰等艺术手法,使餐厅的内外环境舒适美观、优雅大方而达到统一的和谐美,树立起餐厅的形象美。餐厅的门面要醒目,要有独特的建筑外形和醒目的标志,餐厅内部装饰与陈设布局要整齐和谐、清洁明亮。餐厅的整体设计要有一个主题思想,或高贵,或典雅,或自然;或中式,或西式;或古典,或现代。在选择色彩时,要了解不同的色彩所产生的心理效果。餐厅的光线要适宜,使客人心情舒畅。此外,餐厅光线还要与季节相吻合,如夏天以冷色为主,冬天则以暖色为主。

餐厅的形象美在视觉的基础上,应注意听觉形象美的树立。优美的听觉形象不仅来源于服务人员的语言,而且来源于宴乐的配置。现代心理学研究表明:美好动听的音乐对人的心理有调节、愉悦的作用,还可以促进食欲,而噪声却给人的生理和心理带来不良的影响,如烦躁、痛苦。因此,在餐厅装修中,要注意选用那些有吸音和消音功能的材料。另一个办法是加大餐桌之间的距离,减少客人的相互影响。餐厅中使用背景音乐,也可以掩盖和冲淡噪声。但背景音乐的选择要慎重,如果是大型宴会,整个气氛要求庄重而热烈,入席时宜播放《欢迎曲》、《迎宾曲》,以活跃气氛。如果是老朋友相聚,配上《友谊地久天长》、《祝酒歌》之类的乐曲,更能情景交融,使客人品味饮食文化之美。

古人云:"闻香下马,知味停车。"在视、听觉形象之外,营造良好的嗅觉形象也很重要。在餐厅中,由于各种菜肴的大量存在,会散发出各种气味,加之各种酒味和烟草味,多种气味混合在一起,会给人不愉快的感觉。所以应注意餐厅中空气的调节、温度的控制,保持空气清新。同时要注意不能让厨房的油烟味散发到餐厅中来。

2. 重视服务人员形象美

鉴于服务工作的共性,前面对服务人员仪表美的论述,同样适用于餐厅工作人员。但餐厅不同于其他的旅游服务部门,因为饮食直接关系到人们的身体健康。餐厅服务人员的形象美可以从以下几方面来入手:

(1)身体健康,容貌端庄,精神饱满,发式规范。特别要注意手部的卫生与美观,尽量不要涂指甲油。

(2)服饰美观,朴素雅致,清洁卫生,给人以淡雅明快之感。装饰品尽量要少。

(3)语言、姿态优美,举止文明,热情礼貌,操作规范,讲究技巧。

3. 创造饮食产品的形象美

中国食品素以色、香、味、形、器、名俱佳而著称于世。中国饮食文化源远流长,不仅可作为餐厅饮食产品形象美的基础,而且可作为旅游资源加以开发,增加餐厅的吸引功能。餐厅提供的食品,既要重视品质,也要重视外在的形式。要做到这一点,可以从以下几方面着手:首先,要讲究色泽,并注意色彩的对比和协调,形成强烈的"色彩美效应"。"先色夺人",这是客人鉴赏食品时最先反应的对象。良好的色泽会使客人产生质量上乘的感觉,同时能激发客人的食欲。例如,绿色的食物能给人以清新、生机之感,金黄色的食物给人以名贵、豪华之感等。其次,应注重造型,通过烹饪大师的切、雕、摆、制、烹等技艺,给客人提供一道道造型优美的美味佳肴,给他们带来艺术上的享受。一道造型优美的菜肴入席,宛如一幅立体的画、一首无声的诗、一支优美的乐曲,令人不忍下箸又垂涎欲滴,期盼品尝。最后,当然要重视口味,味道是菜肴的本质特征之一,餐厅中饮食产品创造形象美的最终目的是以食用为前提,故产品的形象美中应该注重味觉美。一道菜的好坏关键在于味道的好坏。因此,餐厅要根据客人的饮食习惯及求新求异的饮食特点,制作味道各异的食品,使客人体验到最佳效果。

4. 注重餐具的形象美

古人云:"美食不如美器。"餐具的形象会影响客人的就餐心理。美酒美菜应配上美的酒具餐具,方能相映成趣。使用各种不同材质、形状、图案、色彩的精美餐具,能够把食品衬托得更加美观诱人,使客人食欲大增。当然,精美的器皿还应注意与食物的量相配合,如食物量少,器皿就不宜过大等。

【案例分析】

餐具形象马虎不得

某农家餐馆,四位客人正在用餐,他们点了一份白斩鸡。这时,服务人员将酱油送了上来。只见一位年龄在 45 岁左右的女士马上皱起了眉头。端上来的酱油碗,不仅缺了个口子,而且碗边还沾满了酱油。这位女士叫住服务员:"小姐,这碗酱油能否换一下?"服务员看了看,答道:"有什么不对吗?是刚倒的呀。"女士接着道:"你看,酱油只有小半碗,如果是刚倒的话,按理碗边上应是干净的,这看去好像是别人已经用过的。"服务人员只好拿去重新换了上来。

可见,客人在餐厅用餐时,对餐具卫生及其形象是非常在意的,服务人员切不可马虎。

(二)尊重客人

为了满足旅游者在餐厅求尊重的心理需求,服务人员应采取如下的心理策略。

1. 微笑迎送

对到餐厅就餐的客人,服务人员首先要给予热情的接待,这是餐厅服务的良好开端。微笑迎接会令空腹的客人心情平和,感到自己备受重视。如果有较多的客人同时到达,服务人员不能一一迎接,在展现亲切的微笑时眼睛最好呈"散光"状态面向所有的客人,使每一个客人都感受到尊重,不能顾此失彼,有所遗漏。俗话说:"宁落一群,不落一人。"

2. 领座恰当

当客人到餐厅用餐时,服务人员要主动上前领座,而不能让客人自己找座位,以免使客人产生被冷落的感觉。要注意观察客人的特征,因人而异。如果是一位残疾人,最好把他引领到不易被他人触及观察到缺憾的地方。这样,他的自尊心易得到满足,一定会因为服务人员的细心照顾心存感激,愿再次光临该餐厅。对于一位穿戴漂亮时髦的女士,将她引到使众多人都能看到她的显眼地方就座就比较好,这样一方面使餐厅的其他客人都能欣赏到美,同时也能使餐厅生辉。一对年轻的恋人,则宜安排在僻静方便之处。另外,在领座过程中,要征询客人的意见,首先尊重他们各自的需要进行服务。

3. 尊重习俗

餐厅服务人员在介绍菜单、帮助上菜、倒酒和派菜等服务时,除了应该注意服务技巧之外,还要注意尊重客人的风俗习惯、生活习惯。这就需要服务人员熟悉有关的知识,服务过程中细心观察,主动征询。例如,很多海边的客人,吃鱼时,讲究不能翻鱼身,否则意味着出海捕鱼要翻船。如果服务人员自作主张去把它翻过来,肯定会弄巧成拙。

4. 语言亲切

服务语言影响客人的心理和行为,也影响他们对服务工作的评价。好的服务语言应是声音、表情、动作相互烘托,融为一体的。服务人员应以生动的面部表情、动作和声音这些流露在外表的感情,去表达自己对客人的体贴和关心,从而去感染他们,引发客人积极的消费欲望。在餐厅服务中,若多用"请"字,往往使客人感到受尊重的满足。例如,顾客到门口,服务人员主动招呼:"请进,欢迎您用餐";进门后服务人员引领客人到位后说:"请坐"、"请点菜";当一盘菜上桌时招呼"请用餐,菜马上上齐"。客人进入饭店餐厅,服务人员若能"请"字不离口,使客人饭饱酒足精神乐,定能提高客人的满意度和忠诚度,从而吸引更多的回头客。

5. 亲切感

人有三种重要的满足感:亲切感、自豪感、新鲜感。亲切感的最重要来源是人与人之间的真诚相爱,这里所说的"爱"是指广义的爱。在隐藏于人们内心深处的种种需要中,十分重要的一种就是对人与人之间的以互相关心、互相理解和互相尊重为要素的爱的需要。现代科学技术的发展,使人们的生活日益方便。然而,未来学家莱斯比特却认为:失去了高技术与深厚感情的平衡,令人烦恼的不协调现象就会产生。社会上的高技术越多,就越是需要创造有浓厚感情的环境,用人的柔性来平衡技术的刚性。瑞士旅游学专家塞伊杜提出了这样的看法,他认为旅游之所以不能被新闻媒介所代替,是因为它具有特殊的接待功能。接待是旅游业中最富于人性的因素,它决定了旅游业的前途。塞伊杜认为,如果旅游变成了"无接待旅游",那将是旅游业的自我毁灭。我们可以把接待理解为用富于人情味的方式与客人打交道,与旅游者建立第一流的人际关系,使他们获得亲切感。如果不能做到这一点,现代旅游业就不可能生存和发展。因为人们外出旅游的一个深刻原因就是寻求广义的爱的补偿性满足。

(三)做好卫生工作

1. 环境卫生

良好的卫生环境会给人以安全、愉快、舒适的感觉。餐厅是供客人就餐的场所,应随时都整洁雅净,要做到空气清新,保持地面清洁无污垢、杂物,走廊、墙壁、门窗、服务台、桌椅应光洁、无灰尘,物品井然有序,台布、口布洁净无瑕,厅内无蚊无蝇。只有这样客人才能放心地坐下来用餐。

2. 食品卫生

在餐厅服务中,食品的卫生是最重要的。餐厅提供的产品不论生食、熟食都应是卫生安全的。要保证原料新鲜,严禁使用腐烂变质的食品。特别是凉拌菜要用专用的消毒处理工具制作,防止生、熟、荤、素菜的交叉污染。食品饮料一定要在保质期内出售。

3. 餐具卫生

饭店餐厅的客人来自四面八方,客人用过的餐具难免染上病毒或细菌。因此,餐厅必须配备与营业性质相适应的专门消毒设备和足够周转使用的餐具,以保证餐具件件消毒,确保客人的饮食安全。

4. 操作规范

餐厅服务人员应熟悉操作规范,无论是餐台布置、餐桌准备还是餐中的服务上菜、配菜、倒酒等,都应按卫生的操作规范提供服务。例如,上菜时手指切忌触碰食物,不然容易引起客人的不卫生感,甚至产生厌恶感而降低食欲。

(四)提供快速服务

1. 先上安客茶

客人坐定点菜后,若来不及上菜,可以先献上茶以安顿客人,让他们边喝茶边等待,这样就不会觉得太无聊,也不会感到上菜太慢。当然,喝茶的时间也不宜过长。

2. 反应迅速

客人一进餐厅,服务人员应及时安排他们的座位,并递上菜单,服务反应要快。在客人用餐时,注意客人就餐的动态,及时发现客人的需求并设法满足。如果客人招呼而服务人员没有发现,客人就会产生不满。

3. 备有快餐食品

对一些急于就餐的客人,服务人员应向他们推荐一些现成的菜或快熟的食品,如烧好的各种混合菜,卤好的鸡、鸭、兔肉等,可满足这类客人的需要。

4. 及时结账

客人用餐完毕,账单应及时送到,如果因付账而等待,那么刚才吃得很愉快的那种美好的情绪就会遭到破坏,甚至激怒客人。所以,为满足客人求快的心理,既不能使客人饿着肚子等,也不能让他们吃饱了等。

(五)创建特色食品,提供讲解服务

1. 创立地方特色菜肴、名点

餐厅的经营应在特色上下功夫,创建本地、本餐厅的特色食品和名菜、名点,引导旅游者慕名而来,食之有趣、有味,满意而归。例如,南京的板鸭、北京全聚德的烤鸭等。

2. 主动介绍食谱,提供艺术菜肴的图片

餐厅服务人员在出示和介绍食谱时,应将食谱中最能刺激旅游者食欲的食品,言简意明、绘声绘色地表达出来,食谱的设计除了有食品美妙的名称和价格外,还可配上主要菜肴的图案照片,以满足旅游者求知、求新奇的欲望,促使他们对食品产生兴趣并做出选择。另外,中国菜在世界烹饪艺术园地上是一枝独秀,那灵秀精巧的艺术拼盘,精雕细刻的造型工艺,色、香、味、形、器、名浑然一体的和谐美,充分展现了东方饮食文化艺术的魅力,常常令海外游客惊叹不已。因此,对名菜、名点、特色菜的优美造型,餐厅应备好有关图片或代为拍照留念,从而满足客人的心理需求。

3. 介绍菜肴的相关知识与典故

旅游者来到餐厅品尝美味佳肴、风味特产,当然也希望了解相关食品的知识。因此,服务人员上菜时应报出名称,必要时用纸板显示,以免有些客人听不清或不理解。然后根据客人的需要说明其寓意、来历,甚至典故、传说、营养价值、用料与烹制方法等,使旅游者不仅食之有获,而且满足其求知的心理需要。

第九章 其他旅游服务心理

本章提要

旅游是旅游者离开常住地前往旅游目的地的提高生活品质和增加享受的一次审美和体验活动。吃、住、行、游、购、娱六大旅游基本要素都是必不可少的。旅行社、住宿业、旅游交通向来被称为旅游业的"三大支柱"。因此,本章将对旅行社、旅游交通的服务心理加以简要介绍和探讨,同时也对旅游购物这一给旅游业带来巨大收益的服务项目加以介绍。

第一节 旅行社服务心理

旅行社与饭店、旅游交通一起,被称为旅游业三大支柱。旅游活动的核心和关键环节就是"游",而担负着组织活动、为旅游者提供导游服务的组织就是旅行社。随着旅游业的发展,旅游的大众化特点越来越明显,对旅行社的要求也越来越高。作为连接旅游者和旅游对象之间的桥梁,它的职能发挥得好坏,直接关系到旅游业的兴衰,所以,如何使旅行社取得良好的服务成效是非常重要的。这里,我们首先考察旅游活动与旅行社的关系,然后论述旅游者在旅游过程中的心理趋向,最后探讨导游服务心理因素。

一、旅行社服务内容

旅行社是一个中介组织，同时又是一个生产者和销售者。它的服务内容是综合性的，是把食、住、行、游、娱、购等多种环节有机地结合起来，向旅游者提供旅游活动中的各个环节所需要的各种服务。其服务内容主要包括以下几个方面：安排好旅游者食宿，预订交通票；负责处理接待中突然出现的各种问题，如因交通延误而引起的食宿问题，旅游者生病住院的照顾问题，证件及物品遗失的寻找和归还问题等；委托代办业务，包括当地委托、单项委托、联程委托与国际委托等；提供导游服务。旅行社的服务既有直接的，也有间接的，它起着旅游者和游览参观目的地之间中介人的作用。

旅行社要为旅游者提供食、住、行、游、娱、购全方位的服务，这其中既有旅途中的服务，也包括旅游者在旅游地逗留期间需要的服务，如为旅游者提供信息咨询、办理护照签证、组织汇兑业务等。如果其中任何一个部门出现差错，影响到旅游者正常的旅游活动，就会引起旅游者的不满，从而将直接影响旅行社的发展。

信誉是旅行社的生命。在旅行社组织旅游者旅游过程中，双方之间存在契约关系。旅游者付给旅行社费用，同时也意味着旅行社在服务的程序、项目、质量等方面要践约前言。在服务过程中，交通工具、饭店档次、旅游景点、往返时间、业务熟练的导游等方面，都要符合合同规定。

价格要与服务一致，不能漫天要价，不能乱收费。在旅游线路的设计、旅游景点的安排上要科学合理，突出主题，便于旅游者选择，并按照审美心理的规律进行设计安排。同时，合理安排游览时间，避免线路重复，要从旅游者的角度考虑，为他们节省时间和金钱。

旅行社服务的对象为各种不同性质的旅行者，他们的经历、经济地位、生活水平、文化教育、兴趣爱好、个性特征等都各不相同，对于周围的事物也会产生不同的心理状态，因此需要运用心理学的基本原理去研究旅游者的心理活动的特点及基本规律，探讨旅行社服务中的心理因素，掌握导游服务的艺术技巧，提高旅行社服务工作的水平和质量。

二、旅游者在旅游过程中的心理趋向

要掌握旅行社服务的主动权，首先必须对旅游者在旅游活动全过程各个不同阶段中的心理和行为有所了解。

（一）旅游者初入境时的心理

旅游者初到异地他乡，觉得眼前的一切是那样的陌生、奇特、有趣而富有吸引力,但因人地生疏、语言不通,也会产生茫然、苦恼和不安,甚至产生恐惧感。在这个阶段,旅游者求安全的心态表现得非常突出,甚至上升为他们的主要需求。此时,旅游者最急需解决的是如何消除陌生的心理状态以适应新的环境。

旅行社的服务人员若能提供真挚、热情、友好的接待和周到细致的关心、服务,定能使旅游者备感亲切、一见如故,收到宾至如归的良好服务效果。例如,旅行社的导游员在旅游者抵达时,在向旅游者致的"欢迎辞"中,要把旅行社的良好愿望和增进友谊的心情及好客的传统表现出来,给旅游者提供第一最佳服务,留下第一最佳印象;在旅游者出发去下一个旅游地(点)的途中,旅行社的全程陪同应向旅游者全面概括地介绍下一个旅游地(点)的情况,激发旅游者欲先睹为快的强烈兴趣,为地方陪同进一步介绍和导游做好心理上的铺垫工作。

人们外出旅游时,注意力和兴趣从日常生活中转移出来,到处寻找刺激,满足追新、求异、猎奇、增长知识的心理需求,往往和不安全感并存。所以,在消除旅游者的不安全心理的同时,导游人员要合理安排活动,如一些轻松愉快的参观游览活动并做生动精彩的讲解,耐心地回答他们的问题,以满足旅游者求新、求奇的心理需求。

(二)旅游者在游览过程中的心理

这一阶段,旅游者的各种心理活动都非常活跃。参观时,激动和兴奋会让他们先一睹为快,然后再听根由。根据不同的旅游者,导游要灵活机动地设计自己的导游方案,并随时根据实际情况予以调整。

随着游览过程的进一步展开,旅游者初到异地的拘谨和压抑感逐渐减退消失,精神上的解放感和轻松感使他们越来越多地向导游提出各种各样的问题、要求和希望,旅游者鲜明的个性也就会随之充分显现。因此,这一阶段,导游人员精力必须高度集中,游览过程要更有计划性,讲解要更生动精彩,精心安排旅游活动,努力保持旅游者体力和精力互相配合,使旅游活动顺利进行。

同时,旅游者的好奇心理和审美心理在这一阶段得到充分体现。

1. 好奇心理

旅游者的好奇心理反映在游览过程中,主要表现为求知、求解。来中国的国外旅游者在游览过程中,对种种新异的刺激物,如陕西黄土高原的窑洞、中国的茶馆、少数民族特殊的服装和风俗等,都会产生极大的兴趣;就国内旅游者而言,随着人们生活和文化水平的提高,抱有求知心理需求的旅游者越来越多,他们对旅游景点的风物传奇、古今诗文、匾额等很感兴趣,渴望详尽地了解知晓。

旅行社服务人员应针对这种兴趣进行导游。旅行社的导游服务人员此时应善于把握旅行者心理上的变化,善于组织旅游活动,有针对性地进行导游服务,以满足旅游者的好奇心理。

2.审美心理

旅游者的审美意识是旅游者思想感情和心理状态主动作用于审美对象而形成的,所以不同旅游者的审美要求亦有差异。旅行社的导游服务人员在为旅游者服务中,应注意照顾共同的审美情趣,了解在游览过程的审美心理及其规律性,有意识地利用旅游者的审美意识,提供完美的导游服务。

在旅行游览中,旅游者的审美主要集中于旅游地的自然美和人文美。

(1)自然审美

现代社会的激烈竞争使人们产生焦虑、受挫、苦闷、忧虑、失望、冷漠等不良的情绪与心态,具有迫切需要防卫、逃避、自我调节的心理趋向。人们试图通过旅游活动在自然中寻求一种情感的净化和物质上、精神上、心理上的放松满足感。人们崇尚自然、回归自然的心理需要在不断增长。从一定意义上讲,旅游者的旅行游览是一种寻觅美、发现美、欣赏美、享受美的综合审美实践,其主要对象首先是包罗万象的大自然。

例如,苏东坡《饮湖上初晴后雨》对西湖的描写:"水光潋滟晴方好,山色空蒙雨亦奇。欲把西湖比西子,浓妆淡抹总相宜。"中国山水素有南秀北雄、阳刚阴柔的美学风貌,加上中国古文化的丰富内涵和旅行社导游服务人员出神入化的深入引导讲解,可以引发旅游者的丰富联想,使其在游览过程中得到审美心理的充分满足和心情的愉悦。正如范仲淹在《岳阳楼记》中所说:"登斯楼也,则有心旷神怡,宠辱皆忘,把酒临风,其喜气洋洋者矣。"由此可见,美是可以感知的对象,当人们观赏美妙的景色时,心理总是洋溢着一种难以名状的喜悦。人们常常以对象引起的心理愉悦感来表达其美感。

【相关链接】

自然审美的三个层次

朱光潜先生将欣赏自然美分成三个层次:一是"爱微风以其凉爽,爱花以其气香色美,爱鸟声泉水以其对于听官愉快,爱青天碧水以其对视官愉快"。二是"起于情趣的默契忻合",如"相看两不厌,惟有敬亭山"(李白)。三是"泛神主义,把大自然全体看做神灵的表现,在其中看出不可思议的妙谛"。这无意中道出了审美主体在欣赏自然美过程中获得的三种相应的趣味:一是景趣。自然以其特有的色香形声,使审美主体获得了感官上的愉悦。按黑格尔的说法是因为自然显示出的自由生命和同样具有生命的主体产生一种契合。二是情趣。审美主体和自然相亲相依,默契忻合,获得情感上的悦适。对此,黑格尔解释说自然事物的某些特殊情境可以在人心中唤起一种情调,而这种情调和自然情调是对应的。三是理趣。如果说审美主体在获得景趣的过程中采取的是俯视的视角,在获得情趣的过程中采用的是平视的视角的话,那么在获得理趣的过程中,审美主体运用的绝对是仰视的视角。即怀着一颗虔诚的敬畏之心,"涤除玄览","澄怀观道",以自然为师,并获得生命的智慧。但这种"理趣"和柏拉图所说的"神仙福分",即对最高的永恒的"理式"或真理凝神观照时获得的"无限欣喜"是有所区别的。因为柏拉图认为客观世界是理式的摹本,真正的神是理式,而朱光潜先生则反其道而行之,将属于从属地位的自然当作了神。

(资料来源:汲安庆.自然美中的景趣、情趣和理趣.现代语文(教学研究),2008(6))

(2) 人文与社会审美

自然景观突出其形式美,旅游者能直接感知。但人文和社会景观则重视内容的美,若不了解其历史背景与神话传说等典故,则难窥视其深层的美。例如,旅游者游览一座寺庙,看到的仅是具有民族风格和浓厚宗教色彩的古建筑,许多文物古迹仅是一块石头、一段碑文,甚至是一处古代的遗址、残骸。其形式简单,直觉印象十分乏味,不知其美在何处?导游人员此时若能出神入化地讲解,可令旅游者产生兴趣,形成良好的旅游氛围。

例如,武汉的"古琴台"是游客必到之处,它只是一块石碑,碑文讲述伯牙与钟子期的故事。看来毫无美感,但若导游人员把"知音"这个故事娓娓道出,就会引发人遐想,回味无穷,使游客联想到中国的社会审美——中国讲究友情,是重情之邦。

旅游者在游览过程中,除自然审美的满足外,还会鲜明地感受和评价旅游区域的社会审美。这包括社会的产品、社会的风尚(道德、伦理、人情及民情等综合美)、社会生活(生活环境、节日习俗、服饰打扮的有机整体美)、社会制度,甚至人的相貌等方面,都可使旅游者在游览中获得社会的审美价值,以寻求一种心灵上的弥补和情感的升华。审美是社会发展的必然。

实际上,人们外出旅游往往带有多重动机和目的,既想欣赏旅游地的自然风光美,又想体验其文化艺术与社会生活美,还想品尝饮食的美。对审美主体的旅游者来说,它们常是交融在一起的。因此,旅行社在安排组织旅游活动时应注意多样统一,以最大限度地满足旅游者在游览活动中的多重审美需求。

(三) 旅游者离开旅游地的心理

在旅游活动结束前,旅游者的心情波动较大,开始忙乱起来,要与亲友联系,要购买称心如意的纪念品,他们希望有更多的时间处理个人事务。因此,在这个阶段,导游员应努力向旅游者提供更加热情周到的服务,尤其是多提供超常服务,安排游览活动宜精不宜多,要更富于感情、更富于人情味。

经过几天的行程,旅游者对目的地有了一定的了解和对导游产生了一定的依赖。整个旅游过程旅游者将形成对目的地和导游人员的定性印象,好的感受和不好的印象都将带给他很长久的影响,并将影响着他以后的思维和判断。同时刚到异地的新奇不再存在,取而代之的是疲劳和归心似箭。当然美好的旅游感受也会让他们有意犹未尽的感觉。

旅行社这时更应注意旅游者的情绪变化,抓住最后的机会对可能的不满加以补偿,对美好的感受加以强化,同时做好安抚和继续服务的延伸服务,为旅程画上圆满的句号,同时为旅行社的后续业务做好铺垫。这时,导游人员的作用显得异常重要,一个恰如其分的欢送辞,将弥补旅行过程中的不快和遗憾,并给旅游者留下深刻的印象。

三、导游服务心理

导游人员是旅行社的代表,是旅游接待的第一线关键人员。导游工作是为组织、协调旅游活动,满足旅游者"求新、求知、求奇、求乐"愿望的旅游服务工作,是一项沟通、传播文化,给予旅游者知识,陶冶情操,促进交往,增进友谊的高级服务工作。导游服务是旅游各项服务中最为重要的服务,是旅游服务质量高低的最敏感的标志,是各项旅游服务的联系纽带和中间桥梁。导游人员的工作质量直接影响到东道国或东道主旅游产品的销售,而导游服务质量的高低又与导游服务心理的掌握密切相关。

(一)旅游者心目中的导游

1. 国家(或地区)的代表和人民的友好使者

导游的身份除了是一名旅游服务人员,更是一个国家或地区的代表。旅游者通过导游的言谈举止和表现来衡量中国或这个地区的道德标准、价值观念以及文化水平;通过导游的讲解和交谈来了解中国或这个地区的文化、风俗和人民。因此,旅游者对导游的评价也就不单单是对个人的评价,而是对中国或这个地区的导游人员整体服务水平和质量的评价。

2. "旅游之友"

旅游者每到一地,首先接触的和一直接触的是导游,其间的信赖程度很大。旅游者当然希望导游是一位懂礼貌、讲礼节、尊重人、理解人,又可以依靠和关心他们的人。在一个旅程中,除了服务人员和客人的关系,他们更希望导游是他们的朋友,一位可信赖、热情友好、能与之交流情感、共同审美的朋友。

3. "游人之师"、"万事通"的导游艺术家

在旅游者的眼中,导游就是一个万事通,其依赖的心理可能比任何时候对任何人都要强,因此,理所当然地认为导游人员应该是知识渊博、导游技艺精湛、善

解人意、关心他人、可以解决一切问题的人。

由此可见,导游工作是一项富有挑战性又非常锻炼人的工作。因此,对导游人员的素质也应该有较高的要求。世界各国旅游业对导游都有严格的要求。日本导游专家大道寺正子认为:"优秀的导游最重要的是他的人品和人格。"她指出导游的基本条件是健康、整洁、礼貌、感情、笑容、毅力、胆大、勤奋、开朗、谦虚;具体条件是掌握丰富的知识、灵活的运用经验、理解游客的心理、掌握讲话的技巧。导游站在客人面前,要让客人看了就感到心满意足才行。

(二)导游过程中的心理因素

导游服务既是一种功能性服务,更是一种心理服务。为满足旅游者在旅游中的各种心理需要,导游服务应该注意把握旅游者的心理活动规律,因势利导,完善导游服务。

所谓"因势"就是要承认、尊重、顺应和利用旅游者追求心理和谐这一趋势。所谓"利导"就是对旅游者的行为施加影响,使旅游者采取合乎规定的行为。即在导游中努力使旅游者的生理和心理需要得到合理的满足,为旅游者的内心压力寻找一条合理的释放途径,注意以理服人与以情感人相结合,从而做好导游服务工作。

1. 树立并维护良好印象

导游必须通过人际关系的各种正当手段来赢得旅游者的信任和好感。树立并维护良好的形象,就可能将旅游者团结在自己的周围,旅游者会信任你、配合你,为使整个旅游活动高高兴兴、充满愉快做出努力。

迎客和送客是导游工作的开端与终端,导游服务给旅游者的第一印象与最后印象,对旅游者在心理上的影响是重大的。

第一印象的好坏常常构成人们的心理定势,不知不觉成为判断一个人的依据,特别是短期相遇。旅游者到达旅游目的地,导游给旅游者留下的第一印象常会左右旅游者在以后旅游活动中的判断与认识。美好的第一印象,将为导游以后工作的顺利展开铺平道路。因此,导游从机场、车站第一次接触旅游者起,就必须注意自己的形象要美观大方,态度要热情友好、充满自信,办事要稳重干练。不仅要注意外表的形象和态度对旅游者心理的影响,而且要以周密的工作安排、良好的工作效率给旅游者留下美好的第一印象,消除旅游者初到异地的疑虑和茫然感,增强其安全感及信任感。这是导游服务工作成功的良好开端,也为以后接待服务工作中遇到问题时的处理,奠定了一定的感情基础。

同第一印象一样,导游留给旅游者的最后印象也非常重要。若导游给旅游者的最后印象不好,就可能导致前功尽弃。一个游程下来,作为导游已感到很疲惫,但必须仍保持精力充沛的外表,这一点常令旅游者对整个旅程持肯定和欣赏的态度。同时导游针对旅游者此时开始想家的心理特点，要提供周到的服务，不厌其烦地帮助他们选购物品，真诚地请他们代为问候亲人；对服务中的不尽如意之处要诚恳检查，广泛征求意见和改进建议；代表旅行社祝他们一路平安。导游此时以诚相待是博取旅游者好感的最佳策略。良好的最后印象能使旅游者对即将离开的旅游地产生强烈的恋恋不舍的心情，从而激起再游的动机，回去后还可起到良好的宣传作用。

2. 运用眼神的魅力，进行微笑服务

眼睛是心灵的窗户，炯炯有神的眼睛能拨动人们的心弦，奏出令人身心愉快的乐章。导游服务中应充分运用眼神的魅力。导游在接团时若将和善的目光扫向每一个客人，当客人看到了你的目光，就感受到了尊重，便情不自禁地对导游产生好感。

在眼神的运用中，微笑的眼神在导游服务应时时体现。微笑能使人感到真诚、坦诚，是人际交往中友谊的象征。心理学的研究告诉人们，真诚的笑、善意的笑、愉快的笑能产生感染力，刺激对方的感官，产生报答效应，引起共鸣。所以，导游的微笑能博得旅游者的好感而产生心理动力。导游真诚愉快的微笑是欢迎辞，是伸出的友谊之手，是尊重对方的表示，是架起和谐感情交流的桥梁，是美的化身。笑是情绪上的反应，导游的微笑服务能使旅游者迅速消除生疏感，缩短与导游间的距离，犹如回到家里受到亲人的接待。有经验的导游，深知微笑服务对旅游者的巨大魅力。尽管他们在生活工作中遇到困难，也难免产生怨气而情绪低落，但在旅游者面前，他们总是保持笑逐言开、幽默风趣，令旅游者心旷神怡、不胜愉快。因为笑是"被人喜欢的秘诀"，只有当自己真心实意地向客人提供服务的时候，才会笑得自然，笑得可爱，这种微笑将成为导游服务中妥善处理各种问题的一大法宝。

3. 合理组织安排导游活动

导游人员在导游过程中要结合旅游景点的特点，根据旅游者的心情安排旅游活动。比如，在游览西湖时，导游就可以一边引领旅游者游览，一边诵读苏轼的名句"欲把西湖比西子，浓妆淡抹总相宜"。这样就会使游客在获得美感的同时，提高他们游览的兴致，感受诗的意境。同时要时刻注意旅游者的情绪和需求，随时调整游览节奏和安排活动强度。

人的心理状态不能长时间维持在一个高的觉醒水平上，有的时候就要主动、适当地降低旅游者的觉醒水平，为下一次高潮做好准备。从心理效果上看，连续的精神和情感的高涨会使人产生生理疲劳，使旅游者在随后的旅游活动中兴奋不起来。因此，在旅游活动中，具有新奇、独特的旅游活动项目最好不要安排在一起，具有代表性的旅游景点也要搭配开。心理学研究表明，对象的差异性能提高知觉的敏感性和知觉者的兴趣。即使精品,如果连续地呈现对人就是一种"心理轰炸",它会使人产生心理上的疲惫、迟钝,从效果上看,就是对精品的随意浪费。古人云:"文武之道,一张一弛。"旅游活动的安排,也要有"张"有"弛","张""弛"得当,才会有好的效果。

【相关链接】

AIDA 原则

AIDA 是西方商业界进行市场推销的一种模式,它简明总结了从认识到行动这一行为模式。AIDA 由 Attraction(吸引力)、Interest(兴趣)、Desire to act(动的愿望)、Action(行为)四个英文单词首字母构成。西方旅游界吸取其合理内涵应用于旅游接待工作,导游服务中若能运用得当也能取得较好的效果。如因某种原因,导游在解释改变日程的原因时,提出替换的参观项目,并加以有声有色的详细介绍,使新项目对旅游者产生吸引力(A),引导旅游者兴趣(I)的转移,产生观看新项目的愿望(D),从而同意导游改变日程接受新安排(A)。这个例子说明导游若有目的、有针对性地利用旅游者兴趣能动性的特点和其行为模式,将容易达到自己预期的目标,组织好导游活动。

(资料来源:马伦.消费者行为心理学.台北:五南图书出版公司,2004)

4. 把游客的角色从旁观的欣赏者变成参与者

在旅游过程中,有些景观由导游直接讲解可以收到较好的效果,但如果一味由导游讲解下去,游览活动就变成了现场参观讲解,游客会厌倦。旅游是花钱买经历的消费,经历的获得如果没有旅游者主体的深入参与,这个经历的生动性、清晰性、深刻性就会大打折扣。作为旅行社应该设计开发能让旅游者参与的旅游项目,而作为导游应尽可能调动旅游者在旅游活动中多动手,多动脑。

5. "一视同仁"和"特别关照"相结合

导游在提供服务的时候,必须要做到一视同仁,不能厚此薄彼,坚持为每一位客人提供标准化的服务,决不随意"偷工减料",并尊重每一位客人。这是导游服务的基本前提。

但是,又因为每一位客人都是有着不同需求的个体,所以要努力为每一位客人提供"针对个人"、"突出个人"的服务,这就是特别关照。例如,最简单的方式是称呼客人的名字,使客人感到亲切、受尊重和被突出。如果能通过交谈和其他方式了解并记得每位客人的特殊"背景",在与客人交往中合理运用,客人会有更主动的意愿与导游沟通,并积极配合各项安排和工作。

当旅游者有特殊要求或遇到问题的时候,这时,导游更要利用这种机会随时主动地为客人提供"额外"服务,让每一个遇到事情的客人依然能保持顺畅的心情和保障他顺利的旅行。这样不仅会赢得受帮助的客人的好感,也会因此赢得整个团队的赞同和支持。

第二节 旅游交通服务心理

交通是发展旅游业的先决条件,是旅游活动得以进行的物质基础,是旅游业的三大支柱之一。现代旅游业的飞速发展依赖交通运输业的突破性飞跃才得以实现。旅游交通情况的改善为旅游者提供了方便、快速、安全的车船和飞机。不论是组织国内旅游还是国际旅游,它的主要因素就是必须拥有良好的旅游交通条件,包括合理的交通路线、先进的交通工具、配套的服务设施(如机场、车站等)以及高素质的员工、有人情味的服务。同时,旅游业的发展也促进交通业的发展。为满足人们对旅游日益增长的需要而不断构建和改造交通运输的基础工程,正向现代化方向发展。而且,促使交通运输工具的研制与使用向高速度、豪华、舒适、大型化、多功能方向发展,同时也带动交通运输服务业的发展,如豪华邮轮,高速路边的饮食、通信、维修网点,自动投币加油机,汽车旅馆,汽车出租等。

总之,交通为旅游提供强大供给推力的同时,旅游也为交通业的发展产生了强大的需求拉力。二者相互依存,彼此促进,共同发展。

一、旅游交通概述

(一)旅游交通的概念

旅游者是通过各种各样位移方式或手段实现旅游的,这种方式和手段就是交通。为了有别于一般交通,把服务于旅游的交通运输称之为旅游交通。

旅游交通是交通运输的组成部分。具体地讲,就是为旅游业由客源地到旅游目的地的往返,以及在旅游目的地进行旅游活动而提供的交通运输服务。旅游交通使客源地和目的地的空间相互作用的产生成为可能。它同整个交通运输体系联系在一起。它是在客运交通基础上根据旅游需求发展起来的。因此,旅游交通系客运交通中独特的一支,它是交通运输中提供旅游位移服务的一种空间位移组织形式。

(二)旅游交通的构成

旅游交通由旅游者在旅途中的航空交通、铁路交通、公路交通、水运交通以及特种旅游交通服务所构成。旅游交通同一般交通运输一样,也是由两部分组成,即由旅游交通(如旅游公路、一般公路、道路)与旅游交通设施及工具构成。

1. 旅游交通运输工具

旅游交通要求便利、高效、快速、安全、经济及美观。目前旅游交通运输工具主要有飞机、汽车、火车、轮船等。

(1)航空是国际旅游和远距离旅游的重要方式。而汽车最方便、灵活,能实现"门到门"服务,只要有道路便可抵达,因此很受中、短距离的旅游者欢迎,许多国家的旅游者都乐意采用这种方式。

(2)火车在旅游交通中的显要地位已被飞机、汽车等交通方式所代替,但在我国仍占有重要地位。许多国家为吸引旅客增开直达快车,实行各种形式的减价、优惠价,发行旅游车票等招徕旅游者,加之火车安全、舒适、经济、装有空调,可沿途饱览风光,如衔接得当是很有市场的交通方式。

(3)水运交通是既古老又现代的运输方式,在古代和近代初期曾占有重要地位,但随着汽车、飞机等现代工具的出现,轮船作为旅游交通工具也逐渐失去其重要性。而在有些地区,水运是比较经济和快捷的旅游交通方式,如环渤海旅游。有些旅游项目甚至必须利用水运交通,如长江三峡游览。

2. 特种旅游交通服务

特种旅游交通服务指在旅游目的地或规模较大的旅游景区内,为适应特殊的自然条件或文化氛围,以及特殊的旅游需求而提供的交通服务,如索道、缆车、人力轿子、滑杆、竹筏、橡皮船、骆驼、雪橇等。

(三)旅游交通的特点

旅游交通既是交通运输的组成部分,又是旅游业发展的先决条件。它使旅游者"进得来、散得开、出得去",它创造价值,增加财富,参与国民经济总量的增长。因此旅游交通既有交通的共同特点又具有自身的一些特点:

1. 旅游交通的服务对象是旅游者而不是一般乘客

旅游交通是为旅游者服务的一种组织形式,其规模和服务应与旅游需求相适应。同时适应旅游者在旅途中多方面的需求,提供不同于一般旅客的特殊服务,如在服务项目上增加导游项目,提高服务质量;加密线路,增加车次;在交通管理上增加各种交通工具的联运,等等。因此,大型客机,高速长途直达列车,高速、高性能、观光条件好的汽车及道路,内部设施豪华、技术先进的现代化旅游交通工具的不断增加,各运输线路、部门、地区间的联运等,都是发展旅游交通应特别注意的。

2. 旅游交通产品的无形性特点

旅游交通的生产效果,没有固定的物质形式,它既不生产具体产品,也不出售具体的商品,它所生产的只是运力和服务条件,是旅游者的空间位移及服务,使旅游者平安、顺利、愉快地到预定的目的地。它随着生产和消费过程的完结而终止,对旅游交通服务人员的行为规范和旅游者的满意程度较难控制和掌握,给安全质量和服务质量的管理增加了一定难度。

因此旅游交通企业必须充分了解旅游者在旅游过程中对旅游交通的需求和心理特点,不断改善经营管理,提供高质量的针对性服务,以树立良好的企业形象,赢得顾客,实现最佳的经济效益与社会效益。

3. 旅游交通具有季节性、区域性特点

由于受气候、地理位置、节假日等条件的制约,旅游者的旅游活动在一年中的分布极不均衡,因而对旅游交通的需求具有明显的季节性和区域性。旅游者对旅游交通的需求会在很短的时间内明显地呈现高峰和低谷态势,也会在不同的区域内出现集中或分散的现象。

旅游交通的季节性和区域性是阻碍旅游交通发展的一个因素。由于旅游者对旅游交通运力的需求在时间上和地域上极不平衡,所以很难做到既为旅游者提供足够的运力,又使旅游企业可以获得合理的经济效益,因而有关部门需加强管理并进行调整来解决这一问题。

二、旅游者对旅游交通的心理需求

(一)安全

安全是旅游活动的前提,可以说,没有安全就没有旅游。旅游者对人身和购物的安全需要,在旅行途中表现得最为突出。在选择交通方式时,他们会挑自己认为最安全的交通工具;乘坐车船小心谨慎,随时注意不要发生意外;贵重物品随身携带;不会轻易与陌生人接近;对异常现象很敏感,警惕性高。

不同的人,由于年龄、经历、个性等的不同,对安全的需要程度有较大差异。年轻人喜欢冒险,愿意尝试新事物,在选择交通方式和行程路线上不会对安全系数要求很高;对于年老体弱的人,则会选择较稳妥的交通工具,方便进出;而对于有过交通事故经历或胆子较小的人,对安全系数要求比较高。因为一次不幸的交通经历,不只是损失严重,对当事人的心理损害也是很大的,而且影响很难磨灭。

(二)快捷

"旅宜速"是一般旅游者对旅游交通最普通、最常见的心理诉求。旅游者都希望以最快的速度到达目的地,能尽量缩短时间距离。例如,坐火车不喜欢慢车,而喜欢快车或高速列车,乘飞机希望航程越短越好。他们希望把有限的闲暇时间用于游览活动,而不愿意把时间浪费在旅途中。因为旅途这段时间被人们认为是无意义的,感觉枯燥、乏味,而且容易引起机体疲劳。它不是外出的目的,而是为达到某种目的的手段,尤其是对急于到达目的地的人或性情比较急躁、多血质、胆汁质的人,快速旅行的愿望更为强烈。

（三）准时

作为旅游者,外出旅游往往是按照既定的计划进行的,何时何地启程,换乘何种交通工具,何时到达目的地,何时返回等,都有事先的安排或预定。准时能保证人们生活和工作的正常节奏,否则会感到一切被"打乱"了,以致产生烦躁感甚至发展到强烈的不安和不满。怕误点漏乘,人们往往会提前等候。如果运行时刻被提前或推后了,旅游者会感到十分奇怪和不适应。旅游者对旅游交通的正点运行要求很高,对误点、改点、取消会非常反感。

（四）舒适

旅游是一种高层次、全方位的审美活动,旅游者在旅游活动中的消费属于享受性消费。因此,在经济条件许可的情况下,旅游者对旅游交通的需求总是追求舒适。在物质方面,希望企业提供设备齐全、环境优雅的候机(车、船)场所,希望乘坐外形美观、宽敞明亮、舒适安稳、便于休息和游览的交通工具。在精神方面,希望得到文明礼貌、热情周到的旅行生活服务。在旅游者心里,如果可以,他们也希望乘坐旅游交通工具的过程是美好旅行生活中的一部分。

（五）价廉

无论经济能力怎样,旅游者多希望可以节省旅游交通的费用,因为这毕竟是去目的地的联系方式和工具,而不是游览过程的主体。因此,人们更愿意旅游交通企业提供不同的旅游交通运营方式,可以让出游的人充分考虑各种因素。比如,选择不同的交通工具,挑选不同的公司。即使同一家公司,他们也要尽量选择有优惠时段的票价(如淡季折扣、寒暑假对师生的优惠价格等)。

【相关链接】

春秋航空低成本运营模式

春秋航空不仅度过了2008年爆发的世界金融危机带来的行业严冬,更以稳定的95%以上的客座率在市场上站稳了脚跟。这些成绩的背后,是春秋航空在国内首家实行的低成本运营模式。

经历2008～2009年的世界金融危机的低谷后,民营航空公司的阵营只剩下春秋、吉祥和奥凯三家。这其中,吉祥航空主打的商务人群,与三大航所争取的客户群体基本一致,是通过提供更舒适的座位和更优质的服务来切入市场；奥凯航空虽大旗不倒,但几经波折,市场开拓还处于需要继续发力的阶段；而春秋航空主打的低成本战略,虽在国内前无先例,但靠着这种差异化战略定位的思路,挖出了自身的一片"蓝海"。

　　拿掉头等舱，尽最大可能安排座位，航班延误不赔偿，机上售卖食品……春秋航空借鉴国外低成本航空公司经验推出的这一系列举措，屡屡引起争议，却未使其客源有所流失。据介绍，其销售机票的主要渠道官网是需要通过手机注册的，而现今其官网注册用户数已超过300万，其中有30%是活跃用户，相比传统网站的不到5%的比例，成效明显。此举拉近了春秋航空与直接客户——旅客的"感情"，同时也为春秋航空省下了分销成本。

　　（资料来源：节选自民航资源网. 春秋航空公司的首家低成本运营模式可否被复制？2010年7月）

三、旅游交通服务心理

（一）不断提高旅游交通条件

　　为了确保旅游者对时间知觉和安全的满足，必须不断提高区际、区内的旅游交通硬件条件，包括道路、基础设施和交通工具三个方面。

　　1. 道路条件

　　科学地规划区域内的道路网络，包括道路网络密度、交通线路的选择、路面等级状况等。选择交通线路时，要考虑到旅游者的安全因素，要尽量避免险峻的地方；要尽量缩短里程，也就是缩短旅游者在旅游途中的时间；为了提高舒适度，也要尽可能地提高路面等级。

　　2. 基础设施条件

　　基础设施是指机场、车站、码头等的设施。首先，要科学地规划或布局其地理位置；其次，在各种设施上应做到现代化，既与各种交通工具相匹配，又要考虑到旅游者的方便因素。例如，在机场增设银行、商店、餐厅、出租车站、画廊等，使旅游者既得到了休息，又得到了美的享受。当然在这些地方的服务也应该是文明礼貌、热情大方的，随时为旅游者考虑，做好旅游交通的窗口。

　　3. 交通工具

　　现代化的交通工具带来了现代旅游业的迅速发展，它不仅大大缩短了时空距离，而且为旅游者的安全、方便、快捷、舒适提供了条件。因此，现代化的交通工具应该全面考虑到旅游者在旅途中的各种需求，满足旅游者意愿，同时提供超常服务。例如，减音装置和空调设备，满足了旅游者在旅行途中对噪声、空气污染、温度异常的适应度；电视音像设备，为旅游者途中增添了情趣，丰富了行程，减少了旅途的枯燥感。

(二)确保旅游者安全心理需要

安全是旅游者的最根本心理需要,是旅游交通的生命线。任何一起交通事故都会严重影响旅游者对交通安全的信赖。因此,旅游交通部门应采取一切措施防止交通安全事故的发生。

1. 应满足旅游者对交通的不同需求,选择与旅游地相适应的旅游交通工具。由于求异、求特心理的支使,旅游者总是希望在整个旅游过程中尽可能地使用各种不同的交通方式,以体验乘坐各种交通工具的乐趣,同时也要注意交通方式的选择应与旅游地相适应。只有被认为是安全的,人们才敢"旅",才敢"游",才乐于前往,才能"进得来"、"散得开"、"出得去"。否则,再好再美的景区、景点也会使人望而却步。

2. 交通工具在运行过程中受机械故障影响,有发生事故的可能性,因此,在旅行开始前,必须对交通工具进行认真检查。

3. 对司乘人员进行安全方面的教育,尽量避免技术事故的发生。

(三)旅游交通服务全面化

1. "一条龙"服务体系

"一条龙"的服务体系是在联合运输的基础上延伸和发展起来的,使单一化的服务向多层次、多功能、全方位发展;由中间环节服务向两端延伸服务发展。它具有全程联网的特点,涉及不同的管理部门和各种交通工具。因此,在强化内部管理的同时,必须加强各部门之间的协调配合,健全和完善全程联网运营质量管理。

这种服务体系具有很强的系统性和依托性。任何一个环节出现意外,都会发生一系列的连锁反应。这就需要从旅游者入境到游完全程出境各相关部门之间要做好组织工作和信息传递与协调联络工作。

2. 人性化服务方式

旅游交通与普通交通的区别在于,除了满足旅客的位移要求,提供交通工具以外,还要充分考虑旅游者作为旅游产品的消费者这一特殊身份。因此,旅游交通服务工作人员要充分考虑旅游者的各种需求,提供人性化服务,使旅游者处处感到方便、亲切和舒适,使他们体验旅行带来的乐趣。例如,在长距离旅途中,放些音乐、录像,组织一些轻松的小游戏,为旅游者提供晕车药,特别关照老弱妇孺等,这些看似小事,却可以拉近旅游者与服务人员的距离。

第三节 旅游商品服务心理

在旅游活动的吃、住、行、游、购、娱六大要素中,购物这项旅游服务对发展旅游事业,特别是在增加外汇收入方面起着重大的作用。在旅行过程中,不同的人有不同的购物心理,而且并不是所有的人都喜欢在旅游中购物。因此,对旅游者购物心理以及旅游商场服务心理进行研究,以满足那些有购物欲望的旅游者,激发没有购物愿望的旅游者的购物兴趣,同时使旅游者在购物活动中同样感受愉快和享受乐趣。

一、旅游购物商品概述

旅游购物是旅游者在旅游活动中产生的相随行为。旅游商品就是特指旅游者为实现其旅游目的或在旅游过程中所购买的以物质形态存在的商品。

因此,旅游商品应有别于其他商品,必须充分考虑旅游消费者的心理特点。一般应具有纪念性、工艺性、实用性的特点,同时还应反映民族特色、地方特色。只有新、特、奇的旅游地特产和手工艺品,才能满足旅游者寻新探奇的需求。

同时,旅游商品的种类也应该符合不同消费者的心理特点,提供品种众多又便于挑选的商品来满足各种旅游者购物的需求。根据对整个旅游消费市场的调查分析,高层旅游购物消费人群不多,大多属于中、低层消费水平;以旅游购物为主的消费群体也占少数。因此,在旅游商品的市场定位上,应重点照顾到中低档产品消费人群,适当推出一些高档有特色的商品。除此之外,旅游商品的种类也应该丰富多彩,以促使旅游者购买行为的产生。

二、旅游者购物心理

(一)旅游商品市场需求

旅游商品市场需求是指旅游者购物时对旅游商品的数量、质量和品种的购买和消费倾向。旅游商品需求是旅游商品市场形成的基础,没有旅游商品需求,旅游商品市场便无法存在。旅游商品生产经营企业只有在调查和了解旅游商品需求的基础上开展经营活动,针对市场需求开发生产旅游商品,才能实现较好的经济效益和社会效益。

1. 基本需要

旅游活动是人们日常的基本生活需要满足之后,拿出部分收入和时间进行的较高层次消费,是人们精神文化生活的追求和享受的需要。因此,在旅游过程中对于商品消费的基本需要比日常生活中对商品消费需要的要求更高。这些商品有些是在旅游前准备的,有些是在旅游过程中购买的。游客在旅游途中的基本生活品越多,说明旅游质量越差。如果各旅游地和旅行社能够保证旅游者的基本需要不下降,则既能减轻旅客的行囊,使旅游能够轻松完成,又能够提高购物的数量,提升旅游的整体效益。

2. 探新求异需要

探新求异是指人们暂时变换原来熟悉的生活环境和生活内容而对新生活环境和生活内容的一种追求。表现在旅游商品上,就是体验异地他乡的商品消费的新的方式和氛围的需要。各地商品消费的习俗不同,商品消费的环境不同,在旅游过程中体验一下商品消费新方式和环境,可以满足旅游者的好奇心和对新事物的渴望。旅游商品一般具有浓厚的地方特色和民族特色,新异刺激,具有巨大的吸引力,它能自然地引起人们的无意注意和直观兴趣,从而满足旅游者探新求异的需要。

3. 纪念、收藏需要

旅游者在旅游过程中购买商品,一个重要的动机就是为了让自己的旅游经历通过旅游商品进行物化。通常旅游者对具有特定文化内涵、具有明显纪念意义的商品的购买欲望很强,如苏州的双面绣、桂林的山水画、福建的铁观音等。旅游者购买纪念商品有两个目的:一是在事过境迁之后,通过物化的形式能够引起自己美好的回忆;二是为了收藏。能够满足这种需要的旅游商品要求制作工艺精湛,主题明确,所用材料储藏期长。

4. 求美的需要

艺术性,是旅游商品具有的独特创意和典型美观的特性。旅游者出游的目的之一就是为了获得美的感受,除了看到的、听到的、吃到的,他们当然也想把美的享受带回家。因此,具有美感的商品自然成为旅游者购买的首选对象。例如,雕刻精美的砚台,除了作为实用的文具,同时也是可供陈列观赏的艺术珍品。

(二)旅游购买行为的心理

1. 从众心理

旅游者购买商品大多没有明确目的,旁人的行为导向会影响旅游者的购物判断。当看到许多人都在购买同一种商品时,旅游者会想当然地认为,大家都买的一定是物美价廉的,于是争相购买。这种心理会影响没有购买愿望的旅游者产生购物的欲望和行动。

2. 求刺激心理

购物行为的产生,有时是为了寻求刺激。有些女性购物者,购物就是为了宣泄不快和忧虑,缓解紧张和压力。她们很容易在旅游过程中产生购物的冲动并在享受购物的过程中体会快感。

3. 求尊重心理

旅游者出游的目的之一是为了享受到比日常生活要高一个档次的生活方式和待遇。因此,在旅游购物中,旅游者对受尊重的要求比平日还要高。售货员热情、周到的服务,百问不厌、百试不烦的态度,会让旅游者真正享受到"上帝"的感觉,在满足了旅游者高层次的精神需求的同时,可以促使旅游者产生购物欲望,最终转化为购买行为。

4. 求方便心理

方便是所有购买者对商品的要求,尤其是对身在异地的旅游者来说,方便是购买行为实现的一个重要基础。有针对性的额外服务,如商品包装结实、易提拿,贵重物品的异地送货等,将会增加旅游者的消费额和满意度。

由此,我们可以看出,旅游购物行为具有随意性、仓促性和非经验性。旅游购物是非基本旅游消费,是否产生购物行为由旅游者的兴趣决定。旅游商品市场供应的品种、特色、购物环境都可能影响或促使产生购物行为。旅游者在旅游途中购物,一般对购买对象不太熟悉,是非经验性购买行为。又由于受到旅游行程安排的限制和旅游活动的动态性的影响,旅游购物的选购、决策时间短,旅游者容易受来自环境各方面因素的诱导,如导游的导购、当地经营者的促销、传媒宣传、从众心理的影响。因此造型独特、包装精美、陈列醒目的旅游商品及良好的服务容易在很短的时间内使旅游者产生购买意向。

三、旅游商品服务销售心理

(一) 商品包装

虽然人们购物只是看重商品本身的质量好坏,但是精美的包装却能吸引购物者的注意,激发他们的购物动机,因为旅游者在购买商品时,首先看到的是商品的外部包装,而不是商品本身。过去,对包装重要性的认识仅仅停留在防止商品损失、散失,方便商品保存或销售等实用功能上。今天,随着市场竞争的日益激烈,自动售货方式的出现,消费者生活习惯的变化,以及包装新工艺、新材料的应用和包装技术的提高,包装变成了美化商品、宣传商品和推销商品的必要手段。独特的包装可以使消费者很容易在众多商品中把它认出来,精美的包装可以适当弥补商品的平凡,引起消费者的购买兴趣,同时赋予商品一种特殊的象征,提高商品的身价,使消费者在购买商品时获得自我表现的满足。

旅游商品包装的设计,除了美观,还要考虑它的纪念意义和作为礼品的需要,以及携带的方便。因此,设计时要迎合不同消费者的心理。例如,高档商品要精工设计,名贵大方,材料上乘,以满足"物以稀为贵"的心理;低档商品要色彩浓重,给人以"物美价廉"的感觉;特殊商品(古董、文物、字画等)不仅要防潮、防蛀、防震,还要体现商品特殊性,满足购买者自我表现的心态,等等。

(二)服务技巧

做好旅游商品的销售工作,除了旅游商品要满足旅游者的需要、商品包装要精美以外,要真正实现商品从旅游企业转移到旅游者手中,旅游销售人员的服务技巧也起着非常重要的作用。

1. 热情周到的服务态度

商品服务人员应该随时注意自己的言谈举止、动作表情、服务态度,给客人留下良好的"第一印象"。同时,要以诚挚、善意的微笑和关切、清晰的语言向顾客打招呼;用简洁、明快的语言向客人介绍商品;不厌其烦地出示商品给客人。热情周到的服务态度可以促使没有购物需要的客人产生购物行为,同时提高销售数量和收益。

2. 把握销售时机

当客人长时间凝视某一商品把头抬起来时,当客人突然止步盯着某一商品时,当客人到处看,像在找什么时,当客人与售货员目光相遇时,售货员应该及时地迎向客人,微笑示意,礼貌地招呼客人:"您好!""我能为您做点什么吗?""您想看看什么?"

一般来说,光顾商店的旅游者大致有三种类型:一是实现既定购买目的的旅游者。这类旅游者要买什么商品,在他们进商店之前就有打算。因此,他们显得比较自信,很少问这问那。营业员接待这类游客时,不必过多介绍商品的特点、性能、规格和使用方法,游客要什么就拿什么。二是了解行情的旅游者。这类旅游者进入商店以后,东看看,西瞧瞧,主要是比较一下这里的商品与他们本地的商品在价格、式样等方面有什么差异。如果觉得合算,就可能买。买与不买常常就在一念之间。营业员在接待这类客人时,大有文章可做。首先可用"您先看看"的招呼语言,并视其心理状态伺机向其介绍商品的特点,如果客人被所介绍的商品吸引,就进一步了解他是给自己买还是替别人买,再进一步了解使用者的年龄、性别、爱好、职业等情况,以负责的态度帮助顾客下决心,促使其产生购买行为。三是浏览商品或看热闹的旅游者。这类旅游者的心理动机大多为了满足精神需要而来商店逛逛。他们常常是两三个人边走边谈,指指点点,偶尔也向营业员询问某些商品。营业员接待这类旅游者时,不能采取怠慢、应付的态度。因为眼前的游客,也许就是明天的购买者。因此,营业员的接待应给这类旅游者留下良好的第一印象。

3.做好商品展示

合理的商品展示,加上恰如其分地服务,可以吸引客人的目光,全方位感受商品,刺激旅游者的购物欲求,同时给客人的购物过程以美的享受。

(1)使用状态刺激直觉感观

将商品做成使用状态给客人以直观印象并促进客人的联想。例如,领带可以贴近客人胸前,让客人比照;外套可以打开放在客人面前。

(2)触摸商品引起购物欲望

除了食品点心类外,都应该尽量让客人可以拿在手里或者可以尝试,以激发旅游者的购物愿望。例如,很多旅游地茶叶的销售一般都会在演示茶道、讲解茶经的同时让客人品茶;一些商场的化妆品会在美容讲解的同时为客人试用产品。这些都是为了让客人产生购买欲求和行为。

(3)充分揭示商品特性激发购物潜在需求

在第一时间抓住客人一扫而过的目光,商品的特性展示非常必要。要将商品的重要部位、优点和特点展示出来。比如,防水的手表放在装饰美观的水瓶内展示,真皮防皱的皮鞋弯曲摆放在圆形鞋架中间的孔中展示。

(4)多种商品展示满足多重购物需要

客人购物总有比较研究后才购买的心理和习惯。因此,为了提高旅游者的购物倾向和热情,满足客人多重需求,应该设计摆放多种类商品便于客人比较挑选。

第十章 旅游企业售后服务心理

本章提要

在这一章,我们首先考察引起旅游者挫折感和投诉的心理因素,分析他们的投诉心理,然后讨论处理旅游者投诉的对策,最后探讨旅游企业的售后服务心理。

国外一些旅游界人士将销售过程比做求爱和婚姻。像在"求爱"阶段,要投入大量的时间和努力去"追求"首次购买者。销售成功后,还需要一如既往地精心呵护才能保证其"婚姻"的幸福及完美无缺。

第一节 挫折与投诉心理

【案例分析】
香港导游"阿珍"辱骂游客案

2010年1月,安徽省宣城市某电器公司开展有奖促销活动,获奖顾客可获得港澳双卧六日游大奖。电器公司委托宣城 A 旅行社承办此项旅游活动，A 旅行社与没有出境游资质的宣城 B 旅行社合作，其后 B 旅行社又与深圳 C 旅行社签订了赴港澳游的委托协议。参加港澳双卧六日游的游客与 B 旅行社签订了出境旅游合同。2010 年 3 月 24 日，51 人的港澳旅游团从安徽出发，香港接待社为 D 旅行社。该团在港旅游期间，香港接待社所派导游李巧珍多次胁迫游客购物，并进行人身侮辱。该团游客将导游李巧珍在旅游大巴上谩骂游客的言行暗录下来，回内地后将录像传至互联网上，引起社会广泛关注。网友戏称导游为"恶女阿珍"。

国家旅游局要求安徽省旅游局和广东省旅游局认真调查，严肃处理。安徽省旅游局指导、支持宣城市旅游局对本案涉及的 A 旅行社和 B 旅行社进行了调查处理。A 旅行社和 B 旅行社均无出境游业务经营权，其行为违反了《旅行社条例》第四十六条第一项规定，即未取得相应的旅行社业务经营许可经营出境旅游业务。B 旅行社辩称，其与有出境游经营权的 C 旅行社有委托协议。经查，B 旅行社与 C 旅行社之间的委托不符合有关出境游委托招徕游客的规定。宣城市旅游局依据此项规定，对 A 旅行社处以责令改正，没收违法所得 1960 元，并处 10 万元罚款；对 B 旅行社处以责令改正，并处 10 万元罚款。

国家旅游局发函广东省旅游局，要求其调查 C 旅行社是否有零负团费、低于成本经营等违法违规行为。广东省旅游局与深圳文体旅游局通过调查，以该旅行社将旅行社业务委托给不具有相应资质的 B 旅行社，违反了《旅行社条例》第五十五条第四项的规定，决定对其罚款 50000 元。

香港旅游业议会对本案涉及的香港旅行社和导游进行了查处。该会认定导游李巧珍违反了《导游作业守则》的相关规定，严重损害了香港旅游业的形象和声誉，施以暂停导游证六个月的处罚，其后如果再次违反有关规例，将永久吊销导游证；对指派她接待旅行团的 D 旅行社处以 4.75 万港元罚款。

（资料来源：国家旅游局.2010 年十大旅游案例. http://www.cnta.gov.cn）

以上为国家旅游局在其网站通报 2010 年 10 件旅游案例之一。随着我国旅游业的发展，旅游人数的不断增多，旅游投诉事件也频频发生，表 10-1 为 2010 年我国三大旅游市场投诉人数的变化，可见旅游投诉持续上升。2010 年投诉总人数是 32817 人，比上年增加 4878 人，同比上升 17.46%。其中入境游有 363 人投诉，比上年增加 298 人，同比上升 458.46%；国内游有 28832 人投诉，比上年增加 3739 人，同比上升 14.90%；出境游有 3622 人投诉，比上年增加 841 人，同比上升 30.24%。

表 10-1 投诉人数情况表

年 度	投诉总人数	入境游投诉人数	国内游投诉人数	出境游投诉人数
2010 年	32817	363	28832	3622
2009 年	27939	65	25093	2781
与 09 年相比(人)	+4878	+298	+3739	+841
与 09 年同比(%)	+17.46	+458.46	+14.90	+30.24

一、旅游者挫折与投诉的心理因素

当旅游结束或在饭店住宿的旅游者离开时,如果旅游者有挫折感,就会产生"购买后的抱怨"心理,有的旅游者还可能进行投诉活动。旅游者的投诉是指游客将他们主观上认为由于服务工作上的差错而引起的麻烦和烦恼,或者损害了他们的利益等情况,向服务人员提出或向有关部门的反映。

客人的投诉对旅游企业具有重要意义,在某种意义上是对企业优质服务的褒贬,是企业服务质量提高的动力。前海尔集团总裁张瑞敏曾说过:"每一个挑剔顾客的背后就是一个商机。"此话也适用于旅游业。因此,作为旅游企业的工作人员,必须正确处理好每一个投诉。一般来说,引起旅游者挫折感与投诉的原因有以下几方面:

(一)主观原因

主要表现为服务人员不尊重客人,如饭店服务人员走路、谈笑声音太大,影响旅游者的休息和睡眠;旅行社的导游或饭店服务人员对待旅游者不主动热情,态度冷淡,见不到笑脸;服务人员态度不友善,缺乏言语的文明性,冲撞客人,甚至挖苦旅游者;未经敲门而闯入客房;不尊重旅游者的习惯、信仰;损坏或遗失客人物品,清洁卫生马马虎虎,没有完成客人交代的事情,等等。

(二)客观原因

环境不良,饭店的电气设备噪声太大,室内温度不适宜,空气不清新,饭店卫生条件不好,客房或餐厅有老鼠、蚊蝇;设施损坏或功能不好未能及时修理,如电梯出故障,卫生间水箱漏水,出游时汽车抛锚,车上话筒有故障;缺少必要的设施和服务,如客房里没有电吹风,卫生间没有电源插座,乘坐的汽车没有空调设备,等等。

(三)其他

收费不合理,如饭店的客房、饮食、商品及服务等质量不好、收费过高,旅行社又增加新的收费项目,结账时多收了客人的钱,等等。

二、旅游者投诉时的心理

（一）求尊重心理

前面讲到，引起客人投诉的一个最重要的原因就是服务人员不尊重客人，客人由于受到怠慢就可能引起投诉，目的是为了找回尊严。客人采取投诉行动，总希望别人认为他们的投诉是对的和有道理的，渴望得到同情和尊重，向他表示道歉并立即采取相应的处理措施。

（二）求平衡的心理

求平衡的心理也称"求发泄的心理"。俗话说："水不平则流，人不平则语。"投诉是一个正常人寻求心理平衡、保持心理健康的正常方式。旅游者花钱是为了寻求愉快美好的经历，如果他得到的是不公平和烦恼，这种强烈的反差会促使他选择投诉来找回他作为旅游者的权利。旅游者利用投诉的方式把心里的怨气发泄出来，以求得心理上的平衡。

（三）求补偿的心理

旅游者在旅游过程中，如果由于旅游企业工作人员的职务性行为或旅游企业未能履行合同，给他们造成物质上的损失或精神上的伤害，他们就可能利用投诉的方式来要求有关部门给予一定的补偿。比如，未履行合同（如景点、线路"缺斤少两"），就得尽快退钱，损坏了东西就应立刻修理好等。

【相关链接】

香港加强规管见效 旅客投诉减三成三

新华网香港10月2日电 香港媒体报道，中国国庆黄金周期间，预计有1800个内地旅行团访港。为确保旅客"开心来，尽兴返"，香港旅游业议会加强景点及购物店等地方的巡查，每周巡查次数由20次倍增至50次，打击违规旅行团。

议会主席胡兆英表示，香港今年初实施一系列规管措施后，首8个月的旅客投诉数字较去年同期下降33%，反映措施有效。

今年2月初，香港旅游业议会为打击俗称"刀手"跳团"宰客"活动，实施"一团一导游"，规定除了接团及自由活动之外，观光、购物及送团等行程，必须由同一名导游带领。

胡兆英表示，落实有关措施后，今年首8个月有关内地访港旅行团的投诉仅195宗，按年减少33%，显示新措施有阻吓作用。迄今共有4间旅行社裁定违规被记分，另外有10多宗个案正在跟进中。被记分的旅行社涉及违反"一团一导游"规定，或向内地旅客派发的行程表没有交代议会规定的资料等。根据规定，旅行社两年内累积记满30分，会被暂停或取消会籍。

胡兆英承诺会跟进所有投诉,"旅客要提供证据,议会才能进行裁决"。胡兆英有信心投诉数字会继续下降,"但很难零投诉,内地来港旅行团数量太多,难免有不周之处,令旅客不满"。他希望,内地访港团的投诉数字可以一直下降至与其他团相若,"去年内地团以外的访港旅行团,全年只有10宗旅客投诉,希望内地团亦做得到"。

(资料来源:新华网. http://news.xinhuanet.com/travel/2011-10/02/c_122116520.htm)

三、对待旅游者投诉的对策

处理对旅游产品的投诉可能是个难题。与有缺陷的汽车或洗衣机不同,有缺陷的游程无法修补或更换。因此,许多旅游中间商只好选择那些可靠的、有良好信誉的供应商进行合作。在一开始时就在对旅游产品的期望值上达成一致意见也不失为一个很好的办法。例如,要求花最便宜价钱到海滨度假的游客,就应该告知他们不可能住进能观海景的客房。无论什么时候,只要有可能,就应该告知游客所有可能影响他们愉快旅途的异常情况。抱怨和投诉一旦发生,应该慎重处理,绝不能采取不闻不问的态度。对待旅游者投诉的处理,一般要经过以下三个过程。

(一)耐心倾听,弄清真相

大自然赋予每个人一根舌头、两只耳朵,所以听的应当比说的多一倍,听意味着开始赢得了一个同盟者。客人投诉时,应有礼貌的接待,一定要耐心、宽容地倾听客人的诉说,不能轻易打断,也不要急于解释、辩解,更不能反驳;否则,可能会激怒客人。一般而言,客人投诉心中愤怒,不通过发泄,他们就不舒服。让客人出了气再走要比让客人憋着一肚子气走好得多。但要注意尽量不要让有气的客人当着其他客人的面"出气",更不要让许多客人凑在一起"出气",要尽可能让有气的客人"分别出气"、"单独出气"。通常客人只有在叙述他遇到挫折的详细经过时,才能把一肚子气撒出来。应该认定对方的怨言不是针对某一个人的,即使对方出言不逊,也应该采取宽容的态度。要对客人表示同情、理解,要设法使客人情绪放松,并平静下来。尽量站在投诉者立场上考虑问题,并适当提出问题以示你在充分倾听和求得了解。比如可以说一说以下这些话:"您能不能具体地说一说经过情形,使我能够恰当地帮助您。""哦,我现在完全听明白您的意思了。""让我们一起来分析一下摆在我们面前的几种可能性,好吗?"必要时也可以用自己的语言重复一遍客人的投诉。用这种方法,就比较容易使客人相信你是站在他这一边的,还可以为自己赢得思考问题的时间。这样的反馈能够降低客人的抱怨,为顺利解决问题奠定基础。

(二)态度诚恳,表示歉意

处理投诉时,员工态度一定要诚恳。不管在什么情况下,当客人投诉时,都应该虚心接受,表示歉意。无论什么时候,都应该尽可能地先同意客人的意见;否则,如果对顾客采取不友善的态度,处理问题又不够专业,只会给企业带来恶劣的影响。如果是本企业的问题,即使接待投诉的工作人员可能与投诉产生的原因毫无关系,也要立即向客人认错,表示歉意,然后对产生问题的原因再作进一步说明。美国人际关系学专家戴尔·卡内基指出:"假如我们知道我们势必要受责备,先发制人,自己责备自己岂不是好得多?听自己的批评,不比忍受别人口中的责惩容易得多吗?"有些投诉常常起因于误会,如果是客人误解了,工作人员仍然可以表示歉意,不要阻拦对方提出自己的要求,更不要指责或暗示客人错了,也不要马上进行自我辩解。客人比较容易接受工作人员采取表示歉意的态度。即使客人真的错了,辩解也毫无益处,而道歉使投诉者觉得你的态度诚恳,能够消除客人的怨气,怒气下去了,客人会认识到自己的不对。在表示道歉时,要注意用语,比如可以说:"非常抱歉让您遇到这样的麻烦","这是我们工作的疏漏,十分感谢您提出的批评",等等。另外,道歉必须是发自内心的,才能使客人接受。记住一份投诉是一次机遇,无论客人的动机如何,客观效果上有利于我们做好工作。欢迎客人的投诉,尊重他们的意见,向他们表达歉意,客人会觉得受到尊重,满足了他们的自尊心,为圆满处理投诉铺平道路。

(三)区别情况,及时处理

当客人投诉时,工作人员最好把事实经过、原委都记录在案,以便客观地确定事实的真相。对一些看来明显是我们服务工作的过错,应当马上道歉,在征得客人同意后及时做出补偿性的处理。如果对投诉采取拖延的态度,顾客只会变得更加恼火,投诉也将升级。对于较复杂的问题,在弄清真相之前,不应急于表达处理意见,应当有礼、有理,在客人同意的基础上处理。如果客人的投诉是不合理的,应该采用折中办法,既令客人满意,又不损害企业的利益。最后,要对客人的投诉表示真诚的赞赏和谢意,这表明了我们的一种礼节。而且,我们也应该对投诉者表示感谢,因为这可以使我们知道企业的服务与产品在哪些方面尚有待提高,有助于我们提高服务质量,最终赢得客人的满意。

【相关链接】

处理客人投诉的五十条建议

法国的菲利普·布洛克在其所著的《西方企业的服务革命》一书中,提出了处理客人投诉的五十条建议,复录如下,以飨读者。

(1)对待任何一个新接触的人和对等客人一个样。
(2)没有无关紧要的接触和不重要的客人。
(3)投诉不总是容易辨认清楚的。
(4)没有可以忽视的投诉。
(5)一份投诉是一次机遇。
(6)发牢骚的客人并不是在打扰我们,他在行使他的最高权利。
(7)处理投诉的人一定被认为是企业中最重要的人。
(8)迅速判明投诉的实质。
(9)用关键词限定投诉内容。
(10)每当无理投诉出现高峰时,应当设法查明原因。
(11)在采取纠正行动之前,应立即对每份投诉做礼节性的答复。
(12)要为客人投诉提供方便。
(13)使用提问调查表以方便对话。
(14)组织并检查答复投诉后的善后安排。
(15)接待不满的客人时,称他的姓,握他的手。
(16)处理投诉应因人制宜。
(17)请保持轻松、友好和自信。
(18)让客人说话。
(19)要做记录,可能时使用一份印制的表格。
(20)告诉客人他的问题由你负责处理,并切实去办理。
(21)要答应采取行动,还要设法使人相信你的许诺。
(22)要证明投诉登记在案后,你即开始行动。
(23)告诉客人他的投诉是特殊的。
(24)不谈与客人无关的事。
(25)防止露出羡慕、烦躁或偏执等情绪。
(26)既要让人说话,又要善于收场。
(27)学会有效地发挥电话的功用。
(28)要像对待你的老主顾那样,对待不是你的客人的人。
(29)决不要在地位高的客人和棘手的问题面前胆怯。
(30)要核实别人向你传递的消息。
(31)要让别人听你的话,但扯着嗓门叫喊是徒劳的。
(32)复述事实莫带偏见。
(33)切忌轻率地做出判断。
(34)想一想有否立即答复的可能,问一问客人希望你做些什么。

(35)别急于在电话中商讨解决问题的方案。
(36)请留下您向客人所做的任何诺言或保证的书面记录。
(37)如您当场爱莫能助,不妨先宽宽他的心。
(38)在对话时,对方未说完之前,切莫打断。
(39)一俟对话完毕,立即采取行动。
(40)写一份意见书,投给你作为顾客的某个企业。试探一下别人对待你的方式。
(41)千万别对客人说:"您应该……。"
(42)凡是收到和寄出的一切都得签注日期。
(43)要结识那些多次不满的客人。
(44)除非万不得已,不用电话答复书信。
(45)尽快索取你可能需要的补充信息。
(46)若情况允许,就用幽默致歉。
(47)受过你服务的客人,可能成为你的朋友。
(48)总是由客人说了算。
(49)用典型模式提高速度。
(50)时刻为客人着想,为客人工作,如同你是客人一样。

第二节 售后服务心理

旅游企业的售后服务对防止旅游者购买后的抱怨和投诉,保持老顾客与开发新的客源来说是至关重要的。

【案例分析】
美国快乐界旅游公司的售后服务手段

在美国,游客通常会选择同一家旅行社为他和家人安排几次、十几次甚至几十次出游,忠诚度非常高。为什么美国游客的忠诚度这么高,其关键就在于售后服务的管理。美国快乐界旅游公司(简称 GCT)运用多样的售后联络手段,让客户感受到特别对待,以此来获得长期忠诚的客户。

GCT 公司为每一位客人设立了完整的客户档案,包括旅游者的基本信息、曾经出游的目的地、兴趣爱好、对游览活动的特殊需求等。每个月和一些特定的假期,公司会根据客人的兴趣和可能的需求给曾经参加过 GCT 旅游的客人寄发世界各国或地区精美的旅游宣传册。在宣传册上,不仅有各地漂亮的图片、详尽的线路设计和丰富的游览介绍,还附有游览或消费的优惠券,以吸引游客再次出游。

客人生日时,会收到 GCT 公司发来的生日贺卡,让客人感到被重视和尊重,觉得旅行社和他很亲近。每隔一段时间 GCT 公司还会分区域举办开放日活动,与客人直接接触。届时,公司会有针对性地邀请一些客人到俱乐部、酒吧或其他一些公共场所,开展旅游讲座,宣传公司新推出的旅游产品,发放广告资料,观赏风光片并推出优惠活动,让客人对旅行社的旅游产品加深印象并愿意再次购买。公司所采取的一系列售后服务联络手段让客人感受到 GCT 无处不在,只要去旅游,就一定会选择 GCT。

第三次选择 GCT 出游的客人即可成为 GCT 的核心集团成员(简称ICMember)。ICMember 是公司的生命线,是 GCT 重点服务的对象。GCT 公司对 ICMember 的服务可谓是无微不至。除了前面所谈到的常规的售后服务手段,ICMember 的客户档案会更加具体,每年的生日、圣诞节、感恩节等节日,ICMember 的客户会收到公司寄来的纪念品,如旅行包、雨衣、手杖、帽子等。ICMember 还可在网上 ICMember 俱乐部里兑换实用精美的出游前礼物。

为保证 ICMember 的成员能享受到优先服务,公司特为 ICMember 设立了超长服务时间的免费服务电话,通过电话,游客可以直接与专业的旅游顾问沟通,旅游顾问可以根据客人的旅游需求精心安排下一次出游,并帮助解决客人在出游前后的任何问题。ICMember 还可通过 E-mail 与旅游顾问进行联系,公司保证在收到邮件 24 小时内给予回复。ICMember 可以得到特别的航程安排和住宿安排,公司根据 ICMember 的需求可以安排客人提前抵达和推迟离开目的地,某些城市的住宿安排也可根据客人的需要进行调整。

在整个旅程中,ICMember 可享受到更高级别的待遇。每到一地旅游,GCT 地区经理都会给他们发出欢迎信。他们享有优先就座、优先办理登机和入住登记手续的待遇,他们可以参加专为 ICMember 举行的鸡尾酒招待会,并在某些商店购物时享受 10% 的优惠。

(资料来源:美国旅行社业售后服务管理研究.中国旅游报,2008 年 10 月 6 日第 11 版)

一、售后服务

旅游企业的售后服务,是指旅游者离开饭店或旅游结束后,旅游企业仍同顾客保持经常性的联系,向顾客继续提供的一系列服务。如果不做好售后服务工作,往往会使许多老顾客转向其他旅游企业,从而影响本企业的销售。

调查表明,老顾客不再光顾该旅游企业的主要原因有:经朋友建议,转而购买其他旅游企业的产品或服务;其他旅游企业的产品价格更便宜,服务更好;顾客投诉没有得到处理或没有得到令人满意的处理;旅游企业缺乏售后服务,使顾客觉得他是否继续购买该旅游企业的产品或服务,对自己或该企业都无所谓。最后一个原因不再光顾旅游企业的顾客最多,占到统计数字的2/3左右。

二、售后服务的方法

由于售后服务对企业经营的重要性,旅游业发达的国家都十分重视售后服务,以赢得更多的回头客人。

（一）表示感谢

没有人喜欢别人把自己所做的一切看作理所当然的。旅游者也喜欢别人认识到他们的价值。他们希望旅游企业知道自己的光顾是很重要的。销售完成之后,旅游企业应该通过发短信或打电话的方式向客人表示感谢。此外,向客人赠送一份小礼物也是表达"谢谢惠顾"的一种有效方式。例如,企业可以把鲜花送到客人所住的客房;乘船旅行的游客如果发现旅游经营者在船舱中为他们准备了一瓶香槟和一张幸运卡,将会非常高兴。

（二）寻求顾客反馈意见

寻求顾客对所购产品的反馈意见是售后服务的另一个重要方面。寻求顾客反馈意见很重要,主要原因有:第一,反映了对顾客的关注并且让顾客知道他们反馈的观点是很有价值的。第二,顾客的反馈意见能够成为一个重要的信息来源,能够揭示企业本身无法发现的问题。可能具体某个旅游区的住宿条件已经恶化,或者旅游接送一向不准时或服务不周。从这些信息中,旅游企业能够发现需要解决的问题,并且可以从这些反馈信息中获得开拓新市场、开发新产品的思路。例如,如果有旅游者反映某一酒店的服务水平低劣,从而影响了整个旅游活动,那么旅行社就可以在下一次或下一年的线路中将其去掉,以保证整条线路的质量。第三,如果顾客确实有问题,在旅游企业可能失去他们未来业务之前,售后反馈意见给了他们表达不满的机会。

在顾客停留、参观或旅游结束时,或者从旅程返回以后,旅游企业应该请求他们填写一份调查问卷征求其意见及建议。旅游经营者也可以给顾客邮去一封私人信函,欢迎其再次光临并邀请他们在近日内打电话讨论他们的旅游体验,甚至为游客举办联谊活动。除了回忆他们的旅程之外,这些游客还会提一些建议,有助于旅游企业不断提高产品质量。

(三)保持持久联系

如果旅游企业忘记了顾客,那么顾客肯定会忘记他们。旅游企业需要与游客保持持久联系和沟通。这样可以保证顾客准备再次购买旅游产品时清楚地了解特惠机会、打折以及新产品信息等,而且会知道旅游经营者还在那里准备为他们服务。

面向经常光顾顾客的宣传品、季度通信和促销邮件是与顾客保持联系的极好办法。即使客户不读这些刊物,他们仍然会经常看到旅游企业的名字。旅游企业还可以不时地给顾客打电话,告知其可能感兴趣的新产品的信息。送节日贺卡是与顾客保持联系的又一个比较个性化的方法。旅游饭店可以为曾经来此度蜜月的新婚夫妇寄一张周年纪念卡,为他们故地重游提供特价优惠。

(四)提供奖励

促进回头生意的另一个方法就是奖励老客户。典型的做法是建立"老客户计划"。"老客户计划"的参加者可以享受到特殊服务,并享受获得积分的机会,根据积分多少,老顾客将来购买产品时就可以享受打折、免费升级、免费服务或免费产品。酬宾活动的意义在于,顾客获得一定的积分后,他们有可能继续选购参与该活动的产品以获得更高积分,进而有资格获得免费的产品和服务。

第十一章 旅游企业管理中的心理

本章提要

本章主要研究旅游企业中人力资源的发挥,从旅游企业职工个体的角度进行的个体差异与管理的研究,以及从激励角度对旅游企业职工工作动机的研究;旅游企业员工的群体行为,包括旅游企业员工群体行为基础的研究;群体规范、群体压力、群体凝聚力、群体冲突等群体的互动行为的研究;旅游企业领导心理的研究,包括关于领导概念、分类等基本知识,以及领导者的素质、旅游企业领导班子的群体素质结构、领导者的影响力等旅游企业家行为成功的要素。

第一节 旅游企业活动中人力资源优势的发挥

人的能力有大有小,兴趣各有不同,行为风格迥异,这些都是个体差异的表现。这些差异是客观存在的,它们不应该成为企业管理的阻碍。旅游企业的管理者必须正视这些差异,同时能够运用这些差异,做到"知人善任",把每一个人都安排到最适宜的工作岗位上,充分调动其积极性,达到人适其事、事得其人、人尽其才、才尽其用的目的。

一、旅游企业职工的个体差异与管理

（一）能力的差异与管理

由于个体能力不同，一个人在某一职业领域可能会遇到较大困难，但换一个职业，他可能会获得很大的成功。因此，在考虑职业选择时，能力倾向具有特别重要的意义。根据人的能力选择适当的职业，需要分析择业者的个人特点，考察某种职业的从业者的共同特点，然后使两者相匹配。

首先，应考虑择业者具有怎样的能力倾向，个体对自己的能力倾向会有一定的认识和评价，其父母、老师或朋友经过一定时间的接触和观察，对其能力倾向也能有一定程度的了解，能大致分析出个体的优势和不足。然而，这种了解往往比较粗略，或不够全面、准确。由于能力往往要通过一定的活动才能形成和表现出来，因此如果缺乏某些活动机会，个体的某些能力倾向就可能因为无从发展和表现而被埋没，甚至连个体也不知晓自己在这方面有潜能。而且，这种主观评价由于缺乏一个比较客观的参照系，因而难以对个体能力倾向的发展水平做出比较准确的鉴别和对其今后的职业成就做出预测。

为了获得对个体的能力倾向更全面、准确、细致的了解，有条件的应进行成套的能力倾向测验。通过能力倾向测验，可以比较具体、细致地了解个体特有的长处和短处的能力轮廓，并通过与常规做比较，了解自己能力倾向的特点和发展水平所处的位置，从而对自己所报考专业录取的可能性和将来职业成功的程度做出预测。当然，通过能力倾向测验的结果还必须与日常的观察了解等其他方面的信息相互印证，才能获得比较客观的结果。

其次，不同职业对从业者能力倾向的要求是不同的，从事脑力劳动和创造性工作，包括科学、哲学、文学、艺术等，一般以认识能力为主要能力倾向。例如，从事科学理论研究需要有较强的推理能力，从事科学实验研究需要有较强的计算能力，从事工程设计工作需要有较强的空间关系想象能力，从事文艺创作工作需要有较强的形象思维能力。从事对物的工作，包括工农业、建筑业等，一般以实践操作能力为主要能力倾向。例如，从事打字工作需要有较高的知觉速度和手指灵活性。而从事对人的工作，包括社会服务业、经营管理、教育卫生工作等，一般以社会交往能力为主要能力倾向。如果能清楚地了解不同职业对从业者能力倾向的不同要求，并根据自己的能力倾向选择职业、专业，使个人的能力倾向与职业、专业所需的主要能力倾向基本吻合，就可能在就业后较快适应，较易成功。例如，动手能力较强，则实践操作能力是主要能力倾向，就应选择"对物的工作"，不论是当厨师、木工、钟表修理工、汽车修理工，还是操作机床、当流水线操作工、拖拉机手，都能发挥自己的优势，较快胜任。如果更细致一点分析，则手指灵巧程度特别高的应选择精密仪器装配、钟表修理、纺织等职业；而创造制作能力特别高的选择工艺制作、雕刻、冷盘点心师等职业更合适。

一个好的旅游企业管理者，并不在于谋求能力最强的人并把他们聚集在一起，而是应该选择最适应旅游企业需要的人，合理搭配他们的能力结构，才能够取得高的工作绩效。他应该注意以下几点：

第一，掌握好各类职工的能力标准，合理招聘人才，分配工作。同一个人不可能适应每一项工作，因为不同的条件对人的能力要求也是不同的，先进的不可能事事都先进。此外，工作业绩还取决于个人的主观心理环境。在个人感兴趣、心情好时，可能取得很大的成就，相反则工作不一定出色。

接受同等教育水平的人能力不一定相同。知识的掌握是能力发展的前提条件，但并不等于能力，能力的发展反过来有助于知识的掌握。因此，管理者必须认清教育水平只是标志着受教育者受到了某种文化知识的训练，并不代表能力的发展水平。

智力能力相同的人不一定适应同一工作。任何一种工作除必须具备一般智力水平之外，还要求具备某种适应该工作的特殊能力。旅游企业的管理人员必须认识到这种情况，对各种工作所需要的能力水平有科学的认识，同时对从业人员也要进行特殊的能力测试，根据人的能力差异合理分工，用以鉴别他们是否符合这一工作，做到人尽其才，量材录用。

第二，根据人的能力差异，对员工进行能力开发。对员工能力开发是提高其个人能力和整个工作业绩的关键。在企业当中，人的能力和职务的关系有三种情况：一是能力不足；二职务与能力相称；三是能力有余。第一种情况即能力小，职务大。这种情况最有利于能力开发。因为工作担子重，而现有的能力不足，就会促使人们努力去提高自己的能力。企业对这部分职工应加强教育训练，帮助他们提高工作能力。第二种情况即能力和职务相称。这是最理想的情况，可以暂时保持一段时期，维持现状不变，但日子一久，随着工作者对工作逐渐熟练，能力也随之增长，就会变成职务小于能力的情况。第三种情况即能力大，职务小。从能力开发来看，这种情况最不好。因为他可以轻而易举地完成所担负的工作任务，有点大材小用，浪费人才。企业应当尽量避免出现这种情况。对于这类工作者，企业应当增加他的工作量，扩充他的职务，促使他努力工作。这样才能提高他的工作能力。而开发人的能力则靠教育训练、职务扩充、自我努力三种方法来实现。

教育训练在现代旅游企业中已经越来越受到重视，而针对不同能力的从业人员进行不同层次的培训是提高旅游企业员工专门技能的重要途径。采取的具体方法是领导传授、分级教育和职能教育等。职务扩充的方法主要体现在领导者的授权、权力委让、临时分配任务等手段上。自我努力可以通过个人钻研或者参加集体活动等方式实现。

要尽量考虑和培养员工的兴趣，以提高他们的专业技术能力。兴趣是从事实践活动的基础,当人们意识到某种事物或者某种活动与他们的需要密切相连时,就会对活动或者事物拥有足够的热情去对待和完成它。例如,导游人员对旅游景点有足够的兴趣,他就会注意一切与该景点有关的知识,并有足够的耐心和热情去参加导游实践活动。他导游方面的服务技能就会在这些活动中发展起来。

(二)气质的差异与管理

1. 依据气质特点合理安排工作

气质并没有好坏之分,但气质影响人工作的方式和效率。

气质并不影响工作的社会价值和成就的高低,一个人的精神面貌是由他的需要、兴趣、理想和信念等多种因素决定的,而气质则只能表现出我们在处理方式上的差异。每一种气质类型的人都有优点和缺点,都有可能在事业上取得成就。事实证明,任何气质类型的人都既可以成为品德高尚、有益于社会的人,又可以成为道德败坏、有害于社会的人。同样,在同一工作领域可以发现不同气质类型的人都能获得巨大的成功。

但是,气质却影响人的工作方式和效率,因此在安排工作时,应该注意到不同气质类型的人对职业的适应性,在有条件的情况下尽可能使工作和气质相适应,为工作安排最合适的人,或为人安排最适当的工作,从而产生最高的效能。

胆汁质的人精力旺盛,反应敏捷,乐观大方,但性急、暴躁而缺少耐性,热情忽高忽低。这种人适合做刺激性大而富于挑战的工作,如导游、节目主持人、推销员、演员、模特等。胆汁质的人不适合做整天坐在办公室或不走动的工作。

多血质的人又称活泼型,属于敏捷好动的类型。适应能力强,善于交际,在新的环境中应付自如,反应迅速而灵活,办事效率高,但注意力不稳定,兴趣容易转移。多血质人的职业选择较广泛,如新闻工作、外事工作、服务人员、咨询员等。多血质的人不适合做细致单调、环境过于安静的工作。

黏液质的人踏实、稳重,兴趣持久专注,善于忍耐,但黏液质的人有些惰性,不够灵活,而且不善于转移注意力。这种类型的人适合做管理人员、办公室文员、会计、出纳、播音员等。黏液质的人不适合做富于变化和挑战性大的工作。

抑郁质的人感情细腻,做事小心谨慎,善于察觉到别人观察不到的微小细节。但抑郁质的人适应能力较差,易于疲劳,行动迟缓、羞涩、孤僻且显得不大合群。这种类型的人适合做保管员、化验员、排版员、保育员、研究人员等。抑郁质的人不适合做需与各色人物打交道、变化多端、大量消耗体力和脑力的工作。

2. 人员配置要考虑气质的相辅与互补性

在现代社会中,越来越多的工作需要采用团队的形式,对一个工作群体来说,相辅和互补的气质搭配更有利于提高群体的工作效率。北宋大文豪苏轼在一首诗中写道:"江头千树春欲暗,竹外一枝斜更好。"其中就蕴涵着一个哲理:多姿多态总比整齐划一好。在一个团队中存在不同的分工,群体中的每一个成员的工作职能不同,对于气质也存在不同的要求。同样,有的工作往往需要几种不同类型的人协同完成,才能取得高的效率,这就需要在配备人员的时候要适当考虑气质类型的相辅和互补性。一个群体由各种不同气质类型的人合理组合而成,通常比那种千人一面的单一结构要好得多。气质多样化的结构,较有利于彼此心理相容,并起到刚柔相济、宽严调谐、扬长避短、情趣互补的积极作用;气质单一化的结构,则有可能造成互拆难容的局面。不同气质的人互有长短,管理者组织得当,就能建立起协调的人际关系,使群体结构产生高效能。

以一个营销团队为例子,在营销策划和执行等工作中,一个成功的团队既需要富有创意的方案、果断的决策、灵活的调整、周密的计划、耐性的执行,魄力、知难而上的勇气,又需要耐心谨慎,防止急躁冒进等。这都不是一类人所能做到的。在一个团队中,按照个人的气质特征适当地进行人事编排,使不同气质成员相互合作,发挥彼此气质的互补、相辅作用,将有利于工作任务的完成和工作效率的提高。人员配置注意气质的相辅和互补性还有利于协调群体的人际关系、和谐群体的社会心理气氛。例如,多血质和胆汁质的人,热情主动,善于与人交往,因而易于与人建立友好的人际关系,而黏液质和抑郁质的人,内向、拘谨,在人际关系中处于被动地位。因此在团队成员进行组合时,应该要考虑气质特征对人际关系的影响,使得团队的人际关系更加协调。

3. 根据气质差异采用灵活的管理方法

每一种气质类型都有其积极的一面,也有其消极的一面。管理者在看到某种气质积极面的同时,必须正视其消极的一面;同样地,在看到其消极的一面的时候,也不能够抹煞了其积极的一面。正确的方法是利用每一个员工气质的积极的因素,控制其消极的影响,做到扬长避短。

根据员工气质的差异,采用不同的方法做好员工的思想工作,才能收到好的效果。例如,对多血质、胆汁质的职工,可以直截了当地提出批评,注重说理,批评要严肃,因为他们比较开朗、可塑性强,易于接受批评,对挫折的容忍力较大,尖锐的批评有利于他们认识和改进;而对抑郁质的职工,因为他们感情脆弱多疑,对挫折的容忍力较小,又不易暴露自己的思想,所以批评应慎重,语气要婉转,要多鼓励,少批评,多以侧面引导,少正面指正;黏液质的人比较固执、不易改变,做这类人的思想工作要耐心细致,反复说服,使其逐步改变。

同样,在对职工进行新技术培训时,黏液质、抑郁质的人适应慢,应多加指导和帮助。对职工进行批评教育时,应针对职工的不同气质类型采用不同的方式方法。

(三)性格的差异与管理

在企业管理中,一个有效的管理者,为了做好管理人的工作,充分调动人们的劳动积极性,必须善于了解、观察人的性格。以下的一个小故事说明了对性格差异观察的重要性。

【案例分析】

新主管的观察能力

某家单位调来了一位新主管,据说是个能人,专门被派来整顿业务。可是,日子一天天过去,新主管却毫无作为,每天彬彬有礼进办公室,便躲在里面难得出门,那些紧张得要死的坏份子,现在反而更猖獗了。他哪里是个能人?根本就是个老好人,比以前的主管更容易糊弄。

四个月过去了,新主管却发威了。坏份子一律受到惩罚,能者则获得提升。下手之快,断事之准,与四个月中表现保守的他,简直像换了一个人。年终聚餐时,新主管在酒后致辞:"相信大家对我上任后的表现和后来的大刀阔斧,一定感到不解。现在听我说个故事,各位就明白了。

有一个人买了栋带着大院的房子,他一搬进去,就对院子全面整顿,杂草杂树一律清除,改种自己新买的花卉。某日,原先的房主回访,进门后大吃一惊地问,那些名贵的牡丹哪里去了?买房的人才发现,他居然把牡丹当草给割了。后来他又买了一栋房子,虽然院子更是杂乱,他却是按兵不动,果然冬天以为是杂树的植物,春天里开了繁花;春天以为是野草的,夏天却是锦簇;半年都没有动静的小树,秋天居然红了叶。直到暮秋,他才认清哪些是无用的植物而大力铲除,并使所有珍贵的草木得以保存。"

说到这儿,主管说:"如果这个办公室是个花园,你们就是其间的珍木,珍木不可能一年到头开花结果,只有经过长期的观察才认得出啊。"

了解员工的性格是管理者一项重要的工作。通过科学的性格分析工具,将有助于你提升团队的沟通质量,提升团队成员间的包容,掌握如何用人所长,制定人才挽留策略,协调和促进团队与部门间的合作。

1. 组织的设计要力求使组织成员性格趋向成熟

不同的组织设计方式对组织成员性格的影响是不同的。例如,美国麻省理工学院心理学教授麦格雷戈 1960 年在其《企业中人的方面》一书中提出了 XY 理论。其中 X 理论的主要观点是:人类本性懒惰,厌恶工作,尽可能逃避,多数人必须用强制办法乃至惩罚、威胁,使他们为达到组织目标而努力,激励只在生理和安全需要层次上起作用。因此企业管理的唯一激励办法,就是以经济报酬来激励生产。所以这种理论特别重视满足职工生理及安全的需要,同时也很重视惩罚,认为惩罚是最有效的管理工具。这种理论不利于组织成员的个性的成熟,具有先天抑制人的成熟的功能。而Y理论则刚好相反,认为一般人本性不是厌恶工作,如果给予适当机会,人们会喜欢工作,激励在需要的各个层次上都起作用,应该通过满足员工自尊和自我实现的需要来使职工达到自我激励。这使员工在致力于组织成功时既可以获得需要的满足,又可以获得性格的成熟。在这两种理论指导下,组织的设计方法不同,从而导致的结果不同。一般来讲,Y理论指导下的组织设计方式更有利于组织成员个性的成熟。

2. 管理者应该正确认识自己的性格并不断进行调整

管理者的领导方式和领导作风也制约着职工性格的形成,勒温(K. Lewin)等人通过对团体的实验研究提出了专制、民主、放任三种类型的领导。不同类型的领导在管理中起的作用不一样。通常专制型治乱效果好,民主型是成熟的领导,放任型最差。不仅性格特征会影响领导类型,而且领导类型对被领导者的性格形成也有重要影响。

专制型的管理者容易使下属形成冷淡、攻击、依赖、服从、情绪多变等性格;民主型领导的下属容易形成积极、友好、独立、乐观等性格特点;放任型领导的下属容易形成无组织、无纪律、自由散漫、放任自流等性格特点。作为旅游企业的领导者,必须切实加强自身修养,强化以人为中心的管理理念,改进领导方式和领导作风,注重民主管理。

现代旅游企业的管理者必须切实加强自身修养,强化以人为中心的管理观念,注重民主管理,为企业创造一个积极、向上、温馨、和谐的心理氛围。

3. 根据性格差异合理安排工作

旅游企业要有效地开发与管理人力资源,在分配工作任务时,必须充分考虑到每个员工的特点。下面的一则小故事可以给我们一些相关的启示。

【案例分析】
王珪评人力资源差异

在一次宴会上,唐太宗对王珪说:"你善于鉴别人才,尤其善于评论。你不妨从房玄龄等人开始,都一一做些评论,评一下他们的优缺点,同时和他们互相比较一下,你在哪些方面比他们优秀?"

王珪回答说:"孜孜不倦地办公,一心为国操劳,凡所知道的事没有不尽心尽力去做,在这方面我比不上房玄龄。常常留心于向皇上直言建议,认为皇上能力、德行比不上尧舜很丢面子,这方面我比不上魏征。文武全才,既可以在外带兵打仗做将军,又可以进入朝廷搞管理担任宰相,在这方面,我比不上李靖。向皇上报告国家公务,详细明了,宣布皇上的命令或者转达下属官员的汇报,能坚持做到公平公正,在这方面我不如温彦博。处理繁重的事务,解决难题,办事井井有条,这方面我也比不上戴胄。至于批评贪官污吏,表扬清正廉署,疾恶如仇,好善喜乐,这方面比起其他几位能人来说,我也算有一技之长。"唐太宗非常赞同他的话,而大臣们也认为王珪完全道出了他们的心声,都说这些评论是正确的。

(资料来源:李厚祜.哲理故事三百篇)

从王珪的评论可以看出,在唐太宗的团队中,每个人各有所长。但更重要的是唐太宗能将这些人依其专长运用到最适当的职位,使其能够发挥自己所长,进而让整个国家繁荣强盛。

未来企业的发展是不可能只依靠一种固定组织的形态运作,必须视企业经营管理的需要而有不同的团队。所以,每一个领导者必须学会如何组织团队,如何掌握及管理团队。企业组织领导应以每个员工的专长为思考点,安排适当的位置,并依照员工的优缺点,做机动性调整,让团队发挥最大的效能。

根据心理学家的观点,外向的人适合从事需要经常与人打交道、内容变化多的工作,而内向的人则恰好相反,他们适合从事变化少且需要耐心的工作。

管理人员认识到这些问题之后需要根据职工不同的性格特点采取不同的管理方法,在管理教育的问题上,要针对不同性格的人采用不同的管理教育方法,有的放矢,这样才能够提高管理的效果。例如,对于性格直率的人,管理者应以表扬为主,多多提醒;对于温顺服从的人,要多给任务,及时监督,使其在实践活动中培养自己的自信心和决断力;对骄傲自大的人,管理者要看准问题,严肃批评,并且不能够轻信其完成任务的承诺。

二、旅游企业职工工作动机的激励

激励是管理中异常重要的职能,也是管理心理学的核心职能。作为旅游企业管理者,要实现企业的既定目标,就应该激励全体成员,充分调动成员的积极性和创造性。目前我国人力资源管理方面存在一定的问题,在 2002 年国际人力资源论坛上,惠悦全球首席执行官约翰·海勒对中国企业的人力资源管理现状表示担忧。他说,在欧美国家的企业里,人力资源管理的重点是怎样留住人才,而中国的企业不太重视对员工的培训,在留住员工方面的投入十分不足。相应的结果必然是人才对企业缺乏忠诚。这种情况在旅游行业尤其严重。而在其他行业,正常的人员流失率应该只维持在 5%~10% 左右。作为劳动密集型产业,饭店业的流动率也不应超过15%。据中国旅游协会人力资源开发培训中心对国内23座城市33家2~5星级饭店人力资源管理与开发的调查统计，近5年饭店业员工流动率分别为25.64%、23.92%、24.2%、22.56%、23.41%，平均流动率高达23.95%，而下面的资料正好说明了这一情况。

【相关链接】

旅游业人才流失案例

宁波旅游业发达，但旅游人才流失严重，工作累、薪水低是主因。2011年7月过半，大部分毕业生的工作已经尘埃落定，但从目前统计数据来看，旅游专业的学生纷纷转行，旅游机构招聘也更喜欢非旅游专业的学生。

旅游专业学生转行证券业，张厉在宁波一家大学就读旅游系，今年大四。他原本的理想是进大酒店工作；去年暑假，他进入宁波一家五星级酒店实习，做总台工作。实际工作起来，他才发现这行不好干——每天三班制，和客人确认客房，除了微笑还是微笑，有时候还要上大夜班。一年实习期过去，张厉在酒店里获得了良好的口碑，主管决定要和他签约，但是小张拒绝了。学旅游的他进了证券行工作。

旅游业薪水低留不住人，即使在金融危机时，宁波的旅游业也蒸蒸日上，凭借450亿元的总收入，增幅曾居全省第一。这么个朝阳产业，为什么留不住人呢？有机构调查发现，"个人发展空间不够"和"薪资福利偏低"是旅游专业人才离职的两个主要原因。据悉，宁波有六所学校开设旅游专业，今年的毕业生中，转行的并不在少数。记者电话咨询了宁波一些旅行社和酒店发现，在应届生就业人数中，旅游专业的不到40%。

旅游机构青睐非专业学生，宁波某酒店一位朱姓副总说，在他们看来，是不是学旅游专业不重要，实用是第一位的。今年他们招募了100名应届生，旅游专业的不到20%，大部分都是外来专业的，比如英语、日语、计算机、外贸等。在他看来，旅游专业的学生，除了理论知识强，其他没什么优势。

（资料来源：学旅游的六成不想干旅游.钱江晚报，2010年7月20日，有删改）

资料中的现象足以引起相关人士的重视，如何采用激励措施留住人才成为解决这一问题的关键。

（一）激励的概念与模式

1. 激励的概念

激励作为心理学的术语，是指持续激发动机的心理过程。通过激励，在某种内部或外部刺激的影响下，使人始终维持在一个兴奋状态中。将"激励"这一概念用于管理，就是通常所说的如何调动人的积极性。

广义而言,激励就是激发鼓励,即激发人的动机,诱导人的行为,调动人的积极性、主动性和创造性,实现目标的心理活动过程。激励可以从以下三个角度来理解,从诱因和强化的观点看,激励就是将外部适当的刺激(诱因)转化为内部心理动力,从而强化(增强或减弱)人的行为;从内部状态来看,激励即指人的动机系统被激发起来,处在一种激活状态,对行为有强大的推动力量;从心理和行为过程来看,激励主要指由一定的刺激激发人的动机,使人有一股内在的动力,朝向所期望的目标前进的心理和行为过程。

2.激励的模式

根据上述对激励概念的三种理解,激励有三种不同的模式。激励模式之一(参见图11-1)的基本组成部分是:刺激(内外诱因)、个体需要、动机、行为、目标、反馈等。

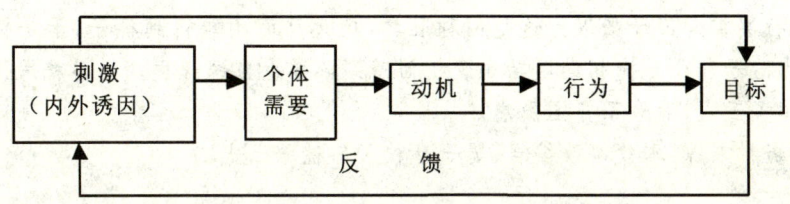

图 11-1　外因的强化模式图

外因强化模式强调把激励看做一种通过协调和控制环境诱因条件,以刺激个体需要,引起或加强工作动机,激发或强化工作行为,实现组织目标。管理者应用这种模式通常会采用奖励、晋升、劳动竞赛等激励方法。

激励模式之二(参见图11-2)的基本组成部分是:需要、愿望或希望、动力、行为、目标、反馈等。

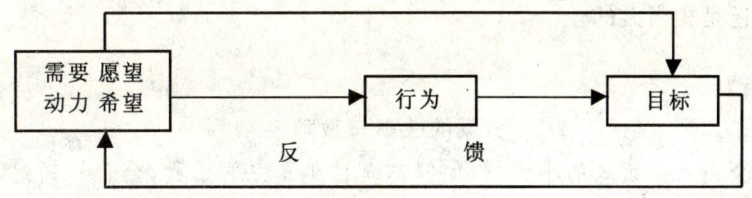

图 11-2　内因的强化模式图

这种模式强调人内在的心理状态,即个体的希望、愿望、需要、驱动力等,对个体行为主动的、自觉的激发,使其朝向一定的目标。战国时期晏婴两桃杀三士,即很好地把握了内因激励的模式。

【案例分析】

晏婴两桃杀三士与内因激励

战国齐景公时,田开疆、古冶子、公孙捷三人有大功于齐国,并结为兄弟,自号为"齐邦三杰"。齐景公给了他们丰厚的奖赏,他们三人挟功恃勇,不仅简慢公卿,全无礼统,并且内结党羽,逐渐成为国家安定的隐患。齐相晏婴想除掉三人。一天,齐景公宴请鲁昭公。取金桃为两国结盟祝贺,金桃取来,国君和相国享用完毕后。盘中尚剩两个,晏子奏请赏给臣下功深劳重的人,以表彰其贤能。齐景公让诸臣自我荐功,由晏子评功赐桃。

公孙捷和古冶子自荐。晏子即刻将两桃分别赐给了这两人。田开疆以开疆拓边有功而自荐。晏子评定田开疆功劳为最大,但桃已赐完,说只能等到来年桃熟,再行奖赏。田开疆以为这是一种耻辱,功大反而不能得到桃子,于是挥剑自杀。古冶子和公孙捷相继因功小食桃而感到耻辱也自杀身亡。晏婴就用两个桃子除掉了三人,消除了齐国隐患。

(资料来源:本故事改编自《晏子春秋·二桃杀三士》)

晏子只用了两个不值多少钱财的桃子,就激起了三人的荣辱之心,并用这种荣辱之心诱导他人的意志行为按照晏子所期望的方向进行了选择。这同样让我们认识到,在企业激励机制建设中,并非只有企业投入的物质福利越大,对员工的激励作用才越大,而在于构筑一种特定的情景,让人们感到用做激励的物所包含的重要意义。

(二)激励在管理中的应用

设计合理的激励制度有助于企业总体目标的实现,反之如果激励制度设计有缺陷,将会对企业产生较大的影响。以下案例说明了不合理的激励制度对企业的影响还是相当大的。

【案例分析】

分粥的故事与激励

有一个由七人组成的小团体,他们想通过非暴力的手段,分食一锅粥,但却没有任何称量用具,怎么办?

方法一:指定一个人负责分粥。大家很快就发现,这个人总是为自己分的最多,换一个人亦然。方法二:大家轮流主持分粥,每人一天。这样事实上承认了每人有多为自己分粥的权力,看起来平等了,但每个人一周中只有一天吃得饱,可能还有剩余,其余六天却要饿肚子。方法三:选举一个大家认为品德高尚之人主持分粥。这人开始尚能公平,但慢慢地,他就会为自己和阿谀奉承之人多分。方法四:选举一个分粥委员会和一个监督委员会,形成监督和制约机制。公平基本上做到了,但由于监督委员会常提出各种议案,分粥委员会又据理力争,等分粥完毕,粥早就凉了。方法五:每个人轮流值日分粥,但分粥之人最后一个领粥。人们惊奇地发现,每次,七只碗里的粥都一样多,就像用科学仪器量过一般。因为分粥的人知道,如果七只碗里的粥不一样,留给他的肯定是最少的。

(资料来源:何云波.读者在线.2011. http://www.opencn.cn/opencnhtml/2011-10-27/2011102773049.html)

不同的分粥制度,就会有不同的风气。因而,一个企业的风气不好,人心焕散,则必然是机制问题,缺乏公平、公正、公开的激励机制,将极大地影响企业未来的发展。

1. 目标管理

目标管理是美国管理专家彼得·德鲁克提出的,是指企业为了实现自身的任务与目的,根据企业所处的环境,从全局出发,在一定时期内,为企业组织各层面从上至下制定切实可行的目标,并且企业各层级人员必须在规定时间内完成的一种管理方法(参见图11-3)。目标管理已经成为一种员工参与管理的激励技术,它通过一种专门的设计过程,使其具有可操作性。一般而言,它包括以下几个关键阶段:

(1)第一阶段——目标体系的确立阶段

目标体系确立的过程可分为以下几个程序:首先,最高管理部门提出组织的总目标。最理想的目标体系是从组织的最高管理部门开始的,这容易得到最高管理部门的支持。但是,由最高管理部门确定的目标只能是初步的和暂定的,下属把整套目标都制定出来以后,一般还需要对其进行修正和调整。其次,进行有关组织人事决策。即根据主要目标和次级目标的要求,对组织与人事进行分析,建立或调整组织机构和人员配置,以便使每个目标都有人明确负责。最后,确定下属目标。即根据组织的总目标要求,组织下属部门和人员进行学习和讨论,并依此设定下级自己的目标,进而把组织的总目标分解成具体的工作目标,层层落实到科室、车间、班组和每个职工身上,而后进行目标的平衡和调整,最终整理和确立目标体系。

(2)第二阶段——目标实施阶段

这一阶段的工作内容主要包括:对下级按照目标体系的要求进行授权,以保证每个部门和职工能独立地实现各自的目标;加强与下属交流意见,进行必要的指导,最大限度地发挥下属的积极性和创造性;严格按照目标及保证措施的要求从事工作;定期或不定期地进行检查等。目标管理在实践上的失败主要来源于实施过程,表现为:缺乏来自高层管理者的支持。一些企业决定实施目标管理,但把具体的实施工作放手让低层管理人员去做,这样就很难保证目标管理系统与组织的总体目标一致起来,也会减弱对参与目标管理的人员的激励力量。一些企业在目标管理过程中过分强调定量的目标和计划,为了了解目标管理系统的进展状况,需要大量的文件和记录工作,给人们带来了过多的"额外负担",容易引起人们的反感情绪。在有的情况下,组织的管理人员单方面地为各自的下属安排甚至是强制性地布置目标,下属没有参与的机会,这种做法违背了目标管理的宗旨。

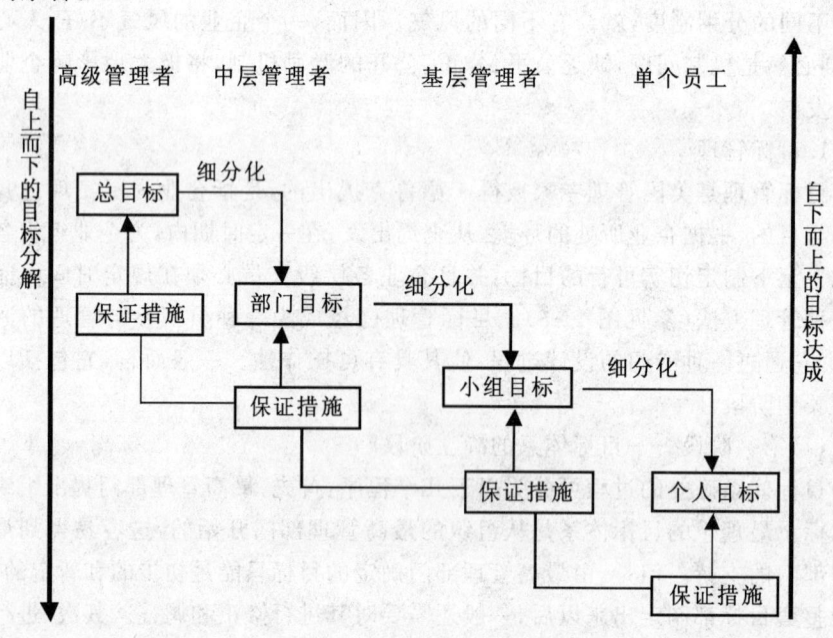

图 11-3 目标管理示意图

(3)第三阶段——成果评价阶段

在达到预定的期限时,上下级一起对目标的实施情况进行考核,客观地评价目标的完成情况,以目标完成情况为依据,按绩效状况奖惩,并找出取得成绩的原因和出现问题的教训,总结经验,为下一期目标管理工作的改进和提高奠定基础。

目标管理在我国得到了广泛的应用。从应用效果上看,有成功也有失败。成功的原因主要有:通过讨论与合作,强化了组织内部的沟通,进而使组织成员对目标及目标实施途径有了更清晰的认识和理解;由于每个人都有了明确的工作目标,所以工作绩效的评价便更具有客观性,减少了主观性;目标管理具有系统性,这对组织整体管理水平的提高是有好处的;目标管理强调组织成员的参与,有利于调动大家的积极性。

2. 薪酬制度

员工进入企业工作的主要目的之一就是要获得一定的物质报酬。报酬,是与人的生存需要密切相关的,是最有效的一种刺激物。在企业里,报酬的高低甚至可以代表员工的价值大小,所以,合理的薪酬系统是具有很大激励效果的。为了充分发挥薪酬的激励作用,必须制定合理的工资和福利制度。在传统的工资体系中,员工的薪酬按照小时或月或年为单位计算,这种薪酬方案与员工的学历、职位和工作年限等相关,而薪水的增加,则主要是由资历和主管对其工作表现的评价决定的。然而,随着企业的发展、外部竞争的加剧、内部员工的增加,公司需要提出一套更有激励作用的工资方案,以鼓励员工不断地学习知识,不断地提高工作技能,进而提高企业的竞争力。当前较为流行的技术方法主要有以下几种:

(1) 绩效工资

绩效工资,它是以对员工绩效的有效考核为基础,实现将工资与考核结果挂钩的工资制度。它的理论基础就是,你的报酬是你应该得到的,对业绩进行考核,然后以之为基础发薪酬,既体现了客观公正,又推动了员工之间的竞争,从而推动企业提升业绩。目前这种绩效工资被广泛采用,尤其是在许多企业中的销售部门——以销售结果等所谓业绩作为主要评判指标的部门中更是被推崇备至。绩效工资通过调节绩优与绩劣员工的收入,对员工的心理行为进行相互调控,以刺激员工行为,从而达到发挥其潜力的目的。作为薪酬管理的一种形式,绩效工资早已跨越了地理和文化的疆界,成为当今最为普遍的薪酬管理方案之一。同时,它也与股票期权和知识工资等薪酬的其他形式进行着交融并汇,大有席卷全球之势。然而,事实上,一些调查结果显示,对于绝大多数的企业,绩效工资并没有起到经理们所期望的积极作用,反而给企业带来某些不良的影响,诸如员工的合作精神被冲淡,道德水准降低,员工对考核公正性的怀疑,对企业文化的不良影响等。而且较其预想而言,操作起来更是困难重重,繁琐之至。

(2) 知识工资

知识工资方案是薪酬管理的重要创新,是目前美国发展最快的人事革新项目之一。它是一种当员工成功获得与工作相关的新知识和新技术,并做出提高工作绩效的行为时,企业对其予以奖励的方案。知识工资大致可分为以下几种类型:

①楼梯—台阶模型:是把企业的工作按工作性质分成不同的种类,薪酬专业

人员为每一类工作开发了不同的模型,这些模型就像楼梯和台阶一样,在每一个楼梯中,台阶越高代表工作要求的知识和技术越多。一个企业可能含有多个楼梯台阶模型,每一个模型对应一个具体的工作类型。

②技术单元模型:适用于同一工作性质的工作,员工从简单的工作升入复杂的工作,但有一个重要的区别,在技术单元模型中,员工不需要一级一级地往上升,员工可以一次越过两级或更多的级别来学习,工资也可以同时升到相应的级别。技术单元模型强调的是水平和垂直两个方向。

③工作积分累计模型:鼓励员工提高技术和学习不同性质的工作,成为多面手。但为了防止员工随心所欲想学多少就学多少,成为"三脚猫",企业把最需要的技术,如财务工作人员的会计课程的分数定得相对高一些。员工的分数越高,他们的核心薪酬越高。这样,可以在增加企业机构灵活性的同时,又能实现增强企业竞争优势的目标。

④跨部门模型:给员工提供的培训是完成其他部门工作所需的重要技术,目的是为了增强工作人员的灵活性。与工作积分累计模型有些类似,但它们的目的有所不同。工作积分累计模型鼓励员工学习可以直接提高企业竞争优势的技术和知识。跨部门模型的目的是为了帮助企业解决偶然、短期的人员短缺或应付产品或服务需求的季节性波动等问题。

(3) 旅游行业的薪酬结构

酒店业薪酬结构不合理。根据调查总结,我国酒店企业普遍实行的薪酬结构是以固定薪酬为主体的岗位工资等级制,这种结构主要由固定薪酬和可变薪酬两个部分构成。固定薪酬主要根据岗位确定,根据该岗位所需的技能、知识、操作难度等因素决定;可变薪酬则根据员工个人绩效、企业效益、同行价格等诸多因素来确定,一般以奖金、津贴等形式表现。在这两者之间,固定薪酬占整个薪酬的比重很大,有的甚至占到80%以上,容易使员工产生惯性和惰性。可变薪酬的比重过小,无法激发员工的积极性和创造性。

导游的薪酬也是比较混乱的,一些旅游企业对这种情况也是三缄其口。我国导游人员的薪酬一般由四部分组成:基本工资、公司效益、回扣、小费。我国许多旅行社为了压低成本,导游人员都是无薪水、无固定工作单位、无保险的"三无人员"。只雇用极少数的导游,而在旺季时临时四处寻找导游,并且不付导游任何酬劳。因此,导游的收入只有依靠拿客人购物回扣和小费。这种可变薪酬对导游人员产生不利的激励作用,难免会产生不考虑游客意愿、强行推销的现象。基于这种情况,用以规范旅行社和导游之间的劳动合同关系的导游员劳动报酬机制也被提到日程上来,导游人员薪酬制度的改革也势在必行。

3. 参与管理

20世纪80年代,威廉·大内在《Z理论》一书中提出了"Z型组织"的概念。他认为:使员工关心企业是提高生产率的关键。心理学家认为,一般人员大约只发挥1/10的潜力,因为容易自满、安于现状。但未来企业将面临激烈的生存竞争时代,必须以"拧干毛巾"的精神,要求员工尽到最大努力。所谓参与管理,是指员工参与组织内的各级管理决策,以发挥员工潜能,增进心理满足并提高工作效率。同时,员工参与管理也能使企业的决策更为科学和完善,更易取得员工的支持。

(1) 职工代表大会制度

职工代表大会制度是我们坚持多年的民主管理形式,它在公有制企业的实行有效地维护了职工的合法权益。在有条件的非公有制企业,企业管理者的民主意识以及工会和职工的参与意识都较强,也有实行职代会的传统,在这些企业应继续坚持职代会制度,但把职代会制度作为民主管理的基本形式在非公有制企业普遍推广,在实践中存在一定的难度。

(2) 职工代表制度

非公有制企业民主管理可以借鉴市场经济国家员工参与管理的成功经验,结合不同企业的不同特点,采取灵活多样的形式。这一制度的职工代表由企业职工选举产生,其职责主要是在职工和企业经理之间起"中间人"的作用,负责调查和平息雇员的抱怨与不满,并监督企业有关法规的实施情况。在规模较小的非公有制企业可借鉴这种形式由职工选出一定比例的职工代表,职工代表负责反映职工的意见和要求。职工代表定期或不定期召开会议。这种职工代表制度与国有企业的职代会制度在运作形式和职权上都不同。

(3) 职工董事监事制度

职工代表进董事会监事会,参与企业重大决策,享有共决权,这是较高层次的民主管理形式。这种较高层次的参与,即使在西方国家也还没有在私营部门普遍推行。但在德国和瑞典,实行职工董事和职工监事制度比较成功。德国的监事会劳资共决制,可以说是西方国家员工参与管理的经典之作。监事会是德国企业最高决策和监督机构,在监事会中,职工监事具有与资方监事同等的权力。监事会任命的经理委员会中,按规定要有一名劳工经理。职工监事和劳工经理代表职工提出意见,与资方代表共同决定企业重大的生产经营决策等问题,从而实现劳资共决。西方企业的这种劳资共决制值得我们借鉴。

(4) 职工持股制度

职工持股制度在西方企业很盛行,把员工持股作为工人参与管理的重要形式加以推行。到目前,美国已有3/4的大公司在不同程度上实行了员工持股。

在我国,由国有企业改制而成的部分股份制或股份合作制企业实行了内部职工持股。值得注意的是,大部分实行职工持股的企业,持股职工并没有真正参与管理,在这种情况下,职工很难产生心理上的参与和投入。职工持股无异于企业给职工的一项福利,除了一种物质上的激励外,并没有唤起职工的参与热情。

第二节 旅游企业员工群体行为与管理

物以类聚,人以群分。群体是个体所赖以生存的基本形式。一个人不能孤立地生活在社会之中,他总要生活在某一个群体之中,群体的形态与状况、竞争与合作、沟通与人际关系、心理特点、社会心理气氛、规范等,对群体中的每个成员及整个群体的生产效率有着很大的影响。

一、旅游企业员工群体行为基础

群体心理是管理心理学的重要课题。旅游企业的管理者要发挥员工群体的作用,增强群体内聚力,调动群体中成员的积极性,提高服务水平和服务效率。

(一)群体的概念

群体是指人们彼此之间为了一定的目的、以一定方式结合在一起,彼此之间存在相互作用,心理上存在共同感并具有情感联系的两人以上的人群。那些萍水相逢、偶然汇集在一起的一群人,虽然在时间、空间甚至某种目标上有某些共同的特点,但他们之间在心理上没有什么相互影响、相互作用,因此不能称为"群体"。社会心理学家莱茨曼等人称这类人群为"聚合体"。例如,路口等绿灯过马路的人群、电影院中的观众和飞机上的乘客,都属于这种非群体性的聚合体。群体具有以下三个特点:群体成员之间具有一定的共同目标,并且为了实现这一目标,群体通常会制定一系列规范(这是维持群体的基本条件),长期存在的群体往往还发展起了自己特定的亚文化,有自己的价值观、态度倾向与行动方式;群体是组织化的人群,具有一定结构,群体内每一个成员,都在群体中占据一定的位置,并执行着一定的角色,有一定的权利和义务;群体成员心理上有依存关系和共同感,并存在一定的相互作用与相互影响,在一定的条件下,聚合体也可以转化为群体。例如,被劫持飞机上的乘客,为了一个共同的制服罪犯、求得生存的目标,可能会很快形成为一个结构化的群体。

（二）正式群体和非正式群体

要对群体进行深入研究，掌握群体的规律，有必要对群体进行分类，因为不同学者研究的兴趣与角度不同，所以分类的标准或依据也就有所区别，相应的分类结构也不一样，其中根据构成群体的原则、方式和群体结构进行的分类具有普遍的适用性，按照这一标准，群体分为正式群体和非正式群体，这种划分最早地基于梅奥的"霍桑实验"而提出的。

正式群体是由组织正式设立并有明文规定的群体，成员有固定的编制、有规定的权利和义务、有明确的职责分工、完备的规章制度、领导者和确定的上下级关系。行政机构、党团组织等都是正式群体。

20世纪20年代起，梅奥等人经过长达8年的实验研究（即"霍桑实验"）发现，在企业中，除了正式组织外，实际上还存在着各种形式的非正式组织，即非正式群体。这是人们在相互交往中自发的、由一些性格相投、志趣相同、信念一致、情感亲近、关系密切的个体集合而成的，没有正式组织程序和明文规定，未经任何权力机构承认或批准的群体。非正式群体的存在是基于人们社会交往的需要。可以满足人们的社交欲望、归属感和情感上的需要。在非正式群体中，起支配作用的价值标准是感情逻辑，它要求每个成员都必须遵守基于成员之间共同感情而产生的行为规范。尽管非正式群没有正式群体那样严格，但它也有自己的规范和共同遵守的纪律，有自己的头领，成员之间有一定的约束力，从而使群体活动得以维持下去。

在正式群体中存在着非正式群体这是客观事实，并不一定是坏事。因为非正式群体有控制、改造、激励和目标导向的作用。随着对非正式群体的进一步研究，研究者们对其产生的条件、结构、性质、特征及基本类型逐渐达成了一些共识。一般认为，非正式群体形成的条件有以下三点：时间空间、某种利益或观点上的一致性、个人的心理。

时间条件是指有共同的自由支配的时间，或是某些共同工作和活动的时间。空间条件是指彼此生活、工作地点比较接近，或是共同的。对于非正式群体的形成来说，时空条件完全是外部的，但却是必须的。如果能控制这种条件，也就从一个方面控制了非正式群体的形成和发展。在正式群体中，几个人对某事有一致看法，或大家有共同的利益，容易形成非正式群体。个人心理条件主要是指共同的价值观、兴趣爱好以及气质性格的相容性。这方面的条件是内部的，具有决定性，往往决定了一个非正式群体的稳定程度。群体中的成员有类似的经历或背景，例如同事、同乡、同学等。

非正式群体是一种客观存在的社会现象，管理者应该对所管辖的部门分析一下有哪些非正式群体，了解其产生的条件和背景规模、群体结构和核心人物，掌握其群体目标。这样管理者就可以做到胸中有数,因势利导,发挥非正式群体的积极作用,限制其消极作用。

可以利用非正式群体成员之间感情密切、互相信任、凝聚力强等特点,引导他们互相学习,取长补短,共同提高业务成绩;利用非正式群体内部压力大、标准化倾向强的特点,做好引导工作,使他们向有利于实现企业目标的方向发展。在信息传递方面,根据非正式群体内部有信息沟通灵敏、迅速的特点,可以及时收集群体的意见和要求,了解群体的动态,从而为采取有效的企业管理措施提供决策依据。同时也可以利用非正式群体核心人物影响力大、活动能力强的特点,给予其一定的合适的职务权力,邀请他们多参加一些有益的活动,使他们感到组织的关怀,以通过他们做好对抗性非正式群体的转化工作,消除对正式群体的逆反心理,从而达到与组织管理目标相一致的目的。对于非正式群体的组织结构,在可能的情况下给予其充分的表现空间,比如在分组服务技能竞赛中,可以采取优化组合、自由组合等不同方式,充分调动群体成员的积极性。

(三) 群体对个人的影响

群体不是个体的简单相加,而是有组织、有规则、有领导、有共同目标、既相互影响又紧密联系的人群集合体。群体对组织、对个人心理与行为都有深刻的影响,它有利于协调和处理好群体内部的人际关系,调动每个职工的积极性和创造性,达到群体成员的心理平衡,有效地发挥组织的力量,提高企业的经济效率与效益。

个体处于社会群体中,自己的言行就会与他人发生密切的关系,群体成员之间必然会产生相互影响,群体的特性也会影响到个体的行为。

1. 社会助长作用

由于群体的其他成员在场,消除了单调情境,激发了个人的工作动机,从而提高了工作效率。尤其是对简单熟练的工作,或对具有外向型性格的人来说,会产生更强的社会助长作用。例如,与别人一起从事简单的机械性的工作或受别人赞许,就产生助长作用;而从事复杂的学习任务,解答数学难题,别人在场可能出现减值效应。早在1897年,社会心理学家特瑞普里特(N. Triplett)就通过实验证实了社会助长现象的存在。他发现,个体在独自骑单车的情况下时速是每小时24英里,在旁边有人跑步伴随的情况下时速是每小时31英里,而在与他人骑单车竞赛的情况下时速是每小时32.5英里。因此,特瑞普里特认为,个体在进行作业操作时,如果有他人在场,或是与他人一起从事一项行为操作,那么,个体的行为效率就会提高,他把这个现象叫做社会助长。社会助长作用的机制,主要是由于别人在场,能唤起竞争意识和被评价意识,使自己感到有竞争的压力,从而增强行为的动力。

2. 社会干扰作用

他人在场不但不能促进我们行为效率的提高,反而会影响我们的正常工作,使我们的工作效率下降。比如,在考试的时候,考生就特别害怕监考老师走到他们眼前,有的人甚至老师站在旁边时,一个字都写不出来了。这种当他人在场或与他人一起从事某项工作时个体行为效率就下降的现象被称为社会干扰。心理学家扎琼克(R. B. Zajonc)指出,他人在场,增加了个体的活动驱力或动机,这种驱力或动机的增加对作业成绩的影响依作业的性质而定,当作业所需要的反应是已经长久练习了的或天生即会时,动机的增强将对个体起促进作用。就简单工作而言,他人的存在有助于个体效率的提高,对高水平的人来说,他人的存在就可能起助长作用。但是,当作业所需要的反应是尚未完全学会的行为时,动机的增强反而会破坏个体的表现,例如,在解较难的数学题或记忆新的语文材料时,若有他人在场,个体的工作效率往往会下降。可能的原因是他人的存在会分散个体的注意力,当简单的工作不需要个体投入全部的注意力时,人们可以通过更加努力来弥补自己的分心,但当进行复杂的工作而分心时,这种努力就无法弥补分心所造成的损失。

3. 社会惰化作用

社会惰化主要是指当群体一起完成一件工作时,群体中的成员每人所付出的努力会比个体在单独情况下完成任务时偏少的现象,它一般发生在多个个体为了一个共同的目标而合作,自己的工作成绩又不能单独计算的情况下。例如,心理学家拉塔奈(B. Latane)曾在个体独自的情况下和在不同群体规模的情况下测查个体鼓掌和欢呼的声音强度,他发现,与个体独自情况相比,个体的声音强度(鼓掌声和欢呼声)是随着群体规模的增大而减弱的。社会惰化作用明显减弱了群体的工作效率。在管理上既要公布整个群体的工作成绩,还要公布每个成员的工作成绩,使大家都感到自己的工作是被监控的,是可评价的。同时帮助群体成员认识他人的工作成绩,使他们了解自己是努力工作的,他人也是努力工作的。减小群体的规模,使更多的成员能够接受外在的影响力。

4. 从众行为倾向

个人在群体中,会不知不觉地受到群体的压力,改变自己的态度和行为,与群体标准保持一致。20世纪50年代社会心理学家阿希(Solomon Asch)曾做过如下实验:他以每组7~9名大学生做被试者,其中只有1人是真正被试者,其他人是事先安排好的假被试者,同时给他们看两张图片A和B(参见图11-4)。

图片A上只画一条线,图片B上画三条不等长的线段,其中只有b与图片A线段相等,回答时事先安排的假被试者故意一致选出图片B上与A不相等的线段。结果大部分真正的被试者跟随多数人做出错误判断。在群体(或多数人)

的压力与暗示下,容易使人产生从众行为。这种从众行为产生的具体原因可能是自己缺乏自信心,或者不相信自己判断正确,而不敢标新立异。也可能是把大多数人的错误判断看成正确的,因而随声附和以求心安。一般来讲,依赖型的人从众行为较明显,独立性强的人,从众行为不太明显。

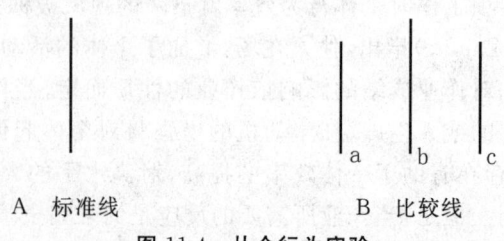

图 11-4 从众行为实验

从众行为有利于改变个人错误观点与行为,提高工作效率。但是从众行为也会产生消极作用,如容易出现人云亦云现象,易埋没人的创造性;出现表现一致,貌合神离的局面;易产生小群体意识,随声附和错误决策等情况。例如,2011年3月的"抢盐事件"即为从众心理的一个体现,事件起因是一则消息称日本核电站泄漏对山东海域有影响,产生污染,请转告周边的家人朋友储备些盐、干海带,暂时一年内不要吃海产品。此信息被人们通过手机短信、电话和互联网手段等广泛传播。从3月16日起,浙江、广东、上海等地市民纷纷前往超市、便利店、农贸市场抢购食盐,导致这些地区当日食盐的销售量相较平时猛增了十几倍。随后,这股恐慌性的购盐潮从东部沿海开始向内陆和中西部地区蔓延,并席卷了中国大部分地区。公众对自身安全状况的忧虑以及相关核知识的匮乏是造成这次非理性抢购的原因所在。

5. 去个体化作用

费斯廷格(L. Festinger)等人认为,在群体中,个人会感到自己被湮没在群体之中,有时会失去对自己行为的责任感,而觉得责任该由大家负,从而使自我控制系统的作用减弱或消失,一旦个体的控制系统减弱,将导致人们加入到重复的、冲动的、情绪化的,有时甚至是破坏性的行动中去,这种现象叫做去个体化。这时暴力与反道德行为就可能出现。

匿名性是产生去个体化现象的关键之一,任何可能使成员降低自我认同的事件,都可能增强去个体化的效果。群体成员越隐匿,他们越会觉得不需对自己行为的后果负责。自我意识的降低也是导致去个体化的原因,人的行为通常受道德意识、价值系统及所习得的社会规范的控制。但是在某些情境中,个体的自我意识却失去了这些控制能力,人们觉得没有必要对自己的行为负责,也不顾及行为的严重后果,这种自我意识的降低,与匿名性一起,在去个体化的现象中起着重要作用。

人们在群体中,一旦面临群情高涨,情绪激动,就很容易使其处于去个体化状态。当个体处于去个体化状态时,个人的行为就较少受自己的个性和意识支配,而倾向依从于整个群体的状态。投入群体活动的个人,往往忘乎所以,处于去个体化状态。群体的规模越大,气氛越强烈,越易于引发人的去个体化状态。去个体化状态使人最大限度地降低了自我观察和自我评价的意识,降低了个人对于社会评价的关注,因而通常的内疚、羞愧、恐惧和承诺等行为控制力量都被削弱,从而使平时制约于社会规范下的行为不受规范的制约,使人表现出通常状态下不会表现的行为,甚至使个人的侵犯行为增加。

有关去个体化的研究表明,适度的自我评价和自我控制,是个人维持正常的社会角色和社会责任意识所必须的。如果一个人极度丧失自我意识,则其正常的行为调节力量就会失去作用,从而使人倾向于成为一个缺乏应有自我调节能力的有机体,使人的行为具有不可预言的破坏性。实际上,精神分裂症患者的行为之所以有难以预计的破坏性,原因正在于他们丧失了自我调节和自我控制的能力。

二、群体的互动行为

群体互动行为包括群体内部成员间的互动和群体与群体之间的互动,美国心理学家勒温提出群体不是个体的简单相加,而是超越了总和,这是群体动力学的观点。这种观点认为,个体行为是个体与环境(包括群体)各种力量相互作用的结果,推动人采取某一行动的群体动力就是群体内各种力量相互作用的结果对个人行为的推动力量,这些推动力量包括群体规范、群体士气、群体凝聚力等。

(一)群体规范

1.群体规范概述

群体规范是群体的一组行为准则,界定着群体成员可被群体接受(或不被接受)的程度及行为的范围。这些标准为群体每个成员所公认,而且是每个成员必须遵守的。群体规范主要有风俗、文化、语言、时尚、舆论、公约等行为规范及各种不同的价值标准。群体规范是群体的一个重要特征。任何一个群体,从松散的一般朋友聚会,到有严密组织的正式会议,从两三个人的小集团到大型的公司组织,无不有其独特的规范。群体规范既可以表现为明确规定的准则条文,也可以是自发形成的、不成文的准则规范。

群体规范具有直接性,它直接制约着成员行为的准则。它与社会意识形态的规范不同。意识形态规范是指社会中的法律观念、道德标准、宗教信仰、政治观点等。这些观念对于社会制度的发展变化有较大的作用。它们虽然也可以调节人们的相互关系，但是就个人行为而言，其影响作用都是间接的，其作用需要通过具体的群体才能发挥出来。而群体规范的形成受模仿、暗示、从众、服从等心理因素的影响。群体存在的重要条件之一是它的一致性，这种一致性表现为群体成员在行为、情绪和态度上的统一。在群体成员彼此相互作用的条件下，会发生一种类化过程，即彼此接近、趋同的过程。这是由于相互模仿、受到暗示、表现出顺从所造成的，在此基础上形成了群体规范。

2. 群体规范的作用

群体规范一旦形成，就会反过来对群体发生作用。这种作用是非常广泛的，小到每个人的穿衣戴帽、一言一行，大到成千上万人的一致行动。并且这种作用是持久的、深入的，它促使群体成员在社会生活中遵守共同的行为模式，沟通思想，交流感情，共同生活和生产。可以说，没有群体规范，共同活动就不可能进行。我们可以将群体规范的基本作用概括为以下几点：

一是维系群体的作用。群体规范对群体成员产生一种心理上的强迫力，它统一着群体成员的意见和看法，调节着他们的行为。没有群体规范，群体也就失去了其整体性，因而群体便不复存在。从另一方面看，群体是由许多个体结合而成的，要维持其整体性，使其存在下去，就需要有一定的准则来约束其成员，而群体成员也正是依据这种对准则的认同，相互彼此一致起来，形成一个整体。当个体发现自己的意见与群体中大多数人意见不一致时，就会体验到由于标新立异而造成的被孤立、被排斥的紧张感，因此，群体的大多数成员会遵照群体规范确定的行为标准。

二是认知的标准化作用。在日常生活中，每个人的看法是不一样的，但是当他们一旦结合成为群体，就会在判断和评价上产生一致的意见。这种统一成员意见、看法的功能，就是群体规范的认知标准化作用。群体规范就像一把尺子，摆在每个成员的面前，约束着他们，使他们的认识、评价有一个统一的标准，从而形成了共同的看法和意见。即使有个别人持不同意见，但规范的压力和个人的从众性，也势必使其与规范保持一致。这种现象被谢里夫的实验所证明，他认为，群体规范是一种评价尺度，它可以用来评价行为、活动、信念或与群体有关的任何对象的可以被接受的程度以及必须加以反对的范围。

三是行为的定向作用。群体规范不仅约束着其成员的认知和评价，还约束着他们的行为，使他们表现出一定的群体行为特点。群体规范对行为的定向作用，主要是为成员划定活动的范围，制定日常的行为方式。只有这样，个体才能融入群体之中，成为被群体认可的一员，实现个人目标，满足自身需要，进而体现个人价值。

人和动物不同，人的行为要受社会的制约，而群体正是社会与个人之间的中介。社会准则通过群体才能影响个人，群体是影响个人的具体形式，群体规范自然要约束人们的行为。

(二)群体压力

由群体规范的作用可以知道，每个群体都对其成员有一定的约束力量。也就是说，群体都要求其成员共同遵守一定的行为准则。而对于群体行为准则的共同遵守，往往也是群体内大多数成员的意向或愿望。群体大多数成员的意见会产生一种无形的力量，它使群体内每一个成员自觉或不自觉地保持着与大多数人的一致性，这个力量就是群体压力。

这种压力往往使得成员倾向于做出为群体所接受或认可的反应或行为。人类选择了群体作为一种自下而上的方式，偏离群体，为群体所排斥，特别是从群体中消失简直会使个体体验到莫大的痛苦，甚至是一种悲剧。

如果一个人不愿意处于孤立的境地，他就会在群体压力面前，顺应大多数人的意见。心理学家 H.J. 莱维特在其《管理心理学》一书中，详细地描绘了群体压力产生的经过。比如，在一个讨论会上，与会者自由地发表自己的意见，此时个人对和自己不同的主张还能耐心地听取，慢慢地大家的意见归纳为两派：一派属多数，一派属少数。讨论继续进行，少数派仍然坚持自己的意见，但大多数人已不再听取少数派对自己意见的合理性解释，而是劝他们放弃自己的主张，接受大多数人赞同的意见。如果少数意见的坚持者仍然固执己见，不肯妥协，那么大多数人便会失去甚至是好言相劝的耐心，开始攻击其执迷不悟、破坏合作、对群体缺乏忠诚等。如果这时候少数成员还坚持自己的意见，那么大家便采取断绝沟通的方法，将少数意见的坚持者孤立起来。此时，对于这个群体来说，你已不是其中的一员了。当你再说些什么时，已经没人理会了，这样你对别人就不能产生任何影响了。此时，你就达到了群体对付其背离者(不从众者)的最后阶段，你被开除了。

(三)群体凝聚力

1.群体的凝聚力概述

群体凝聚力使成员保持在群体内的合力，是指群体对每个成员的吸引力和向心力，以及群体成员之间相互依存、相互协调、相互团结的程度和力量。我们可以依据"任务"这个概念来理解群体凝聚力，通常每个群体都具有其本身必须完成的一项或若干项任务，这些任务构成群体存在的理由。由此推论，群体成员相互的认同，并为一项共同任务而努力工作的程度，是衡量群体凝聚力的一个重要标准。

凝聚力对于群体行为和群体效能的发挥有着重要作用。管理实践表明：有的群体关系融洽、凝聚力强、意见一致、团结合作，能顺利完成组织任务；有的群体成员之间意见分歧、关系紧张、相互摩擦、凝聚力差,个人顾个人,一盘散沙,不利于任务的完成。群体凝聚力是衡量一个群体是否有战斗力、能否成功的重要标志。

2.影响群体凝聚力的因素

群体凝聚力的高低常常受到内部和外部因素的共同影响,具体来讲主要有以下几个方面:

一是领导因素对群体凝聚力的影响,勒温等人的经典实验比较了在民主、专制和放任这3种领导方式下各实验小组的凝聚力和群体气氛。调查结果发现民主型领导方式组比其他组成员之间更友爱,成员相互情感更积极,思想更活跃,凝聚力更高。同时实践表明,如果领导班子内部混乱、无序,群体便失去核心,而凝聚力也将受到很大的影响。如果领导班子是团结的、协调一致的,而主要的领导者有较强的权力性和非权力性影响力,众望所归,那么群体成员就会紧密地团结在他们的周围,使群体产生较强的凝聚力。

二是来自群体外部的压力能增强群体内部的凝聚力,因为某一群体受到外来群体的侵犯、攻击、竞争、威胁时,群体内部每个成员都面临生死存亡的压力,任何人没有单独逃避的可能,这时只有群体成员更加紧密地结合在一起,才能抵御外来的压力。例如,2008年的汶川地震,民众、军队众志成城,团结一致,共同抵御这一灾害。群体领导人在面对环境威胁时所采取的风格、应对威胁的方式也会影响群体的凝聚力。在雪灾和地震灾难面前,国家领导人身先士卒,亲临一线,解放军官兵与各省救灾力量也迅速汇集到受灾最严重、群众最需要的地方,一些新闻记者也深入到救灾一线采访,甚至亲自参与救援,海内外华人"有钱出钱,有力出力",捐钱捐物。这些都充分体现了中国的民族凝聚力。外来压力的大小是影响群体凝聚力的重要因素。通常情况下,群体受到的外部环境威胁越大、造成的影响和压力也越高,群体的凝聚力也就越强。

【案例分析】

<h3 style="text-align:center">网络行为"去个体化"</h3>

斯图尔特·李是英国一名舞台喜剧演员。2009年,他的第一部电视系列剧在英国播放,他因此开始每天搜集和整理网络评论,6个月里总共搜集了几十页,结果发现,其中1/3的网民留言,是想象把他暴打了一顿,而在剩下的2/3里,大多数人也毫不掩饰对他的厌恶。

斯图尔特·李不是唯一一个遭受网络攻击的人。互联网正在成为一个泄愤的去处,随便打开一个社会名流或者娱乐明星的博客或微博,都会看到大量怒气冲天的留言——有人感慨:每次看微博,就感觉整个世界像是一座随时要喷发的火山。这不是最好的时代,也不是最坏的时代,但拜网络所赐,这似乎是一个"最愤怒的时代"。这种现象引起了心理学家和社会学家的关注:为什么日常生活里的"狠话",到了网上就成了普通不过的表达?

本来,斯图尔特·李自认为对人性有足够的了解;但面对网上呼啸而至、直白露骨的刻薄言语,他也有些招架不住了,坦言自己深感震惊,每天心绪不宁。有那么几个月,他一边提醒自己要远离网络,一边却像患上了强迫症,忍不住要去看看那些充满恶意的攻击。慢慢地,他有了一些发现:在网上对自己叫骂的人用的都是化名,其中不少人用不同的名字在不同的地方发出同样的骂声。而最让他意外的是,有些和他相识甚至平日里相处不错的人,穿了件"马甲"就在网上对他恶言相加——这些人虽用假名,但轻易可以识破。

有句话说"在互联网上,没人知道你是一条狗"。正是这种隐蔽性,使得互联网常常陷入语言暴力。曾为《洛杉矶时报》写专栏的杰弗里·威尔士和斯图尔特·李有类似经历。在长达15年的时间里,威尔士以包括博客在内的形式报道电影圈内幕,最近两年,他发现有个人不断用化名对他进行攻击,在他的博客上写下了差不多200条留言。威尔士曾向对方发出邀请:既然你对我的博客这么关注,不如来我这里开个专栏吧,条件是必须用真名。对方一口回绝。

(资料来源:网络行为"去个体化" 愤怒网民"给道德放个假".文汇报,2011年8月19日)

3. 群体内部的奖励方式对群体凝聚力的影响

群体内部不同的奖励方式影响群体成员的情感和期望,一般认为集体奖励方式可能增强群体的凝聚力,让团队当中的成员意识到个人荣誉和团队是不可分割的。所以很多企业在年终奖励时,总是有先进集体奖,其目的就是要通过这种荣誉让群体成员增强凝聚力,而个人奖励方式可能增强群体成员之间的竞争力,使群体的团队意识下降,从而导致群体的协作力下降,凝聚力弱化。一般认为,个人与群体相结合的奖励方式有利于增强群体的凝聚力。

4. 群体的规模对凝聚力的影响

从规模来看,群体规模越大,群体凝聚力就应越小,因为群体规模越大,群体成员之间的相互作用就越难。各种研究也证实了这一点。随着群体规模的增大,群体的人数过多,容易造成意见分歧,信息交流与信息沟通受阻,群体成员之间的互动变得更困难,从而降低群体的凝聚力;随着群体规模的增大,群体内部产生小集团的可能性相应增大,群体内部再产生小集团通常会降低群体的整体凝聚力。另外群体规模太小,又会失去平衡力量,矛盾难以调解与解决,也会降低凝聚力,影响工作任务的完成。适度规模的群体可以增强凝聚力。

当群体目标与组织目标一致时,则凝聚力与生产效率之间成正相关,凝聚力高,生产效率也高;反之,当群体目标与个人目标不一致时,凝聚力高,反而群体成员会抱团来抵制组织目标,其生产或工作效率反而越低。

第三节 旅游企业活动中领导心理

旅游企业领导是旅游企业战略的设计者、推动者、变革者,优秀的旅游企业领导对旅游企业的生存、发展在一段时期内具有决定性的作用。

一、旅游企业领导概述

领导(leadership)是一种行为过程,领导者(leader)是指实施领导行为的主体。在英语中这是两个单词,容易区分。但是,在汉语里,"领导"既是名词(指领导人),又是动词(指领导行为或活动),容易混淆。其实领导与领导者是两个概念,它们既有联系,又有明显的区别。

领导是指引导和影响个人(或组织),在一定条件下实现目标的行动过程。而这个行动过程的行为人是领导者。通常人们习惯地把领导者称为领导,而把领导者的行为也称为领导。通过上述分析可以看出,领导是领导者的行为,领导者的行为又与领导者紧密相连,因而研究领导者本身的心理特征是非常有必要的。为了便于区分,本书将英文中的 leadership 对应于领导,而英文中的 leader 为领导者。

(一)领导的要素

领导包括三个必不可少的要素:领导者、被领导者、作用对象(即客观环境)。这三个要素可用如下公式表示:

$$领导 = f(领导者、被领导者、客观环境)$$

领导者是领导三要素的核心,他是用角色行为支配或强化被领导者的,而被领导者则在角色知觉和角色期望的基础上,把领导者的行为作为群体行为的楷模,因而领导者的素质和领导水平是企业成败的关键。

客观环境是指环境因素。任何领导活动都是一定环境条件下的活动,任何领导者的影响力只在一定环境条件下奏效。因此,领导者要根据具体情况,选择或改变领导方式,以增强自己的影响力,带领、引导、鼓励追随者实现组织目标。

被领导者是领导的对象,实现组织目标的活动是团体有序的行动过程。领导者的意图如果不为对象理解、接受并转化为自觉的行动,领导活动的目的是无从达到的。

有效的领导取决于领导者、被领导者和客观环境的相互关系。也就是说,在领导者、被领导者和客观环境三个自变量中,任何一个自变量发生变化,因变量——领导方式都要随之而变化。

(二)领导者的功能

1. 正式领导和非正式领导

和组织一样,领导按其权威基础也可以分为正式领导和非正式领导两类,这两类领导的功能也有所区别。

正式领导,是指领导者通过组织所赋予的职权来引导和影响所属员工实现组织目标的活动过程。

非正式领导,是指领导者不是靠组织所赋予的职权,而是靠其自身特长而产生的实际影响力进行的领导活动。

正式领导者一般是工作领袖,非正式领导者往往是情绪领袖;正式领导来源于构成企业法律结构的工作分类、财政责任和权力划分,而非正式领导则来源于社会团体当中成员的组织方式。非正式领导在较大程度上要取决于正式领导,但是它又融合了个人影响力及社交技能等多种因素。正式领导者和非正式领导者可以集于一身,也可以分离;一个真正有作为的领导者,必须同时将工作领袖和情绪领袖两种角色集于一身。例如,如果一个管理人员把自己封闭在自己的办公室里,很少同自己小组的成员或是与自己的小组有接触的人进行交流,即使他所领导的这个小组的成员工作都很努力,但是却没有什么方向和重点。当这位管理人员尝试着给大家的工作确定方向和重点的时候,他的努力换来的只是员工的压力和小组工作的混乱。这意味着正式与非正式的领导脱节。

2. 正式领导者与非正式领导者功能

正式领导者应借助于非正式领导者在组织中具有的实际影响力,为实现组织目标服务。而非正式领导者由于其个人条件优于他人,例如在知识经验、业务能力或在人际关系方面善于关心别人或者具有某种人格上的特点等,在员工中具有一定的影响力。他们的功能如表 11-1 所示。

表 11-1 正式领导者与非正式领导者的功能

正式领导者功能	非正式领导者功能
制定和执行组织的计划、政策和方针	协助职工解决私人的问题
提供情报知识和技巧	提供各种情报资料

续表

正式领导者功能	非正式领导者功能
授权下级,让他们分担任务	倾听职工的意见,安抚职工的情绪
对职工进行奖惩	替职工承担某些责任
代表组织对外交涉	协调与仲裁职工之间的关系
控制组织内部关系,沟通组织内上下的意见	引导职工的思想、信仰及对价值的判断

二、旅游企业领导者的素质

领导者素质有别于普通素质,具有其独特的个体特征,是指充当领导角色的个体为完成其特定职能、职责,发挥其特定影响和作用所必须具备的自身条件,是在一定的心理生理条件的基础上,通过学习、教育和实践锻炼而形成的在领导工作中经常起作用的那些基础条件和内在要素的总和。领导素质既包括领导者的身体素质和心理素质,同时又有着更加广泛的内容。这里主要介绍领导者的心理素质。

领导者在决策过程中所处的特殊地位,要求他具有不同于一般人的特殊的心理素质。领导者是否具有良好的心理素质,对于决策的影响是很大的。具有良好的心理素质,是领导者能够适应社会主义市场经济体制下的激烈竞争,在复杂的环境中做出准确决策的重要前提。作为一名合格的现代领导决策者,应具备的心理素质包括能力素质(智力与特殊能力)和非能力素质(个性特征)。

(一)能力素质

一名成功的领导者要德才兼备,单有一方面的素质并不能够做好领导工作,领导者通常还需要具备多方面的能力,比如工作与技术能力、组织设计与管理能力、决策能力等。能力素质是领导素质中最重要和最为关键的因素,它是领导者的知识和智慧在领导活动中的体现。

1. 专业能力

职业素养和专业能力是承担领导者职责的先决条件。专业能力表现为一个人的岗位技能以及"技术"知识,即在自己所从事的专业领域研究、实践的深度和广度。领导者应具有通晓主管部门的业务、技术的能力,以及指导工作与生产、解决实际问题的能力。这样的领导者才可以吸引、影响大批的追随者,同时也能够提高领导的水平。

2. 组织设计与管理能力

专业是称职领导者的一个条件。精通业务与技术高明不一定是称职的领导者,领导者还必须具备以下组织设计能力、管理才能与指挥协调能力。

(1)组织设计能力:就是决策者如何通过设计一定的组织机构,以便合理地配置人力,去制定和实施各种决策方案的能力。机构是最敏感的因素,机构的变化对组织的作用影响最大。这也是为什么许多新领导上任后,总是以调整机构为着眼点的原因,他们希望通过机构的调整来实现新的目标。

(2)管理才能:这是一个相当宽泛的范畴,主要包括计划与规划设计能力;把握整体目标的能力;组织、控制、指挥与协调能力;口头与文字表达能力;用人与授权的能力;开拓与创造的能力;处理人际关系的能力;改革、随机应变与适应环境的能力;意见交流与信息沟通的能力;领会与掌握政策的水平与能力等。

(3)指挥协调能力:所谓指挥能力,即指决策者如何使各种组织机构得以有效运行,以便完成各项任务,实现各种特定目标的能力。而协调能力是指决策者如何使各方面人员和组织达到和谐一致,以便充分利用人力、物力和财力,获得最佳整体效益的能力。同时要有把握全局的能力,在现代化大生产条件下,各地区、各部门的整体效应越来越明显。这就要求领导者在处理决策问题时,有系统的、整体的观念,具备统筹兼顾、把握全局的能力。

3. 决策能力

决策是实施领导的关键环节,决策能力也是领导者的重要能力素质之一。作为掌管权力的领导者的成功与否,很大程度上取决于他在一些重要问题上能否做出科学的决策。所以,一个成功的领导者,在做决策之前应该做大量的调查研究,向各方面的专家咨询,广泛征求相关群体的意见。

组织与企业领导者的领导过程,从某种意义说是不断决策的过程。决策包括经营决策、管理决策、业务决策、人事决策、战术决策与战略决策等,这些决策直接关系到企业的命运和领导者的管理绩效。决策能力是一种综合能力,它主要包括分析与综合问题的能力、预测能力、逻辑判断能力、直觉能力、当机立断做出决策的魄力与能力、谋略能力、组织团体决策的能力等。

上述领导能力素质中,并非每一项都是必不可少的,每一项因素的强弱不同,不一定影响领导行为。

(二)非能力素质(个性素质)

领导者成功的心理品质除上述能力素质外,还有个性特征等非能力素质,例如恒心和毅力,这种素质在领导过程中有重要的作用。20世纪80年代初,杰克·韦尔奇就任GE董事长后,在巨大的压力下开始对GE的改革,面对各种指责,他毫不动摇,数年的坚持最终成就了今天的GE。领导者首先要有积极进取、充满自信的精神状态,对事业的成功充满信心,这是开创事业的奠基石。同时领导者应该拥有坚定的意志、顽强的毅力、勇于决断的魄力和较强的心理承受能力。这些非能力素质概括来讲,主要包括:一是领导者的个性倾向,即领导者的需要、动机、兴趣、理想、信念、世界观等,这是领导者个性结构中最活跃的因素,是领导行为的基本动力。二是领导者的性格特征,这是个性结构中最核心的成分。良好的性格特性是领导者成功的重要心理条件。三是领导者的自我调节特征,这方面的素质主要有自知之明、自信、自律、自制、自强、自尊、自爱等自我认识、自我评价、自我控制的品质。

三、旅游企业领导班子的群体素质结构

汉高祖刘邦夺取天下后,与群臣谈及楚亡汉兴的原因时说:"夫运筹帷幄之中,决胜千里之外,吾不如子房。镇国家,抚百姓,给馈饷,不绝粮道,吾不如萧何。连百万之军,战必胜,攻必取,吾不如韩信。此三者,皆人杰也,吾能用之,此吾所以取天下也。"这一席话不仅使刘邦深知人才决定事业成败、天下兴亡这一真谛,还在于其中包含着另一个重要的思想,即一个领导团队只有人才结构合理,才能形成较强的战斗力。

旅游企业领导者在管理过程中会碰到许多问题,这些问题的解决单靠某个人的某项能力是不够的,个人的精力不可能穷尽人类整体所拥有的知识和能力,建立一个合理的领导班子是必要的,领导班子的合理结构是领导集体具有战斗力和领导高绩效的关键。

企业领导层群体素质结构,是指在企业领导层群体这一系统中不同个体的配置及其相互关系。它是一个多维的、多层次的和多要素的动态综合体。由于内部个体在许多方面存在着差异,因此企业领导层群体也有一个素质结构合理化的问题,它的合理化程度将直接影响企业的命运。

(一)领导层年龄结构的合理化

领导层年龄结构是指领导层内由不同年龄段的比例构成,不同年龄的人有不同的智力、经验。因此寻求领导层年龄结构的合理化是非常重要的。领导层成员年龄在老、中、青三方面应该有合理的比例,并处于老、中、青上下衔接的动态平衡中。合理的领导层年龄结构,应以中、青年占较大的比例的老、中、青结合的梯形结构为好。相比较而论,年龄稍大些的人有丰富的阅历和深远的观察力,思虑周密,处事稳健,可以起到"老马识途"的作用;中年人年富力强,锐意求新,有开拓创新精神,捕捉新知识快,创造活力大,是团队中的"中流砥柱",发挥中坚作用;而青年人思想敏锐,行动敏捷,竞争心强烈,进取劲头大,敢做敢为,朝气蓬勃,冲击力和迸发力强,可以使团队充满生机和活力。

合理化与年轻化是相关的,因为领导层的年轻化是飞速发展的现代社会的要求,是组织和领导现代工业企业的客观需要。企业领导层的年轻化是一项持久的、长远的、带有战略性的企业人才开发工作。但是,企业领导层的年轻化不

能片面地理解为青年化。企业领导层年龄结构的合理化,要从企业的规模、性质、特点等实际情况出发,不要片面追求组织成员年龄的高低,而应考虑整体合理的老、中、青比例。在实际工作中要克服用年龄界限"一刀切"的现象,具体情况具体对待,防止老年领导人才的浪费。

(二)领导层专业结构的合理化

领导层专业结构是领导者集体中不同成员具有不同专业特长或技能人才的比例构成。从分工合作的角度看,领导层内部任何一个领导人才不可能精通领导工作所涵盖的各种专业知识与技能,因而客观上就要求领导层团队的组成应该由具有不同专业技能或特长的人,形成一定合理的比例,发挥群体的整体优势,既有合理分工,又有高度的综合协调。比如,在现代企业中的领导班子,一般应包括,有能够进行企业发展战略研究和对企业重大问题及时做出决策的董事长;有能够卓有成效地统御、组织、指挥、管理企业生产经营的CEO;有能够有力地加强企业技术管理、领导技术制造、推动技术进步的总工程师;有能够切实改善企业经营、善于运营资本、提高经济效益的总经济师;有能够严格维护财经纪律、广泛开辟财源、善于抓好以资金管理为中心的财务管理,能使企业资金周转快、成本费用低、投资回报率高的总会计师;有能够坚持正确的政治方向、保证党对国有企业的政治领导、善于团结广大职工群众、发挥监督保证作用的党委书记、监事会长;还应有分管基建、计划、生产、经营、人事、政工等方面的适当比例的副职,等等。

建立合理的领导层专业结构,实质上就是希望进入领导层的人才能够专业化。但是,专业化并不等于专家化,而是要求领导层人才在某一方面成为内行、专家,而技术专家不一定适合作领导。当前,领导科学已成为一门独立的学科,就是进入领导层的技术专家,已具备了一些领导才能,也还需要有一个重新学习和实践的过程。

(三)领导层知识结构的合理化

领导层知识结构是指领导层中具有不同知识和不同知识水准人才的比例。领导层知识结构合理化,就是要在知识水准上,使具有高级、中级等知识水准的人才互相合理衔接。企业规模越大,其领导层的知识水准应越高,知识覆盖面就越广。

每个企业领导层的知识结构,应随不同地区、不同部门、不同企业的不同情况而有所不同,不应一概而论。目前,对提高领导层的知识水准,各方面都有较明确的认识,但对拓宽领导层知识覆盖面的认识,还有待进一步提高。一般说来,领导班子中应该既有专家,又有通才;既有自然科学方向的专业人才,又有社会科学、人文科学方面的管理人才;既有擅长理论思想方面的工作者,又有精于生产经营的实干家;既有眼睛瞄准国内外先进水平的中青年人才,又有经验丰富的年长的智者。处于这样知识结构中的"一把手",一般地讲,应有比较宽的知识面,不求他各方面知识精,但求他相关方面的知识通,以使他在团队中形成对他人的影响力,应该说越是大型企业、特大型企业、全国性企业集团的领导层,其知识结构就应该越完备。

合理的知识结构,必须由具有初级、中级、高级知识水平的人,按一定的比例构成一个完整的结构,并随经济、科技、文化教育的发展及社会需要,不断予以调整,形成动态平衡的领导结构。在领导与管理层中,需要有一大批高文凭、高学历、高知识结构的人才,但是片面追求文凭,片面追求高知识结构,不仅难以办到,也不利于领导管理工作,还可能出现轻视真正才干、造成人才浪费或不安心现职的状况。

(四)领导层智能结构的合理化

领导层智能结构的合理化,是指领导层中具有不同智能、类型的人才比例,应该有一个比较合理的配置。智能结构是直接影响领导者决策水平与管理效能的重要条件。人的知识可以借助工具书获得,但是人的智能水平却是其他东西无法代替的。

不同领导者的智能是不同的,在一个领导班子中,有的人可能在这方面能力比较突出,有的人可能在那方面能力比较突出。比如,有的人创造能力超群,精于观察,善于思考,富于想象,能够构思出新的思想、理论,设计出新的规划、方案,具有思想家、战略家的才能;有的人组织能力出众,善于指挥调度,巧于组织安排,勇于随机应变,审时度势,敢于决策,及时处理涉及各方面的任务,具有组织家、指挥员的才干;有的人比较富有研究精神,能对新思想、新方案、新办法,做出深入研究和全面论证,从而能创造性地提出企业生存和发展或解决现实问题的新思路;有的人协调能力比较好,善于说服他人和平衡不同的观点;有的人表达能力比较好,具有宣传鼓动性,富有感染力;有的人精通业务,熟悉技术,能够解决实际方案中的各种技术业务问题,把企业计划方案付诸实践;有的人精明干练、踏实肯干,善于处理大量繁琐的后勤生活方面的工作,创造并保证员工工作中必须的物质条件,使职工无后顾之忧,等等。

企业领导层人才大致可分为:开拓型、实干型、智囊型、组织型和社交型五种,只有不同智能类型的领导人才,按一定比例构成完整的智能结构,并科学合理地使用各类领导人才,充分发挥其长处,开拓型帅才在于"统",智囊型人才在于"谋",实干型、组织型和社交型将才在于"干",企业领导层才会发挥出最大效能。反之,若结构不合理,配置不科学,以将才为帅,往往会断而不谋,盲目蛮干;以智囊为帅,常会谋而不断,贻误战机;以庸才为帅,则队伍涣散,一败涂地;如果让贪图私利、蜕化变质的人为帅,则结局肯定是"富了方丈,穷了和尚,垮了庙"。

(五)领导层心理素质结构的合理化

领导层心理素质结构的合理化,就是要使领导层中各种气质、兴趣、性格能够互相兼容、补充,减少冲突,达到和谐。应当把不同气质、性格特点的人才合理地组合起来,使他们相互适应,相互弥补,相互协调。比如,要注意内向型与外向型、独立型与顺从型不同性格人才的相互搭配;使胆汁质、多血质、黏液质、抑郁质等四种不同气质类型的人才相互协调;甚至还要注意到不同性别人才的参与。这些人才,有的有善断的气质,有的有果敢的魄力,有的有坚强的意志,有的有开朗的性格,有的有博大的风度,有的则可能多方面兼之。

领导层心理素质结构的合理化比其他素质结构的合理化有时更为重要。如果企业领导层心理素质结构有重大缺陷,会给企业的生存和发展带来严重的危害。领导层死气沉沉,或者其成员间怨天尤人,这些可以在心理素质结构上找到原因。心理素质结构合理,可以密切领导成员间相互关系,大家心情舒畅,紧张之中有轻松,可以使领导层兼有开拓而稳重、奋进而有节奏、有条理而又灵活等特点。

在同一个领导集体中,我们既需要有探索、创新、开拓的外向型人才,也需要有扎实、实干的稳定型人才或中间型人才;既需要有急性子,说干就干,有雷厉风行作风的人才,也需要有考虑周到、办事仔细、有耐性的人才。要有机地组合成多维型的素质结构,而不是故意"掺沙子"形成"对立面"。

企业领导层群体是一个多维的、动态的综合体。由于各种客观原因,它的配置不可能使年龄结构、专业结构、知识结构、智能结构和心理素质结构同时都是合理的。在企业领导人才开发过程中,必须本着发挥最大整体效能的原则,根据企业领导层群体工作任务的性质、特点、层次、范围,确定以哪个结构为重点。例如在高科技企业,专业结构应是重点;外向型企业,知识结构应是重点;大型以上企业,智能结构应是重点;新建企业,心理素质结构应是重点。确保重点,兼顾其他,使重点结构与一般结构的合理化问题综合处理,在不影响重点结构合理化的条件下,尽可能满足一般结构合理化的要求,实现群体结构的组合优化。

只从单一结构来配置领导层群体,其整体效能必然不理想。只有通过群体结构的组合优化,有机而合理地组织和使用人才,正确处理各种关系,才会产生新的、巨大的合力。

经过组合优化的结构必须通过企业组织结构的形式反映出来,并在一定的时期内加以固定,使组合优化产生的新的合力源源不断地释放出来,从而推进企业生产和经营的发展。此外,企业领导层组合优化工作,要根据实际需要的变化,适时调整有关组织结构,实行动态管理,以保证企业领导层的活力,使其优化组合的结构始终处于高效运作的状况。

四、领导者的影响力

领导者要实现其领导功效,一个极其重要的因素就是领导者必须具有影响力。影响力是一个人在与他人的交往中,影响和改变他人心理与行为的能力。应该说,每个人都有影响力,但一般人与领导人的影响力强度有着本质的差别,前者无足轻重,而后者是起决定性作用的。

领导者的影响力是由权力性影响力与非权力性影响力所组成的(参见图11-5)。

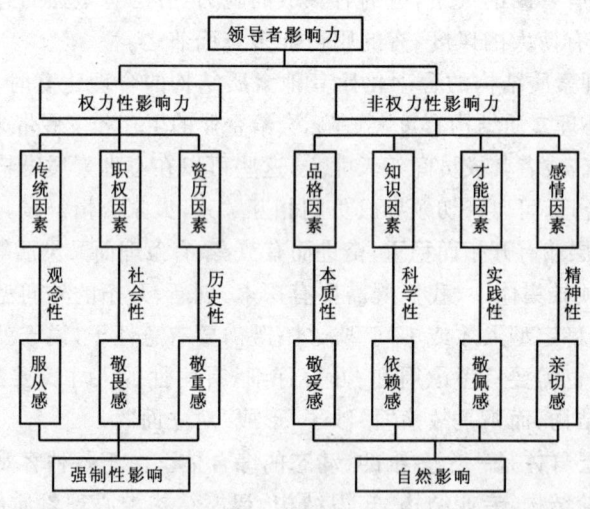

图11-5 领导影响力组成图

(一)权力性影响力

权力性影响力是指领导者通过正式合法手续被赋予职位,所获得的对被领导者的影响力。它属于强制性影响力的一种,对别人的影响力带有强迫性,不可抗拒性,并以外部压力的形式起作用,而被影响者的心理与行为主要表现为被动、服从。因此,这种领导影响力对人的心理和行为的激励作用是有限的。权力性影响力通常可分为传统因素、职权因素和资历因素。

1. 传统因素影响力

这是一种观念性影响力。它可以使被领导者产生服从感。它产生于几千年社会生活形成的传统观念。自古以来,人们对领导者形成了这样一种传统观念:领导者不同于普通人,他们有权,有才干,强于普通人。这种观念逐步形成为某种形式的社会规范。于是,传统因素使人们产生了对领导者的服从感。下级服从上级、群众服从领导的社会生活惯例在人们头脑中积淀流传下来,使被领导者在观念上事先对领导有一种自然服从感。任何人,一旦被赋予领导职位就自然地获得这种影响力。

这种由传统观念所产生的影响力,普遍地存在于每个领导者担任领导职务之后。一旦正式担任了领导职务,就自然地会获得这种传统所附加给的领导力量,从而使领导者的言行增加了影响力。

领导者的服从感表现在两个方面:一是领导者自己对上级的服从感,另一是领导者要求下属对自己的服从感。领导者追求权威和服从感,有着积极与消极的两种意义。领导者如果没有权威,下属对他没有服从感,"不听话",则领导者的工作难于顺利开展。但是,领导者如果一味追求权威,将会发展下级对自己的个人迷信与个人崇拜,这就使事物走向了反面。

2. 职权因素影响力

这是一种社会性影响力。它使被领导者产生敬畏感。它产生于社会组织赋予领导者的职位权力,如奖惩权、物资分配权、人事安排权等,涉及人际关系地位。领导者职位越高、权力越大,被领导者对他的敬畏感越重,其影响力也越大。

在一个企业里,人们对总经理的敬畏感甚于对部门经理与下一级领导者,职位因素造成的影响力是以合法权力为基础的,它与领导者本人的素质没有直接关系,纯粹是由社会组织赋予领导者的力量。

3. 资历因素影响力

这是一种历史性影响力。它反映了一个人的阅历与经验。资历因素会使被领导者产生一种敬重感。它源于领导者长期积累形成的与历史上担任过的领导职务、有过的领导经历有关的地位和声望。资历越深的领导者,担任现职的资历因素影响力越大。资历因素在一定条件下会影响领导的有效性。一个能得到群众敬重的领导者,他的言行容易在人们的心灵上占有重要的位置,这位领导者的话就有人听;反之,不能得到群众敬重的领导者,他的话就没有人听。这就是资历因素之所以能够构成影响力的原因。虽然这种影响力是个人的,但它与历史上的任职密切相关,因而仍然是一种权力性影响力,它存在于领导者实现领导行为之前。

当然,我们不能把资历因素看得绝对化。资历因素虽然是有助于领导有效性的条件,但能否真正获得群众的敬重,还要看领导者在实际领导活动中的表现。

(二)非权力性影响力

非权力影响力属于自然性影响力,与权力无关,靠领导者本人品质、才学、个性修养和处世之道产生的对被领导者的影响力。它是由于领导者自身具有良好的作用而受到下级的敬佩,靠领导者自己的威信和以身作则的行为来影响别人,从而起领导的作用。这种影响力是建立在员工对领导者崇敬、信服的基础上的，没有正式的规范，也没有上级授予形式，接受权力者不会在规定的制度上受到执权者的惩罚或奖赏。权力性影响力强调命令与服从，而非权力性影响力则强调顺从与依赖。

非权力性影响力产生的基础要比权力性影响力广泛得多。这种影响力表面上并没有合法权力那种明显的约束力，但实际上它不仅确实具有影响力的性质，而且常常能发挥权力性影响力所不能发挥的约束作用。非权力性影响力通常可分品格因素、知识因素、才能因素和感情因素。

1. 品格因素影响力

这是一种个人本质性的影响力，主要包括道德、品行、人格、作风等。因为品格是一个人的本质表现，领导者的优良品格能吸引人，促使人去模仿，使被领导者产生仰慕感、敬仰感。所谓"榜样的力量是无穷的"，领导者实际上时刻都在起着榜样的作用，成为群众的精神支柱与行为的楷模。一个无论职位多高的领导者，倘若在品格上出了问题，那么，他的影响力就会荡然无存。因为在我国，群众对于领导者缺乏某些素质因素，如能力、知识、经验等是可以原谅的，但如果缺乏品格因素，那是绝对不可原谅的。

这种影响与领导者个人的因素相关，涉及领导者对工作、劳动、公物、集体、他人和自己的态度体系以及习惯化的行为方式，表征一个人的本质。古今中外，人们都非常重视领导者的品格。据研究，在中国文化背景下，企业组织中群众对领导者的道德品格尤其看重。德高望重的领导者总是能成为群众尊崇、拥戴的权威，使群众真诚接受其影响。而如果领导者品德恶劣，则无论其职位多高，其影响力都会落空并威信扫地。

2. 知识因素影响力

这是一种科学性影响力。知识本身就是一种力量，是一个人最宝贵的财富，人的知识与才能是联系在一起的，知识水平与才能的高低是结合在一起的，知识水平的高低表现为对客观世界的认识水平，领导的知识当然是多多益善。它可以使被领导者产生依赖感。例如，一个领导者具有某种知识技术或某一方面的特殊能力，他便会对他人产生种种影响力。这种影响力称为专长权力。一个具有专长权力的领导者比不具有这种影响力的人，在行使权力上具备更加优越的条件。知识因素影响力产生于科学知识固有的力量。知识广博、专深的领导者总是能根据客观规律办事，抓住问题的实质和关键，领导组织取得成功而获得群众信任。这种信任就成为领导者影响群众的有利条件。

在现代化的企事业单位中，要树立领导者在行政领导与生产指挥中的真正权威，就必须提高领导者的业务知识能力，不断培训造就有专长的管理和技术的人才。

3. 才能因素影响力

这是一种实践性影响力。它使被领导者产生敬佩感。它产生于领导者自身的才能，是实际工作能力的表现。才能是在一定知识水平基础上，在实践活动中形成的各种能力的独特结合。它表现于领导者在组织业务活动方面的专长、造诣或驾驭控制组织达到目标的才干。领导者才能越高，意味着业务活动能力越强，越能受到群众的敬佩感，而敬佩感是一种心理磁石，它会吸引人们自觉地去接受其影响。

在一个组织中，人的才能应该同他的职务相称，这叫"人与事"的最佳匹配。但在实际生活中确实存在一些位高才低的无能领导者。他们身居高位，名不符实。这种领导办事效率低，缺乏判断能力，决策错误，因而使各项工作无法顺利开展。

4. 感情因素影响力

这是一种心因性影响力。感情是一种心理现象，它是人们对客观好恶倾向的一种内在反映。人有感情就有亲切感，有亲切感的人与人之间，相互吸引力就大。所以，一个领导者对下属亲切关心，就会产生更大的影响力。它与领导者的个性修养、人际关系格局密切相关。

有效的领导者待人和蔼可亲，时时体贴关怀下属，与群众的关系十分融洽，能在自己的权力范围内合法、合理、合情地满足群众的正当需要，使群众在心理上产生强烈的认同感、心理相容感和心悦诚服感，从而对群众产生巨大的影响力，激起群众为组织目标心甘情愿奋斗的热情。

【案例分析】

乔布斯的魅力领导力

史蒂夫·乔布斯(1955—2011)，苹果公司前 CEO，获得总统授予的国家级技术勋章，登上《时代周刊》成为封面人物，被《财富杂志》评为"全美最佳 CEO"，苹果的成功与作为苹果精神支柱和灵魂人物的乔布斯密不可分，更与他的卓越领导力密不可分。乔布斯的魅力领导力主要表现为个性坚毅、刚强。乔布斯在短短十年内，就将苹果从自家车库里的小作坊，发展为雇员超过四千名、价值超过二十亿美元的大公司。然而，却在事业最巅峰时被自己创立的公司扫地出门。后来，又在一年中失去 2.5 亿美元！遭遇几近毁灭性打击的他，12 年后卷土重来，重新主宰了苹果公司，并将其带上前所未有的高度和辉煌。坚毅、刚强让他对困境和打击毫不畏惧；理念牵引，愿景驱动，以人为本的管理思想。活力四射的乔布斯是一位鼓动人心的激励大师。"活着就是为了改变世界"，是他始终秉持的理念;用计算机作工具,协助填补科技与艺术、理性与感性之间的鸿沟,是他梦寐以求的愿景。他将这种愿景和理念传递给苹果公司的全体员工,并将其融入到着力开发的、后来移植到 iPod、iPhone、iPad 上的独特操作系统中,这使得苹果产品在功能上领先、强大、精湛,具有卓尔不群的高品质,其外观又典雅唯美、时尚新潮。乔布斯认为,一个出色人才能顶 50 个平庸员工,因此,他将 1/4 的时间用来招募一流人才,并为发掘和吸引人才不遗余力。在苹果公司受到微软、IBM 强烈冲击后,他更加注重员工间的合作,大力提倡减少内耗,致力于消除沟通障碍,这使得苹果的团队凝聚力大大增强,整体效率也大为提高。语言魅力和沟通才华,说乔布斯是世界上最具沟通能力、最擅长演讲的顶尖高手并不为过。每当有重大产品发布时,乔布斯都会亲自上阵,与世界分享苹果公司的新创造,让世人感受苹果公司的惊艳与震撼。他所使用的美轮美奂的 PPT 以及高超别致的表达技巧,使苹果公司产品大放异彩,他个人也赢得粉丝无数。

(资料来源:徐飞.乔布斯的魅力领导力.管理学家,2011(8),有改动)

一个优秀的领导可以带领企业走向辉煌,乔布斯是当之无愧的魅力型领导,他巨大的个人魅力让苹果公司的员工甚至消费者,对他建立了极高的崇拜和忠诚。

(三)提高领导影响力的途径

怎样正确使用领导影响力是有效发挥领导影响力、达到组织目标的重要问题。正确使用领导影响力应当根据具体情况灵活地综合运用权力性影响力和非权力性影响力。根据管理心理学的研究成果,还应注意以下几点。

1. 慎用权力性影响力,多用非权力性影响力

对于领导者而言,权力性影响力是外界赋予的,对被领导者带有强迫性和不可抗拒性,这种影响力使被领导者的心理和行为表现为被动和服从。而非权力性影响力对于领导者而言是自有的,对被领导者是自愿的、心悦诚服的,以内力驱动方式发生作用。这种影响力使被领导者的心理和行为表现为主动和自觉。

在某种意义上,非权力性影响力在整个领导影响力构成中占有主导地位,起着决定性的作用。一个领导者,如果他的非权力性影响力较大,那么,他的权力性影响力也会随之增高;反之,如果他的非权力性影响力较小,就会使他的权力性影响力降低。由此可见,要提高领导影响力,关键在于努力提高非权力性影响力。

事实上,有效的领导者都不轻易动用权力性影响力,而更侧重使用非权力性影响力影响他人。因为对于常人来讲,他们不愿接受强制的外部影响,而乐意接受自觉的外部影响。因此,过分或不恰当地使用权力性影响力容易在被领导者

的心理产生消极的逆反心理。例如不加分析地把领导者的权力性影响力当作恃权仗势,将正常领导权力行使当成压制、强迫群众。因此使用权力性影响力必须慎重,即使在不得不使用时也应公正、合法。

2.重视主导性的非权力性影响力的作用

在正确使用非权力性影响力时,要注意主次关系。在组成非权力性影响力的四个因素中,以品格、能力因素为主,知识、感情因素为次。

在我国传统文化的影响下,领导者品格因素影响尤为重要。这就要求领导者必须首先做到廉洁奉公、作风正派、公正、谦虚、谨慎,在群众面前树立良好形象;刻苦学习、努力实践,培养、锻炼、提高自己各方面的能力以充分发挥"德、才"两种主导性非权力性影响力的作用。一个领导者如果品格因素出了问题,成了负值,那么其他因素必然会受到严重的影响,其总和可能是零。而在一个领导者的品格因素及格的情况下,决定非权力性影响力大小的主要因素就是能力因素了。如果一个领导者能力极差,根本不称职,而且品格又不好,那么,他的非权力性影响力可能为零,甚至负数。这时,他虽然是个企事业单位的领导者,但讲话已没有人听,他所起的作用还不如一个班组长。

强调品格、才能因素并不排斥知识、感情因素的作用,这种主次之分是相对的。在一定条件下,知识和感情因素也可能上升为起主导作用的因素。例如一个知识水平极低、人际关系极差的领导者是难以实现对群众的积极领导的。此时,要实现组织目标,就必须首先解决领导者这两方面的问题。

思考与练习

第一章　绪论

1. 旅游心理学的研究对象是什么？
2. 旅游心理学的研究方法有哪些？
3. 请试述旅游心理学的意义。
4. 请试着分析旅游心理学与相关学科的关系。
5. 案例分析

2000年"五一"期间，上海某医院共36人由某旅行社组团西安、洛阳双卧六日游。团队在西安的游览非常顺利愉快。行程第三天，西安地接社总经理告诉全陪，由于黄金周的影响，该团早先预定的返程火车票已被火车站取消，遂决定乘飞机返上海，因此而超出的费用都由西安和洛阳的地接社承担。全陪将情况告诉旅游团后，旅客们都非常满意。但在登记身份证时，发现有14名客人没有带身份证，而且大多锁在办公室抽屉里，肯定是无法及时取得了。这些客人感到非常沮丧。地接社通过一切渠道不惜代价得到了14张卧铺火车票。游览结束后，这14名游客乘上计划中的火车返上海，其余客人与全陪乘飞机返沪。回沪一周后，这14名客人联名写信到旅行社投诉，以行程中因心理不平衡而引起精神压力为由，要求赔偿精神损失费。最后，该旅行社赔偿了这14名游客每人150元。

问题：这样的"精神损害"该不该赔？为什么？旅行社这样做是否合理？

6.互动小游戏:如果自己想点的东西被别人捷足先登的话……

您和同姓友人一块去喝咖啡。当您不想点"点成咖啡"时,朋友已先点了"点成咖啡",这时,跟在他后头的您会怎么说?
(1)"同样要咖啡就好了"
(2)"我也要……"
(3)"点成咖啡"
(4)"法式咖啡"(再叫成别的一种)
(5)"两杯"

第二章 知觉与旅游行为

1.名词解释:晕轮效应、首因效应、近因效应、刻板印象。
2.什么是知觉?它有哪些特性?
3.影响知觉的因素有哪些?
4.简述有关时间等待的原理。
5.案例分析

南京要摘掉"火炉"的帽子

据6月4日《江南时报》报道,6月3日,南京市有关部门正式下发了《关于在宣传中不再提南京"火炉"称谓的通知》,南京是2004年继重庆提出取缔"火炉"称号之后,又一个要求摘掉帽子的城市。按照南京气象台首席预报员的解释,"连续几年来,南京'火炉'的称谓已与客观气温状况极不相符。同为'火炉'城市,重庆夏季气温比南京高得多。2004年,重庆正式提出摘掉'火炉'帽子。相比之下,南京的'火炉'之称已经名不副实。"同时媒体还称,"火炉"仅是一种民间说法,气象学上并没有这一称谓。由此看来,南京市政府不允许媒体称南京为"火炉"的原因,无非是因为"火炉"的说法会给当地夏季旅游、招商引资、房地产销售等带来"负面影响",从而会进一步影响商业、就业以及GDP等。于是,政府部门不管"火炉"作为流传已久的"民间说法"、在表达上的形象性和在市民语言中的持久性与广泛性,硬是伸出政府那只"看得见的手"。

问题:
(1)为什么南京、重庆等城市要摘掉"火炉"的帽子?试用心理学有关原理加以分析。
(2)你觉得政府部门采取行政的手段加以干预是否合适?为什么?

(3)要想改变人们对南京等城市"火炉"的印象,你觉得应该采取哪些有效的手段和措施?

6.案例分析

变枯燥为有趣,变无奈为有兴致

在美国洛杉矶的迪斯尼乐园,无论是坐小火车还是坐小游艇看宽荧幕立体电影,都要排长队。为了减少人们花在排长队上的时间,于是在游乐项目的入口处设置了几个自动打卡机,比如说你9:40到达,表演10:00开始,但是队伍很长,这时,你便可以拿出手中的门票在打卡机上预约12点的那场。在这两个多小时之内,你可以去玩其他的项目,免去排长队之苦。

坐游艇、过山车等难以预约,只能排队,在一片棚架下,栏杆围成回旋式的排队顺序,由于不是排直线,便没有了"长龙见首不见尾"的心理压力。为了减少排长队的乏味,长队旁边的高台上安排一些小表演,如杂技、小魔术、呼拉圈即兴比赛等。夏季,大棚架上安装了大风扇和喷水器,风扇一转,细细的水珠飘洒而下,令人感到阵阵清凉。

为了解决人们排长队的心理负担,有的场所还运用心理学的原理人为地制造心理平衡。在美国南方大城市休斯敦的机场,原来乘客下机后走两三分钟便可以到达领行李处,但是要等八九分钟才能拿到行李。后来机场方面将行李处搬迁,使乘客下机后要走八九分钟才到领行李处,但是两三分钟行李就来到面前了。

问题:

(1)人们对旅游时间是如何知觉的?迪斯尼乐园是如何缓解人们在等待时焦躁不安的心理的?

(2)结合本案例说明对我国的旅游企业有哪些启示?

第三章 需要与旅游行为

1.什么是需要?它有哪些特点?

2.什么是旅游动机?它有哪些功能?

3.旅游动机的种类有哪些?

4.如何激发人们的旅游动机?

5.简述马斯洛的需要层次理论。

6.案例分析

西班牙为何受欢迎？

西班牙没有特别的风景，对于欧洲人来说更是如此。西班牙的名胜古迹也远不如希腊、罗马。但是西班牙的旅游收入在欧洲占第一位。这是因为西班牙为满足欧洲旅游者在沙滩上晒太阳、游泳的需求，提供了很好的条件。由于欧洲许多国家阴雨多，人们很希望找个地方晒晒太阳。因为常在阴雨天气中过日子很不舒服，许多人的头发还掉了许多。西班牙南部是地中海式气候，太阳充足，而且有很好的供旅游者晒太阳的海滩。另外，西班牙还有以下的优势：第一，从欧洲去西班牙旅游，路程近、交通方便，飞机、火车、轮船、汽车都行，路费花得少；第二，西班牙是农业国家，吃东西便宜，生活费用也低；第三，西班牙旅游业服务质量高，因此每年有大量的旅游者去西班牙。这是西班牙旅游收入高的原因。

问题：
(1) 为什么游客喜欢去西班牙旅游？
(2) 西班牙在吸引游客方面有哪些优势？

第四章 态度与旅游行为

1. 什么是个性？影响个性形成的原因有哪些？
2. 内倾型和外倾型的游客在旅游行为方面有哪些差异？
3. 气质的类型有哪些？不同气质类型的旅游者有哪些特征？
4. 什么是能力？一般能力和特殊能力有哪些关系？
5. 简述自我中心型和多中心型旅游者的特征。
6. 案例分析

上海贵族夏令营泛滥 十天时间培养未来领袖

在微软或者其他世界级企业的会议大厅，一群13岁到16岁的初中生在那里学习多媒体投影，就某个主题制作powerpoint，发表自己的高见。一旁，中国老师和外教观察他们的表现，在本子上做记录。这样的场景，将于下月在上海悄悄上演。首批20多名来自全球各地的国际孩子将参加一个"未来领袖高峰会"夏令营。在那里，他们将出入高级宾馆、举行酒会、在高尔夫球训练场里进行练习……身份从学生一夜变成CEO、公司总裁或者高级主管。举办这样一个贵族式的夏令营是上海市某教育中心和中国台湾的某家公司最近刚刚做出的一项决定。

据主办机构负责该项目的方磊介绍，在竞争的社会里，家长都希望孩子能成材，具备领袖特质，于是，一个举办"未来领袖"夏令营的想法应运而生。在夏令营里，这些孩子可以提前十几年感受和体验领袖们才能过的生活。全程10～14

天的课程内容可谓丰富。夏令营安排孩子们在曾是 APEC 会议场所、位于浦东的上海科技馆,由指导老师引用素材操作有趣的科学实验,在那里,学生领袖们会花上大半天的时间研究并制造水火箭。由指导老师带领进入科技殿堂参观"地球家园"、"信息时代"、"机器人世界"、"探索之光"以及观赏"IMAX 立体巨幕影院——电脑动画世界"等。

夏令营还安排孩子们学习马术,让这些孩子知道,领导统驭的艺术中能取得下属的自然信服以及能做好在位者的倾听工作可谓最高境界。"在马术中,如何引导及驯服马匹就是个中艺术的精髓。"夏令营台湾方负责人朱启辰说。在那里,每个学生领袖都会有自己的专职教练。与之类似的课程还有高尔夫球课程的学习。

"夏令营结束前,主办方会要求大家举办一个模拟宴会。背景乐是一支支舞曲,学生领袖将会穿上正式的西装、晚礼服,端着香槟酒杯,穿梭在宴会上。由于前几天经过了社交舞和国际礼仪的专项培训,学生领袖在社交场合能避免失仪及不必要的误会,尽显绅士淑女风度"。主办方希望届时学生能自备服装,学会如何打领带结,如何穿鞋子,如何搭配,通过这些课程开发他们领导的潜力。

据介绍,整个夏令营会由数名外教随团,开展英语教学。参加的学生还会进行口才培训、人际沟通、艺术概论等课程的培训。

问题:
(1)"贵族夏令营"为什么会受到家长和孩子的欢迎?
(2)什么是领袖特质?你认为在十天之内能够培养出未来领袖吗?

7. 性格特征测试

阅读下列问题,选出最符合你的心理情况的答案。

(1)朋友对你的评价如何?

当你发现好友遗忘东西时,你会如何?请从下列答案中选出与你的想法接近的。

  A. 马上送到他家

  B. 接通电话,请他到咖啡厅见面,再交给他

  C. 邮寄给他

  D. 暂时拿回家考虑

(2)你吝啬吗?

如果你在朋友家高谈阔论,发现最后一班车已经走了,而回家需要走 10 公里的路,这时你会采用以下哪种方法?

  A. 给家人打电话,说你要住在朋友家

B. 坐的士回家

C. 慢步走回家

D. 不在意地留在朋友家

(3) 你的嫉妒心强不强？

当你见到自己喜欢的异性与同性好友谈得很愉快时，你会在下列 4 项中，采取哪一种态度？

A. 若无其事地走过去加入话题

B. 假装有要事，叫出同性好友

C. 当作没看见，故意装作若无其事

D. 等他们讲完，再向同性好友打听谈话内容

(4) 你是否具备自我反省能力？

当你在自己喜欢的女性面前做了一件失败的事时，你有什么感觉？

A. 恨不得一死

B. 依女友的情况道歉

C. 马上离开现场

D. 觉得无所谓

(5) 你有正义感吗？

如果有个女子被醉汉骚扰，要求你帮助，你会如何？

A. 拉起她的手逃离现场

B. 适当地劝阻醉汉

C. 不理她，这不关你的事

D. 看情形，也许你会打那醉汉

(6) 你具备运用机会的才能吗？

有个年轻女性向你问路，而恰好方向相同，你会如何呢？

A. 告诉她方向相同，可以一起走

B. 很详细地告诉她，再从后面跟着

C. 你会默默地带她到目的地

D. 告诉她走法，自己另走一条路

(7) 找出你的生活方式。

请在下面的各种图形中，选出你认为最美的图形。

A. 正三角形

B. 六角形

C. 椭圆形

D. 长方形

(8)你具备计算能力吗?

0~9中的数字,你最喜欢哪一个?或是你印象中最好的数也可以。

A. 3、5、7

B. 2、6、8

C. 1、9

D. 0、4

附:评分与解释

(1)选A的人,决断力超群,爱管闲事,文过饰非,显得有点神经质,喜欢表现自己的优越感。但对别人的事很热心,有时还颇受欢迎。

选B的人,你个性开朗,经常和人一见如故,是许多人心目中的好好先生,但有唯唯诺诺之嫌,甚至觉得你不可靠,爱吹牛。

选C的人,对任何事都保持沉默,不随便叫嚷,更不会拿自己的事当话题。因此,比较有神秘感。给人的印象是冷漠,但是值得信任。

选D的人,构想不错,但是经常不付诸行动,给人印象不踏实,要紧的事不敢跟你商量。不过,大家都认为你有实现自己想法的能力。

(2)选A的人,你善于判断情况,受朋友欢迎,同时举止合宜,在社交上也超人一等。但你在生活上是属于节俭的人。

选B的人,你有自我牺牲的精神,愿为人服务,但若得不到感谢,会很生气。表面上你很浪费,事实上你是个精打细算的人。

选C的人,你有钱就想花,就算以后每天吃方便面也没关系。有人向你借钱,就随便借给他;反之,也会不客气地向人开口,所以你是个没有经济观念的人。

选D的人,你注重自己的想法,讨厌别人干涉你,看到喜欢的东西,就算借钱也要买。你在经济观念上是自由的。

(3)选A的人,你很有自制力,对教学方面在行。你的醋意可用加入谈话而排除,借机会使她意会到你的存在。你能利用嫉妒作为原动力而有所进步。

选B的人,你是个知其不可为而为之的人。自己不认为执拗,却被女性讨厌。所以如果你不压制你的醋意,会遭到不幸的。

选C的人,以友情为重,不好意思吃醋,所以会忍耐地将爱藏在心中,独自一个人时再哭,是古典而富浪漫色彩的人。

选D的人,如果谈恋爱,一生只会爱一个人。一旦吃醋,你会连续苦恼几个晚上。因为不够坚强,你很可能以后再也不谈恋爱了。

(4)选A的人,自尊心很强,过失被发现时,就想否定自己的一切。这种人具有强烈的反省力,但这种能力会影响自己的性格,使自己变得内向而神经质。

选 B 的人,认为"人非圣贤,孰能无过",无论失败还是成功不足以改变人生的方向,是个胆大而性格专一的人。

选 C 的人,这种人感情脆弱,想到对方不知会怎样批评自己的错误,就觉得似乎世界末日降临,只想逃避,是个消极、懦弱的人。

选 D 的人,个性倔强,对朋友很重感情,是能够反省自我、约束自我的人,在责任感和热情的驱使下,常会做出一些轻举妄动的事。

(5)选 A 的人,有人向你求助时,会先考虑能否制服醉汉,再采取行动。考虑到对方已醉,可采取安全的对策,所以你毫不吝惜地在女性面前展示你的才干。

选 B 的人,女性一求助,立刻到醉鬼旁边并巧妙地劝阻,可见是相当勇敢,行动力强而活跃的男人。

选 C 的人,这种人内向而软弱,对作战有恐惧感,他排斥世界上一切冲突,多少会自责,但是也会进行自我安慰。

选 D 的人,是个纯洁的男孩,富有正义感,但采取行动后,常会后悔。

(6)选 A 的人,"人生何处不相逢",这是一种缘分,可以说你是个善于利用机会的人。你做事负责,也能有涵养地为对方着想,懂得尊重别人。

选 B 的人,把自己的事和别人的事分得很清楚,但不会只告诉人家方法,而自己摆脱。你喜欢跟在人家后面求安全,也许由于这种原因,使你得到许多成功的机会。

选 C 的人,是个只顾自己,自求满足的人。你无视对方的困难,而一味强求,因此会制造敌人;但因为你的态度强硬,也有不少人会跟着你走,是属于政治家型的人。

选 D 的人,意志软弱,讨厌人家误解或低估。一旦被别人求助,又觉得是一种负担,因而感到厌烦。你没有意气相投的朋友,也没有敌人,是个作风相当独特的人。

(7)选 A 的人,正三角形是线条最少而形状最美的图形。你之所以选这种图形,是因为你已经有目标,只剩行动而已。目前你所需要的是一个有能力帮助你的人。

选 B 的人,这是个吸收了各种形状组合的图形,也就是在新观念中,掺杂着旧思想,你还需要多学习,以便从中获得新的生活方式。

选 C 的人,你目前的生活是被独裁者所控制,没有独立做主的机会,现在最要紧的是突破现状,制造一个新的生活环境。

选 D 的人,现在你只顾实行构想,集合自己全部的力量朝新世界迈进。观察新视野,结交新朋友,办自己力所能及的事。目前的你正拥有这个机会。

(8)选 A 的人,选奇数的人非常重视生活的机动性,对美感也较重视,是个有点神经质但细致的人。在日常生活里,你喜欢装饰一些富于变化的东西。

选 B 的人,喜欢偶数的人对事物有着相对性的看法,把生活截然分成对内和对外两种,在外面反应灵敏,而在家中很温和。

选 C 的人,喜欢两个一头一尾的数字的人富于野心,好奇心也强,对自己做的事很自傲,不轻易听人家的劝导。

选 D 的人,会选择这两个数字的人对事物有合理的看法,也较富有投机的心理,做事不左顾右盼,而是一直向前。

第五章　个性与旅游行为

1. 态度及其构成的因素有哪些?
2. 态度形成要经过哪些阶段?每个阶段各自有哪些特点?
3. 影响态度改变的因素有哪些?
4. 如何改变旅游者的态度?
5. 态度与行为总是一致的吗?举例说明。
6. 案例分析

他爱上了旅行

不久前,我们几位朋友从欧洲旅游回来,至今余兴未消。这是一次自驾车旅行,从地中海海滨到大西洋东岸,感觉真是好极了。

没想到在前天,同行的吴斌一本正经地问我,是否近期再合伙组织一次自驾车欧洲旅行。说实在的,我听了有点吃惊。即使有时间,也不必在新鲜劲尚未过去的时候,就又匆匆上路啊。更加奇怪的是,吴斌原来对于旅游的兴趣不大,上次去欧洲,还是我们冒着风险动员他同行的。因为欧洲行开支不菲,如果他勉强去了最后却感觉不值得,我们就尴尬了。我问吴斌是不是转性了,吴斌说他现在就像"二极管反向击穿"一样,从原来没有兴趣旅行,变得非常喜欢。转机,就是我们怂恿他到欧洲走了这么一圈。

(资料来源:贾皋.21世纪经济报道,2005年4月4日)

问题:

(1)在本案例中,吴斌为什么会对旅游形成偏爱?
(2)结合本案例,谈一下旅游偏爱的形成过程。

第六章　社会因素与旅游行为 *

1. 什么是家庭生命周期？在家庭生命周期的不同阶段人们的旅游行为分别有哪些特点？
2. 什么是社会阶层？当代中国社会的十大阶层分别是什么？
3. 你认为"黄金周"的休假制度是否合理？为什么？
4. 案例分析

迪斯尼入乡随俗

为了吸取巴黎迪斯尼乐园的失败教训，2005年9月份开幕的香港迪斯尼一切讲求入乡随俗，不仅建筑物讲求风水，就连餐厅也卖鱼丸、烧麦，以迎合香港人的口味。巴黎迪斯尼乐园的失败，主要是因为不够本土化，因此迪斯尼此次登陆香港前已经做足了功课。"中国化"成为其优先考虑的重点，甚至连乐园的奠基日、睡公主城堡的封顶、开幕日期的设定也都事先请教过风水大师。据报道，为了防止财气流入大海，香港迪斯尼乐园把地铁站至入口大门的人行道拐了一个弯，又把大门方向略微调转了12度。其他趋吉避凶的设计，还有888平方米的公园婚宴宴会厅，以及高级餐厅内的一个虚拟锦鲤鱼池。此外园内也完全没有"4"号楼房。至于在厨房内设立无火区，是取"金、木、水、火、土"五行平衡之意，以确保营运的平安。

迪斯尼集团在全世界设有11个主题公园，其老家的利润已经转薄。而欧洲的乐园多为亏损，主要是"文化接受度"问题，因此，迪斯尼集团寄望于亚洲业务争取丰厚利润，也更着重于"入乡随俗"的营业方针。

问题：
(1) 香港迪斯尼乐园在"中国化"方面做了哪些工作？
(2) 香港迪斯尼乐园为什么要入乡随俗？

6. 案例分析

环球"假"年华——各国休假制度面面观

瑞典：带薪长假不是梦

抛开劳碌的工作，舒舒服服在家休养或者干脆外出旅游，逍遥自在的同时每个月还能拿工资……这样的美事绝非想入非非，而是瑞典政府准备实施的一项新就业政策——带薪休长假。

这项新政策在瑞典全国同步实施。不过，早在2002年，瑞典政府就已经在多个地区试行这项政策，而且反响不错。

按照新政策的有关规定,自愿脱离工作岗位休假12个月的员工,可以领取85%的失业保险金。在瑞典,人们的税前月薪上限是2.5万瑞典克郎(约合2.75万元人民币)。按照这一标准计算,一名自愿离岗的员工休假期间,每个月最多可以领取税后月薪9 550瑞典克朗。

虽然不少瑞典人承认,带薪休假从收入上说并不太划算,但从另一个角度说,浮生逍遥可是千金难买。而对另外一些人来说,带薪休假不仅意味着休养,更是一个追逐人生梦想的大好时机。

新政策明确规定,带薪休假人员可以利用假期做任何自己想做的事情,比如旅游、学习、照料子女,甚至是开公司。但前提条件是,他们不能另打一份工、再挣一份工资。

法国:借"桥"拉长假日

法国的假日很多,法国人也非常喜欢度假。一年之中,除了周末两天的休息日以外,每年还有11天的法定假日(元旦、五一、国庆、第一次世界大战停战日、第二次世界大战停战日以及6个宗教节日),另外还有5周带薪年休,总共140天。除此之外,每个员工还享有每年12天的职业培训假期(视公司的具体情况而定)。

为了让假日更加惬意,法国人还建立了"假日搭桥"的办法,也就是说,如果法定假日和周末休息日只差一天,例如7月14日的法国国庆节若是周四,那么周五就称为"桥",就可以和周六、周日搭上连在一起休息。如此这般,一年之中赶上三四个"桥"是很容易的。

在法国,夏天的大假期神圣不可侵犯。依照法国劳动法的规定,5周的年休原则上应该在每年5月1日到10月30日之间,实际上大部分人选择7、8、9月阳光最充沛的3个月去度假。从老板到员工、从经理到普通工人,都不会浪费自己的假期。每年暑期大约有50%的企业关门休息,假如老板要求员工在法定年休日以外的时间休假(即每年11月1日到次年4月30日),员工有权再享受两天额外的休假。如果是家里有孩子的母亲,孩子在15岁以下,年休也可延长,一个孩子2天,两个孩子4天,依此类推。

日本:50%带薪休假未被利用

在日本,年度带薪休假平均天数为18天,但是其利用率只有50%(9天),未被利用的年度带薪休假天数总计约合4亿天/年。

与其他国家相比,日本的年度带薪休假利用率远远低于国际水平。欧洲的带薪休假在现实中处于完全利用的情况,休假的利用率几乎达到了100%,原因是其劳动协约等规章制度确立了有计划地、连续地利用年度带薪休假这一原则。美国的年度带薪休假的使用率也在70%~80%。日本远远低于二者。

问题:
(1)瑞典、法国和日本三个国家的休假制度分别有什么特点?
(2)根据本案例,结合我国的实际情况谈一下实行带薪假期的必要性。

第七章 旅游服务心理概述

1. 什么是客我交往?客我交往有哪些特殊性?
2. 旅游服务中客人的需求心理有哪些?
3. 案例分析

遇到不讲理的客人怎么办

有一天,某饭店客房部服务员小许遇到了下面这样的事。她刚给住在8021房间的洪太太送了一瓶开水,不一会儿,洪太太气势汹汹地走过来对她说:"快说实话,把我的钱包藏在哪儿了?刚才没有其他人来过,只有你来过,不是你拿了是谁拿了?"

问题:
现在假设你是服务员小许,面对那位冤枉好人,而又气势汹汹的洪太太,你应该怎样做?不应该怎样做?

4. 案例分析

要让客人得到代偿性的满足

在一家饭店的餐厅门前,一位身穿游泳裤的男士一定要进餐厅吃饭,被服务员阻拦,因为到餐厅用餐不能衣冠不整,所以,服务员请客人换了服装再来餐厅,但客人不同意,说过一会还要接着游泳的,换服装太麻烦。这时,服务人员并没有完全拒绝客人的要求,而是采用变通的方式满足了客人的需要:"先生,您能不能先点餐,我们过几分钟送到游泳池来。"这样,既没有破坏规则,又满足了客人的需要。

问题:
分析一下案例中的餐厅服务员满足了客人哪些方面的心理需要?

第八章 饭店服务心理

1. 旅游者在客房的主要心理需求有哪些?应如何接待?
2. 餐厅工作人员为什么要注意自己的形象美?具体要求有哪些?
3. 旅游者在饭店前厅有哪些心理需求?

4. 你怎样认识就餐者的求快心理？
5. 第一印象与最后印象在前台服务中为什么具有特殊意义？
6. 案例分析

前台服务作业

一日，饭店即将到店的客人中，有两位是日本某跨国公司的高级行政人员。该公司深圳方面的负责人员专程赴饭店为这两位客人预订了行政楼层的客房，并要求饭店安排VIP接待，该公司其他客人的房间则安排在普通楼层。客人到店之前，相关部门均做好了准备工作。管家部按客人预订要求，提前清洁行政楼层及普通楼层的客房；前台及行政楼层接待处准备好客人的钥匙及房卡；大堂副理部则通知相关部门为VIP客人准备鲜花和水果，并安排专人准备接待。然而，就在一切准备就绪，等待VIP客人到店之际，其中一位VIP客人出现在饭店，并声称已入住在普通楼层的客房。

经过一番查证，发现客人确已下榻饭店普通楼层的客房。但这并非客人要求，而是由于接待员的工作失误造成的。由此VIP客人与其他客人一行三人抵达饭店时，前台接待员A只核实了第一位客人的姓名与预订单上客人姓名相符，未进一步在电脑系统中查询另外两位客人的预订，而这三位客人自称来自同一公司，又是一起抵达饭店，A主观判断是预订单上标示的客人名字出现了偏差，安排三位客人入住。其实，这张预订单上的三位该公司本应入住普通楼层客人的预订，A在只核实到其中一位客人入住普通楼层的情况下，不经进一步核实就将本应入住行政楼层客房的客人与其他客人一同安排在普通楼层。

A主观认为是预订单上将客人姓名写错，将预订单上的客人名字更改成已入住客人之后，实际应入住普通楼层的客人在抵店时，其中一位接待员B无法查到该客人的预订。B虽然让客人出示该公司名片后确认客房客人为该公司员工，并马上安排此客人入住，但已使客人对饭店的服务水平产生质疑。

在查清造成上述错误的原因之后，当值大堂副理马上与客人联系，致电客人并在房间内留下一封致歉信，就此事向客人致歉。在接到VIP客人回到饭店的通知后，大堂副理亲自向他致歉，并询问是否愿意转回行政楼层。客人在接受饭店道歉之后，表示对下榻客房比较满意，无需再转去其他房间。第二天当VIP客人离开饭店之时，当值大堂经理又专程向客人当面致歉。客人表示并不介意此次不愉快的经历，并对饭店对于他的重视很满意。

（资料来源：陈的非. 饭店服务与管理案例分析. 中国轻工业出版社, 2010）

问题：
VIP客人他们真正的需求是什么？造成上述问题的原因是什么？如何

避免?

第九章 其他旅游服务心理

1. 作为一名合格的导游应该具备怎样的心理素质?
2. 你怎样理解导游服务中的微笑服务?
3. 旅游者在旅游交通的选择上有怎样的要求?
4. 对于提高旅游交通的服务质量你有怎样的看法?
5. 设计一份旅游商品的促销计划书。
6. 案例分析

小方带团到T市游览,由于客观原因旅游团不能入住原酒店,只能住降了一颗星的酒店。小方决定用酒店等级的差价来给客人加菜,给客人补偿。

小方给客人加了几道当地最有名的风味菜。但是,小方并没有对客人明说,他想,客人发现自己吃的菜比别的团队多,比别的团队好,自然会心中有数的。没想到,当团队到达下一站时,客人却向小方提出要求补偿上一站酒店等级的差价。小方告诉客人,在上一站已经用风味菜补给他们了,客人却说那几道菜不是小方加的,而是他们自己点的。

原来,就在小方给客人加菜的同时,客人自己也点了一些菜。由于客人之间的关系比较好,每一桌的客人都在为自己点菜的同时,也为全团点了菜,这样一来,客人就根本不会想到这里还有小方为他们加的菜。

小方把酒店等级的差价、加了什么风味等,向客人一一说明,可是客人还是不痛快。

到了最后一站,有一次酒店停电,一晚上客房没有冷气,客人就毫不客气地要求小方退钱。小方拿不出这么多钱,就与客人商量,能不能用别的办法给予补偿,但客人坚持要他退钱。小方只好说等旅游结束以后带客人到社里去领钱。

出了这样的事,小方既觉得没面子,又觉得很委屈,觉得坏就坏在自己加的菜与客人自己点的菜混淆了。

问题:问题出在哪里? 如果你是小方,你会如何处理?

第十章 旅游企业售后服务心理

1. 简述旅游者抱怨和投诉的心理因素。
2. 旅游企业应该如何处理旅游者的投诉?
3. 为什么售后服务很重要? 售后服务主要有哪些方法?
4. 案例分析

勤快的服务员、行李员

4月17日是"广交会"的最后一天,宾馆的生意非常火爆。早上9点正是楼层退房的高潮,那时候小王到礼宾部实习只有一个星期左右,对礼宾的工作程序还不算很熟练。按规定,没有做满半个月的礼宾员不准带房和提取行李,以防出错而引起客人的投诉。当时我在工作台处理信件并准备送函件出去,刚好这时总机打来电话,通知礼宾部派人到1213房拿取客人的行李。因为小王没有在礼宾部做够15天,所以还不能单独送取行李,但看大堂里的礼宾员个个都忙得不可开交,小王当时也想表现一下自己,所以接完电话,就匆忙推着行李车来到1213房,开门把客人没有装好的行李装好搬上车正想离去,恰巧这时1213房的客人上来,见小王提他的行李,大发脾气冲着小王嚷:"是谁叫你乱动我的行李的?我还没退房你就想赶我走是吗?快把你们的经理叫上来!"这时客房服务员跑来对小王说:"你拿错了,刚才总台说的是B楼的1213房,这里是A楼呀!"听了这话小王顿时傻了眼,"惨了,又给投诉了!"小王心里大为不安。

当天下午,1213房的客人到大堂副经理的面前投诉小王早上拿错行李的事情。大堂副理听完了客人的投诉后把小王叫过去,小王当时很紧张,但由于小王的态度很诚恳,而且这个客人也不是很刁难,他看小王是实习生又乐于接受批评,在小王和主管的道歉下才摆平了这件事。第二天,礼宾部就召开会议讨论小王这件事,小王当然受到了相应的处罚。

(资源来源:陈的非.饭店服务与管理案例分析.中国轻工业出版社,2010)

问题:
作为客人发生这件事,他的投诉心理是什么?服务员错在哪里?

5.案例分析

处理客人投诉要讲究策略

某晚,A11包厢客人投诉服务员服务意识差,业务技能不合格,如:反应迟钝,该上的菜放在工作台上迟迟未上;未经客人同意将价格昂贵的菜肴换小盘上桌,令客人没有面子;客人叫开酒,服务员慌慌忙忙地到处寻找开瓶器。这些使客人非常不满,客人让服务员马上把负责人叫来。服务员立马致歉,并表示自己刚来,还不是很熟悉业务,希望得到客人的谅解。但是客人不予理睬,不听她的任何解释。服务员在道歉未果的情况下,只好找来领班,并告知事情的经过。经查,该服务员是新进实习生,且性格内向,胆子比较小,在对客服务时,主动性不强,服务意识淡漠,操作技能也有所欠缺。她心理素质较差,客人声音稍微大些,对她态度强硬一些,她就不知所措,面红耳赤,说话吞吞吐吐。客人经常会向服务员要些上好的茶(遇到此类情况需去大堂吧开单,然后待客人用餐完毕后,与餐饮消费账单分开付款),这时她也不知道该如何操作,类似许多情况她都不能独立应对。这次接待的客人是常客,且要求比较高,客人又很好面子,因此,经理出面调解、道歉后,立刻更换了服务员,并派领班至包厢跟进服务,待客人用餐结束后,经理送客并道歉。同时向客人表示饭店将加强员工服务意识培训,改进服务质量,并对该服务员进行相应的处罚。说毕,经理亲自将客人送至电梯口,并为其按电梯,热情地欢迎客人再次光临。客人表示对此处理结果比较满意,下次还会继续一如既往地光临该饭店。

(资料来源:钟志平.饭店管理案例教材.中国旅游出版社,2010)

问题:

分析客人的投诉心理,总结经理处理投诉的过程,并分析该酒店管理和服务上存在的问题。

第十一章 旅游企业管理中的心理

1. 在管理活动中如何根据员工的不同个性差异进行管理?
2. 请说明如何根据能力差异进行职业选择?
3. 简述领导与领导者有何区别?
4. 简述领导和管理有何区别?
5. 请分析旅游行业的薪酬状况。
6. 旅游企业职工能够通过何种方式参与企业的管理?
7. 能力测试

(1)推理能力测试之贴纸游戏

有 A、B、C、D、E 五个人,每人额上都贴了一块或黑或白的纸。五个人对坐,每人都能看见其他四个人额上所贴的纸的颜色,但不知自己额上所贴的纸的颜色。五个人互相观察发言如下。

A 说:"我看见有三个人额上贴的是白纸,一人额上贴的是黑纸。"
B 说:"我看到其他四个人额上贴的都是黑纸。"
C 说:"我看到一人额上贴的是白纸,其他三个人额上贴的是黑纸。"
D 说:"我看到四个人额上贴的都是白纸。"
E 什么也没有说。

比较这四个人的说法,你会发现这里有很多矛盾。实际上他们之中有些人说了谎话,即没有按照自己实际看到的情况说。现已知额上贴黑纸的人说的都是谎话,额上贴白纸的人说的都是实话。试问他们五个人中谁的额上贴的是白纸?

附:答案
    白纸 C E
    黑纸 A B D

(2)反应能力测试之司机的年龄

你设想自己是一个汽车司机,设想自己开的车已经用了多年,挡风玻璃已经破裂,容量为40公升的油箱里,目前只能加得进20公升的油;汽车的门栓已坏,只好在上下车时用铁丝拴好;汽车的排气管也需要修理。那么,请问汽车司机的年龄是多大?

附:答案
    司机的年龄即为测试人的年龄。

8.案例分析

某饭店的人力资源部负责人王经理,在近段时间烦恼透顶,两位他所看重的饭店的业务骨干要走。主要原因是这两名员工认为他们现在所做的贡献远大于回报,而且事实的确如此。而饭店方则认为他们所取得的成绩是因为有公司作后盾,离了公司他们什么也不是,又怎么会有作为?相持之下两人一走了之。

问题:
请你用有关激励理论分析此案例。

9.听与说的心理游戏

角色分配:

孕妇:怀胎八月;发明家:正在研究新能源(可再生、无污染)汽车;医学家:经年研究爱滋病的治疗方案,已取得突破性进展;宇航员:即将远征火星,寻找适合人类居住的新星球;生态学家:负责热带雨林抢救工作组;流浪汉。

游戏背景:

私人飞机坠落在荒岛上,只有6人存活。这时逃生工具只有一个只能容纳一人的橡皮气球吊篮,没有水和食物。

游戏方法:

针对由谁乘坐气球先行离岛的问题,各自陈诉理由。先复述前一人的理由再陈述自己的理由。最后,由大家根据复述别人逃生理由的完整与陈述自身理由充分与否,自行决定可先行离岛的人。

游戏说明的道理(可以请学生一起谈看法):认真聆听别人的话,记住别人的想法,这样别人才会相信你,才会让你去求救。由此可见,聆听非常重要。根据学员的表现评价:好的表达/坏的表达。

主要参考文献

1. 吕勤,郝春东.旅游心理学.广州:广东旅游出版社,2000
2. 张树夫.旅游心理.北京:中国林业出版社,2000
3. 陈筱.旅游心理学.武汉:武汉大学出版社,2003
4. 国旅人教司.旅游心理学.北京:旅游教育出版社,1999
5. 李灿佳.旅游心理学.北京:高等教育出版社,2000
6. 刘纯.旅游心理学.北京:科学出版社,2004
7. 游旭群.旅游心理学.上海:华东师范大学出版社,2003
8. 阎纲.导游实操多维心理分析案例100.广州:广东旅游出版社,2003
9. 麻益年,卢爱英,金海峰.旅游心理原理与实务.北京:旅游教育出版社,2005
10. 上海市旅游事业管理委员会.导游基础知识.上海:东方出版中心,2002
11. 上海市旅游事业管理委员会.导游业务.上海:东方出版中心,2002
12. 上海市旅游事业管理委员会.现场导游实务.上海:东方出版中心,2002
13. 上海市旅游事业管理委员会.导游带团艺术.北京:中国旅游出版社,2001
14. 上海市旅游事业管理委员会.旅游案例评价.上海:华东师范大学出版社,2003
15. 朱国定.管理心理学.上海:上海教育出版社,2002
16. 丁茂生.管理心理学.合肥:中国科技大学出版社,2004
17. 李振文.管理心理学.武汉:华中科技大学出版社,2002

18. 赵瑜,周振庆,吴风.旅游交通.北京:中国铁道出版社,2002
19. 杜学.旅游交通概论.北京:旅游教育出版社,1996
20. 斯文齐茨基.管理的社会心理学.上海:世界图书出版社,1989
21. 斯沃布鲁克.旅游消费者行为学.北京:水力电力出版社,2004
22. 匹赞姆.旅游消费者行为研究.大连:东北财经大学出版社,2005
23. 马伦.消费者行为心理学.台北:五南图书出版公司,2004
24. 钟志平.旅游商品学.北京:中国旅游出版社,2005
25. 刘敦荣.旅游商品学.天津:南开大学出版社,2002
26. 利陶尔.F性格分析学.广州:中山大学出版社,1996
27. 夏洛尔.EQ自测.北京:中国城市出版社,2002
28. 孙喜林,荣晓华编著.旅游心理学.大连:东北财经大学出版社,2002
29. 李晓文,张玲,屠荣生编著.现代心理学.上海:华东师范大学出版社,2003
30. 平原郎.个性人生.北京:中国青年出版社,2003
31. 北京三维心理研究所编著.做自己的心理医生.北京:中国民航出版社,2003
32. D.赫尔雷格尔等著.俞文钊等译.组织行为学.上海:华东师范大学出版社,2001
33. 张树夫.旅游心理学.北京:高等教育出版社,2001
34. 甘朝有,齐善鸿编著.旅游心理学.天津:南开大学出版社,1994
35. 蒋三庚.旅游策划.北京:首都经贸大学出版社,2002
36. 查尔斯·R.格尔德奈等著.贾秀海译.旅游业教程.大连:大连理工出版社,2003
37. 彭聃龄.普通心理学.北京:北京师范大学出版社,2001
38. 〔美〕爱德华·简·小梅奥,兰斯·皮·贾维斯著.张健译.旅游心理学.杭州:浙江教育出版社,1986
39. 甘朝有.旅游心理学.天津:南开大学出版社,2001
40. 吕勤.旅游心理学.北京:中国人民大学出版社,2001
41. 〔美〕詹姆斯·伯克、巴里·雷斯尼克著.叶敏等译.旅游产品的营销与推销.北京:电子工业出版社,2004
42. 刘纯.旅游心理学.北京:高等教育出版社,2002
43. 马莹.旅游心理学.北京:中国轻工业出版社,2002
44. 马建敏.旅游心理学.北京:中国商业出版社,2003
45. 王穗萍.餐馆员工心理行为分析.广州:广州出版社,2004

46.〔法〕菲利普·布洛克等.西方企业服务革命.北京:旅游教育出版社,1989
47.蒋炳辉.旅游案例分析与启示.北京:中国旅游出版社,2003
48.饶勇.现代饭店营销创新500例.广州:广东旅游出版社,2000

后　记

本书由李雪冬担任主编，李晓、吴捷任副主编。各章执笔人员如下：第一、九章，孟伟（上海市南湖职业技术学校）；第二、三、四、五、六章，李晓（苏州科技大学）；第七、八、十章，宋国琴（浙江工业大学）；第十一章，李雪冬（苏州科技大学）、陈传亚（钟山学院）；全书由李雪冬负责设计大纲，统纂定稿。李晓、吴捷（苏州大学应用技术学院）负责全书的修改并适当做了补充、协助统稿工作。

由于编者的水平和信息有限，本书难免有许多缺点和不足之处，敬请各位专家学者和广大读者批评指正。

李雪冬

2008 年 3 月

南开大学出版社网址：http://www.nkup.com.cn

投稿电话及邮箱： 022-23504636　　QQ：1760493289
　　　　　　　　　　　　　　　　　QQ：2046170045(对外合作)
邮购部：　　　　 022-23507092
发行部：　　　　 022-23508339　　Fax：022-23508542

南开教育云：http://www.nkcloud.org

App： 南开书店 app

　　南开教育云由南开大学出版社、国家数字出版基地、天津市多媒体教育技术研究会共同开发，主要包括数字出版、数字书店、数字图书馆、数字课堂及数字虚拟校园等内容平台。数字书店提供图书、电子音像产品的在线销售；虚拟校园提供 360 校园实景；数字课堂提供网络多媒体课程及课件、远程双向互动教室和网络会议系统。在线购书可免费使用学习平台，视频教室等扩展功能。